C Programming Language

든든한
C 프로그래밍
3rd edition

김원선 저

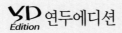

연두에디션

저자약력 | **김원선**

멀티캠퍼스 전임강사(현)

한국 기술대학 강의(현)

(주)한양 E&I 기술이사(현)

삼성 SDS 멀티캠퍼스 전임교수(전)

삼성전자 시스템사업부 Contents 개발(전)

C 든든한 프로그래밍 3rd edition

발행일	2023년 8월 15일 3판 2쇄
지은이	김원선
펴낸이	심규남
기 획	염의섭 · 이정선
표 지	이경은 **본 문** 이경은
펴낸곳	연두에디션
주 소	경기도 고양시 일산동구 동국로 32 동국대학교 산학협력관 608호
등 록	2015년 12월 15일 (제2015-000242호)
전 화	031-932-9896
팩 스	070-8220-5528
I S B N	979-11-88831-67-8 [93000]
정 가	23,000원

이 책에 대한 의견이나 잘못된 내용에 대한 수정 정보는 연두에디션 홈페이지나 이메일로 알려주십시오.

독자님의 의견을 충분히 반영하도록 늘 노력하겠습니다.

홈페이지 www.yundu.co.kr

멀티캠퍼스에서 C/C++ 언어를 강의한 지 20년이라는 시간이 지나갑니다. 긴 시간 동안 많은 수강생들과 만나며, C/C++ 언어를 쉽고 명확하게 전달하기 위해 많은 고민을 하였습니다. 그리고 많은 분들이 C/C++ 언어의 어떤 부분 때문에 많은 어려움을 느끼는지 알게 됩니다.

이 책에서는 C 언어를 접할 때 고민하게 될 내용들을, 하나하나 명확하게 설명하였으며, 특히 초보자들이 C 언어의 다양한 기능들을 보다 쉽게 받아들이고 이해할 수 있게 하게 위해 이미지를 최대한 사용하였습니다.

프로그램을 잘하기 위해서는 가장 중요한 것이 개념을 정확히 알고 그것을 적용하는 것입니다. 이 책에는 프로그램을 흐름과 C 언어의 문법체계를 잘 적용할 수 있도록 다양한 예제를 통해 활용할 수 있도록 하였습니다. 또한 고급 사용자를 위해 C 언어의 포인터 개념과 활용을 쉽게 전달하기 위해 이미지들을 적극적으로 활용하여 이해를 도왔습니다.

아무리 좋은 책이 있다 해도 여러분이 "배움에 대할 도전과 갈망"이 없다면 무의미 할 것입니다. 이 책이 "C 언어를 배우는 데 좀 더 쉽고, 즐겁게" 도전할 수 있는 길잡이가 되길 희망합니다.

사랑하는 나의 가족에게 미안함과 감사함을 하며…

저자 김원선

CONTENTS

CONTENTS

CONTENTS

CONTENTS

CONTENTS

C Programming Language

C H A P T E R

1

C 언어개요와
프로그램 작성과정

C Programming Language

구성

학습목표

- 프로그램이란 무엇인지 기본개념을 알아본다.

- 실행파일을 만들기 위한 컴파일 단계를 알아본다.

- Visual Studio 2019를 이용한 개발 과정을 알아본다.

SECTION 1

프로그램이란 무엇인가?

프로그램이란 **소프트웨어**를 말하여 컴퓨터에게 어떤 일의 수행을 지시하기 위한 **명령어들의 모임**이다.

즉, **소프트웨어(software)**란 하드웨어인 **컴퓨터를 활용하기 위한 각종 프로그램**을 말하며, 크게 컴퓨터 시스템의 운영을 제어하고 관리하는 **시스템 소프트웨어**와, 사용자가 필요한 일을 수행할 수 있도록 만든 **응용 소프트웨어**로 구분된다. 컴퓨터 (하드웨어) 는 소프트웨어(프로그램)가 없으면 아무것도 할 수 없게 된다.

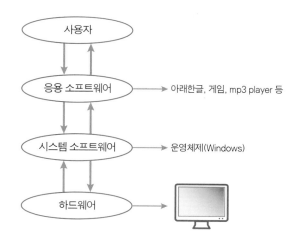

- **시스템 소프트웨어** : 하드웨어를 지시하고 통제 하기 위한 프로그램.
- **응용 소프트웨어** : 사용자가 원하는 일을 수해하기 위한 프로그램.

다음은 그림은 응용 프로그램(소프트웨어)과 컴퓨터 시스템의 구성 요소들 사이의 관계이다.

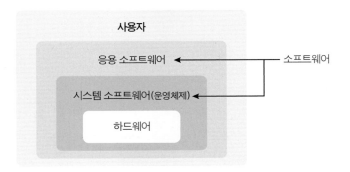

■ 프로그램 종류

프로그램은 **운영체제, 문서작성기, 엑셀, 게임, 스마트폰에 실행하는 어플리케이션, 사물인터넷 어플리케이션** 등 여러 가지가 있다. 이러한 **프로그램은 컴퓨터에서 실행되어** 사용자에게 필요한 기능을 동작시켜 사용자가 어떤 **기능을 사용할 수 있게** 한다.

1.1 프로그램 언어의 필요성?

컴퓨터는 사람이 사용하는 문자(언어)들을 이해하지 못한다. 컴퓨터가 이해하는 것은 오직 0과 1이다. 이를 이진수라 한다.

■ 기계어(이진수) : 0, 1 (컴퓨터가 직접 이해하는 값)

우리가 컴퓨터에게 일을 시키려면 0과 1의 조합으로 명령을 내려야 하는데 너무 복잡해질 것이다. 다음은 문자가 저장되는 이진수의 예이다.

- 문자 A ： 01000001 (이진수)
- 문자 a ： 011000001(이진수)

이러한 이진수의 조합으로는 컴퓨터에게 명령을 내리기가 어려워 진다. 따라서 사람이 사용하는 문자(언어)를 **컴퓨터 시스템이 이해할 수 있게 하는 컴퓨터 언어**가 필요하게 되었다. 이를 프로그래밍 언어라고 한다.

■ **프로그래밍 언어**

사람과 컴퓨터간의 약속된 명령의 집합이다.

■ **프로그래밍 언어 종류**

C, C++, C#, JAVA, Python 등 다양한 언어가 있다.

그림 1-1 사람과 컴퓨터와의 소통

1.2 기계어와 고급 언어

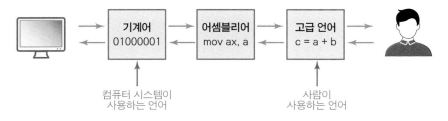

그림 1-2 컴퓨터를 사용하기 위한 언어의 흐름

1.2.1 기계어(machine language)

- **컴퓨터 시스템이 사용하는 언어**로 0과 1의 집합(이진수)
- 0과 1은 **8개의 집합**으로 **1 문자 표현**
- 즉 사람이 **고급언어로 작성된 프로그램**이 번역(컴파일) 과정을 통해 **기계어 코드**로 **변경**되어 컴퓨터를 동작시킨다.

1.2.2 어셈블리어(assembly language, low-level language)

- 컴퓨터에 이진수의 조합으로 명령을 내리기 어려우므로 **CPU 명령들을 기호**(Symbolic name)**로 표시**한 것
- 어셈블리 프로그램에서는 기호와 CPU의 명령이 일대일로 대응되어 처리됨.(CPU에 **따라 명령이 다름**)
- 사람들이 **기계어를 바로 사용하는 것**보다는 사용자가 기호 **명령을 이용하는 것이 효율적임.**

1.2.3 고급 언어(high-level language)

- **사람이 인식할 수 있는 문자**로 컴퓨터와 대화하는 언어.
- 특정 CPU에 무관하게 작성가능
- C 언어, C++, C#, JAVA, Python 등이 있음.
- 컴퓨터가 바로 이해할 수 있는 구조가 아니므로 컴퓨터에서 실행하기 위해서는 **고급 언어를 기계어**로 변환해주는 언어번역 프로그램인 **컴파일러**(Compiler)**가 필요** 함.

1.3 고급언어로 응용프로그램(어플리케이션)을 만든다.

고급언어인 C, C++, C#, JAVA, Python 등을 사용하여 스마트폰의 어플리케이션을 만들거나, 인공지능 홈 IoT서비스 개발, 게임 개발 등 다양한 응용프로그램(어플리케이션)을 작성할 수 있게 된다.

> ⌛ **TIP** 응용 프로그램은 공짜인가?
>
> ─────────────────────────────
>
> 응용 소프트웨어는 공짜인 것도 있지만, 가격을 지불하고 사용해야 하는 것들도 있다. 응용 소프트웨어의 여러 가지 버전에 대해 알아본다.
>
> - **베타버전** : 정식으로 프로그램을 공개하기 전에 테스트를 목적으로 한정된 집단 또는 일반에 공개하는 버전이다. 따라서 버그(프로그램상의 오류)가 발생할 확률이 높으므로 안정성을 요구하는 작업에 사용하기는 적합하지 않다. 베타판은 설치후 약 30일동안 사용할 수 있도록 제한되어 있는 것이 일반적이다.
> - **쉐어웨어** : 응용 프로그램을 일정기간 동안 사용해 보고 계속 사용하기 원하는 경우에만 정식등록을 통해 구입할 수 있는 방식이다. 쉐어웨어 버전은 다양한 옵션 항목을 선택하지 못하게 프로그램의 일부만 사용할 수 있게 하는 것이 일반적이다.
> - **프리웨어** : 무료로 사용할수 있는 소프트웨어를 말한다. 보통은 프리웨어 또는 공개소프트웨어라 하는데, 사용자에게는 사용권만이 무료로 제공될 뿐 프로그램을 임의로 수정할 수 없다.
> - **상용 소프트웨어** : 돈을 지불하고 사용해야 하는 소프트웨어를 말한다. 가정용을 제외한 업무용으로 프로그램을 구입할 때는 꼭 정품을 구입해야 한다.

SECTION 2

C 언어의 개요

1972년에 개발된 언어로 **UNIX라는 운영체제를 개발**하기 위해 사용했던 언어이며, 기존의 언어에 비해서 신뢰성, 규칙성, 간소함 등의 장점을 갖고 있으며 **융통성과 이식성**이 좋아 가장 오랜 시간 프로그램 개발자들에게 사랑을 받고 있는 언어이다. C 언어는 문법이 유연하고 **특히 고급언어와 저급언어 양쪽의 장점을 모두 포함**하기 때문에 효율적인 프로그램을 작성할 수 있고, C언어는 최근에 가장 대표할 수 있는 언어들의 모태가 되는 언어이기도 하다.

2.1 C 언어의 탄생

1970년대 초 벨 연구소(AT & T Bell Laboratories)의 **데니스 리치(Dennis Ritchie)**에 의해 **UNIX라는 운영체제(Operating System)를 설계하던 중에 개발**되었다.

2.2 C 언어의 발전과정

운영체제(Operating System)는 컴퓨터 사용자가 보다 효율적으로 컴퓨터 자원들을 다룰 수 있도록 해주어야 한다. 즉, **하드웨어(Hardware)를 효율적으로 통제하며 빠르게 작동할 수 있는 프로그램 언어를 필요로 했고, 그 과정에서 C언어는 탄생**되었다고 할 수 있다.

UNIX라는 운영체제(Operationg System) 설계 중 개발

사용자가 더 효율적으로 컴퓨터 자원들을 다룰 수 있도록 해야 함

1970년대 AT & Bell
Laboratories : Dennis Ritchie

C 언어 탄생

하드웨어(Hardware)의 효율적 통제, 빠른 작동을 유도하는 프로그램 언어 필요

C 컴파일러 발전과정은 다음과 같다.

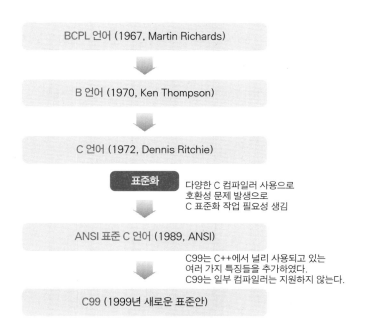

BCPL 언어 (1967, Martin Richards)

B 언어 (1970, Ken Thompson)

C 언어 (1972, Dennis Ritchie)

표준화 다양한 C 컴파일러 사용으로
호환성 문제 발생으로
C 표준화 작업 필요성 생김

ANSI 표준 C 언어 (1989, ANSI)

C99는 C++에서 널리 사용되고 있는
여러 가지 특징들을 추가하였다.
C99는 일부 컴파일러는 지원하지 않는다.

C99 (1999년 새로운 표준안)

2.3 C 언어의 특성

■ **C언어는 구조적이고 모듈화가 가능한 언어이다.**

기본적인 실행 루틴(Routine)이 함수로 구성되어 있다. 함수는 재사용(Reuse) 될 수 있으며 라이브러리(Library)를 구축하여 모듈화 함으로서 **구조적인 프로그래밍을 가능**하게 해주며 **효율성을 높여**준다.

■ **C언어는 시스템간 호환 및 이식성이 뛰어난 언어이다.**

이식성(portable)은 특정 시스템에서 작성된 C프로그램이라 하더라도 다른 여러 시스템(PC 계열, UNIX 계열, 리눅스 계열)에 대해서도 극히 일부를 수정하거나 전혀 수정하지 않아도 실행이 가능함을 의미한다.

■ **C언어는 다양한 데이터형과 풍부한 연산자를 갖고 있어 효율적이다.**

비트 단위의 연산과 기계어 수준의 처리를 할 수 있는 기능을 포함하고 있어서 일반 응용프로그램 개발뿐 아니라, 핸드폰, TV, DVD 등 H/W를 제어하기 위한 목적으로 많이 사용되고 있다.

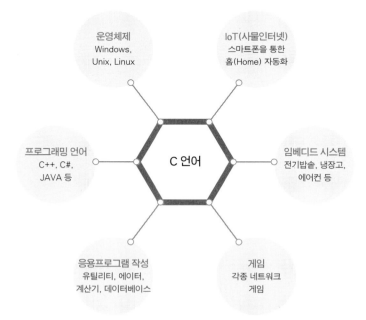

그림 1-3 C 언어의 응용분야

■ **다양한 분야에 사용된다.(범용성)**

C언어는 유연성이 강하여 다양한 분야에서 활용되고 있다. 운영체제(OS), 워드 프로그램, 통신 프로그램, 하드웨어 제어 프로그램 등 많은 분야에서 활용되고 있다.

2.4 C 컴파일의 종류

윈도우 계열의 운영체제에서는 통합개발환경인 **Visual Studio 2005 이상** 버전에서 **C 컴파일러를 내장**하고 있다.

C++ 컴파일러에서 C 구문을 동시에 지원한다. 대부분의 C 컴파일러는 **C/C++ 컴파일러**이다. 이러한 이유 때문에 **C/C++ 컴파일러에서** C 소스코드(~.c) 와 C++소스코드(~.cpp)를 컴파일 할 수 있다.

컴파일러는 **UNIX계열에서는 cc 또는 gcc 컴파일러**를 설치하여 사용할 수 있다.

2.5 C와 C++의 차이점

C++은 C 언어의 슈퍼셋이다. 즉 C++은 C 를 포함한다. C++ 에서 C 언어의 모든 기능을 사용할 수 있다. C++은 개체(Object) 를 중심으로 개체지향 프로그래밍 언어이다. 두 언어의 차이점을 간단히 살펴보자.

C 언어는 구조적인 프로그래밍 언어로 **함수 중심**으로 어떤 기능을 처리하며 프로그램을 실행하는 언어이다. 즉 **함수를 중심으로 데이터를 처리**하는 방식이다.

C++은 개체지향 프로그래밍 언어로 **개체가 중심**인 언어이다. 개체안에 데이터와 그 데이터를 처리할 함수를 함께 갖는 구조가 된다. 즉 **개체가 생성되면 개체 안의 함수가 개체 데이터를 처리**하면서 필요한 기능을 수행하게 된다.

SECTION 3

C 프로그램 개발단계

프로그램을 작성할 때 몇 가지의 절차를 거치게 되면 좀 더 프로그램을 효율적으로 작성할 수 있고 **프로그램 절차에 대한 이해를 쉽게 할 수** 있다. **프로그램 작성 절차와 흐름도**는 다음과 같다.

3.1 프로그램 작성자가 바라보는 관점

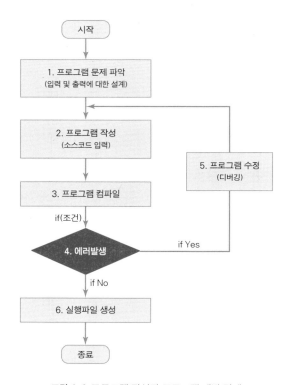

그림 1-4 프로그램 작성자 프로그램 개발 단계

① 해결한 문제의 요구사항과 흐름을 파악한다.
② 프로그램 코드를 작성한다.

③ 작성한 프로그램이 실행되는 지 확인하기 위해 프로그램을 컴퓨터(하드웨어)가 이해할 수 있는 기계어로 번역(컴파일)한다.

④ 오류(Debug)가 있으면 ②번으로 다시 가서 프로그램 코드를 수정하고 차례대로 진행한다.

⑤ 오류가 없으면 프로그램은 종료된다.

TIP

■ **프로그램 흐름도(Flow Chart)**

어떤 문제해결을 프로그램화하기 위하여 프로그램의 흐름을 도표화한 것이다. 잇점은 약속된 기호(Symbol)들에 의하여 설계하므로 일관성이 있고 표현이 간결해지며 오류시 디버깅 작업에 도움이 된다.

■ **디버깅(Debugging)**

프로그램의 오류를 발견하고 그 원인을 밝히는 작업을 의미한다. 버그(bug)는 벌레를 뜻하며, 프로그램의 오류를 벌레에 비유하여 오류를 찾아 수정하는 일이라는 의미로 프로그램 개발의 마지막 단계에서 이루어진다. 주로 디버그가 오류수정 프로그램과 그 작업을 통칭하는 반면, 작업에 중점을 둔 어휘는 디버깅(debugging)을 쓰며, 오류수정 소프트웨어를 가리킬 때는 디버거(debugger)라 한다.

3.2 C 프로그램을 컴파일하는 과정에서 바라보는 관점

C 프로그램을 **컴파일 하면 다음과 같은 과정**을 거치게 된다. 이 과정은 컴파일 과정에서 단계적으로 처리된다.

① **전처리(preprocessing)**: #include, : #define , #if와 같은 지시자를 해석한다.

② **컴파일(compile)**: 전처리 작업을 수행한 소스 코드를 어셈블리 코드로 변환 후 *.o (UNIX) 또는 *.obj(Windows) 확장자를 가진 오브젝트 파일로 만든다.

컴퓨터는 기계어만 이해한다. 기계어 코드란 0과 1의 집합이다. 따라서 컴파일 과정에서 고급언어가 이진수 기계어 코드로 번역된다.

③ **링킹(linking)**: **오브젝트 파일**과 **라이브러리 함수를 연결**하여 실행 가능한 실행파일을 적절한 곳에 생성한다.

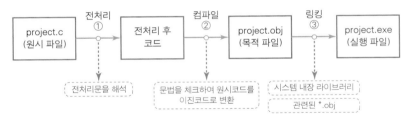

그림 1-5 컴파일 과정

즉 프로그램 코드는 전처리 – 컴파일 – 링킹에 의해 오류가 없다면 **실행파일이 만들어** 지게 된다.

3.3 여러 소스파일 컴파일 단계별 실행

프로그램을 작성하다 보면 소스코드가 여러 파일로 작성되는 경우가 있다. 이때 관련된 소스코드를 컴파일하기 위한 과정은 다음과 같다.

① 각 소스파일마다 코드를 컴파일하여 목적(object) 파일을 생성한다.

② 생성된 모든 object 파일과 라이브러리 함수를 결합하여 실행파일을 생성한다. 즉, 링크한다.

③ 실행파일을 실행한다.

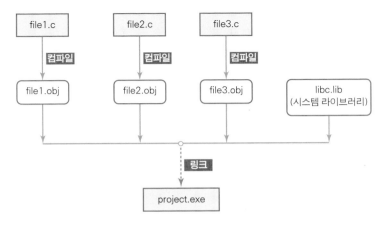

그림 1-6 여러 개의 소스파일로 컴파일 되는 과정

⧖ TIP 컴파일러(Compiler)는 무엇인가?

개발자들이 사용되는 **프로그래밍 언어는 고급언어에** 속한다.(C, C++, JAVA …) 고급언어란 인간이 사용하기에 친숙한 문법으로 표현되었음을 의미한다. 즉 사람 중심의 언어를 말하며 고급언어는 **컴퓨터 시스템의 기종에 관계없이 작성할 수 있다.**

그러나 단점은 고급 언어로 **작성된 프로그램을 컴퓨터 시스템인 하드웨어가 직접 이해할 수 없다는** 점이다. 하드웨어는 저급 언어 즉 기계어 코드를 이해할 뿐이다. 기계어 코드란 0과 1을 축약한 16진수로 표현되기 때문에 사람이 알아보기 어려울 뿐더러 CPU의 종류에 따라 코드를 해석하는 방식이 다르기 때문에 시스템의 기종에 따라 호환이 되지 않는다.

따라서 고급 언어를 기계(CPU)가 이해할 수 있는 기계어 코드로 바꾸어 주어야 하는데, 이러한 고급 언어를 기계어로 번역기능을 수행하는 프로그램을 컴파일러라고 부른다. 컴파일러는 언어별로 존재하며 C 컴파일러는 개발환경에 따라 약간씩 차이가 있을 수 있다.

이렇게 개발자가 작성한 ~.c 원시 파일을 실행하기 위해서는 **고급 언어를 저급 언어로 변환하여 실행파일을 생성해주는 컴파일러의 도움을 받아야** 할 것이다.

SECTION 4

다양한 개발 환경에서 개발하기

Microsoft Visual Studio 개발환경은 통합환경을 제공한다. Visual Studio 은 C++ 뿐만 아니라 여러 개발언어를 지원하는데 C 프로그램을 작성하기 위해서는 C++.NET 프로젝트 형식에서 작성될 수 있다.

여기서는 Microsoft Visual Studio 2019를 소개하지만 **C/C++을 개발하기 위한 Microsoft 개발 툴은 Microsoft Visual Studio 2003 이상부터 그 어떤 버전을 사용해도 무방하다.** 단지 차후 버전이 코딩하기 편한 기능을 제공할 뿐이다.

Microsoft는 학생이나 초급 개발자를 위해 무료로 설치할 수 있는 Express 버전을 제공한다. Express 버전은 C++ MFC, ATL 와 같은 고급 라이브러리는 지원하지 않는다. 하지만 기본적인 C/C++프로그램을 개발하는데 문제없이 잘 동작한다. Express 버전은 Microsoft 홈페이지를 참고하기 바란다.

다음은 Microsoft Visual Studio 2019인 Community 다운로드 버전 초기화면이다. 다운로드 후 설치한다.(URL은 Microsoft사에 의해 변경될 수 있다)

4.1 Visual Studio 2019에서 프로그램의 개발과정

Microsoft Visual Studio 2019을 이용하여 프로그램을 작성하는 단계별 작업을 시작하자.

프로젝트란 개발할 **응용프로그램 단위**를 말한다. Microsoft Visual Studio 2019 개발환경에서 응용프로그램을 작성하기 위해서는 **프로젝트 열어 프로젝트 단위로 개발**한다.

Step 1 ▧ Visual Studio 2019 를 실행한다.

Microsoft Visual Studio 2019 개발환경을 처음 실행한 화면이다. [**새 프로젝트 만들기**]를 눌러 개발환경을 시작한다.

Step 2 다음 창에서 [**모든 언어 항목**]의 확장버튼을 선택한 후, 프로그램 언어 중 **C++**을 **선택**한다.

Step 3 C++ 항목 중 **빈 프로젝트**를 선택한 후 **[다음]** 버튼을 누른다.

Step 4 새로운 프로젝트를 구성하기 위해 **프로젝트명**을 입력하고, 프로젝트가 저장될 **폴더를 선택**한다. 솔루션파일과 프로젝트파일이 같은 폴더에 저장하기 위해 **체크박스**를 선택할 수 있다. **[만들기]** 버튼을 누른다.

Step 5 **Step 4**를 진행하면 프로젝트가 생성되며 창의 오른쪽 위편에 솔루션 탐색기에 프로젝트 정보를 출력하게 된다. 프로젝트 파일이 생성되면 **이 프로젝트에 소스 파일을 포함**시켜야 한다. 프로젝트에 소스코드를 작성할 작업공간을 추가하기 위하여 **[프로젝트] → [새 항목 추가]** 메뉴를 선택한다.

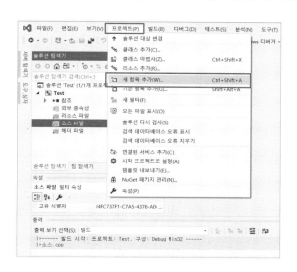

Step 6 "새항목 추가"는 여러 가지 유형의 항목을 선택할 수 있는데 왼쪽 항목 중 "코 드"를 선택하고 오른쪽 템플릿에서 **"C++파일(.cpp)"**를 선택한다. 하단의 원시 파일명을 입력하는데 **"first.c"**라 입력한다. **반드시 ~.c 확장자 지정**한다. 그리고 **[추가]** 버튼을 누른다.

Step 7 소스 파일을 입력할 작업공간이 나타난다. 다음과 같이 **소스 코드를 입력**한다.

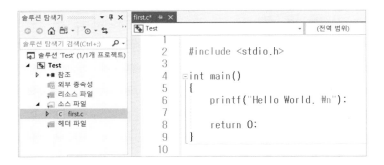

Step 8 해당 파일을 컴파일 하기 위해서 [빌드] → [Test 빌드] 메뉴을 선택하여 컴파일 한다. 이때 "Test 빌드"는 현재 작업중인 Project명을 의미한다.

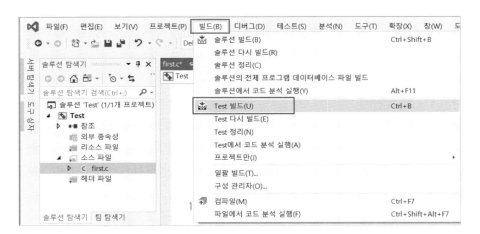

Visual Studio .NET에서는 **컴파일과 링크 단계**를 하나로 묶어 **빌드(Build)** 한다 고 말한다. Visual Studio .NET의 빌드 기능은 다음과 같다.

1. 솔루션 빌드 : "구성 관리자에" 선택되어 있는 프로젝트들을 빌드한다. 이 경우 빌드는 변경된 파일에 대해서만 컴파일과 링크를 수행하게 된다.
2. 솔루션 다시 빌드 : "구성 관리자에" 선택되어 있는 프로젝트들 모두 빌드한다.
3. **프로젝트 빌드** : 솔루션 탐색기에서 선택되어 있는 프로젝트만을 빌드한다. 이 경우 빌드는 변경된 파일에 대해서만 컴파일과 링크를 수행하게 된다.
4. **프로젝트 다시 빌드** : 솔루션 탐색기에서 선택되어 있는 프로젝트만을 모드 다시 빌드한다.

5. 솔루션, 프로젝트 정리 : 이전에 빌드할 때 만들어진 파일들을 삭제하는 기능 이다. 빌드 시 자동으로 이전 파일을 삭제하므로 선택하지 않아도 무관하다.

Step 9 컴파일이 끝나고 프로그램 오류가 없다면 화면의 아래쪽과 같이 컴파일과 링크가 정상적으로 처리 되었음을 알리는 출력 창이 나타나게 된다. [보기]메뉴 [출력] 창 을 선택하면 **컴파일하는 과정의 설명**을 볼 수 있다.

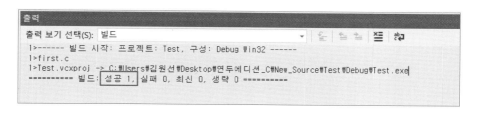

위 내용과 같이 "**성공 1**"이 출력된 경우 오류 없이 컴파일 된 출력 창이다.

Step 10 컴파일된 **프로그램을 실행**하기 위해서 [디버그] → [디버깅하지 않고 시작] 메뉴 를 선택하여 실행한다.

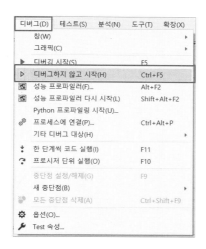

Step 11 프로그램을 실행시킨 결과는 다음과 같다.

실행결과를 확인하고 **임의의 키를 누르면 실행화면은 종료**된다.

Step 12 Test **프로젝트**가 저장된 **파일정보**를 탐색기로 확인해본다. 프로젝트의 경로가 C:₩Users₩김원선₩Desktop₩연두에디션_C₩Source₩Test에 저장된다.

- 솔루션파일 : Test.sln
- 프로젝트 파일 : Test.vcxproj
- 소스파일 : first.c

Step 13 프로그램을 실행하는 또 다른 방법은 실행 파일을 **명령 프롬프트에서 실행**하는 방법이다. **실행파일**은 C:₩Users₩김원선₩Desktop₩연두에디션_C₩Source₩ Test₩Debug₩Test.**EXE**가 존재하게 된다.

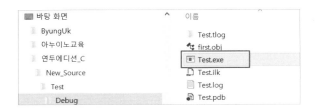

① **콘솔 응용프로그램이란 ?**
- Text1.**EXE**는 윈도우 탐색기에서 더블(이중)클릭으로 실행될 수 없다.
- **콘솔 응용프로그램**은 CUI(Character User Interface) 환경에서 실행되는 프로그램이다.
- CUI는 **명령 프롬플트(DOS 프롬프트)** 창을 열고 텍스트 기반에서 명령을 직접 내리거나, **파일명을 입력하여 파일을 실행**하는 환경이다.
② **명령프롬프트에서 콘솔 응용프로그램** 실행하기
- 윈도우 "**시작**"에서 cmd를 입력한다. 명령 창이 실행된다.
- 명령 창에서 **실행파일이 있는 디렉토리로 이동**
- **프로그램명을 입력하여 실행**

실행파일에 실행 시 확장자(exe)는 생략할 수 있다.

 TIP GUI(Graphical User Inferface)

그래픽 유저 인터페이스 프로그램은 윈도우 탐색기에서 실행파일명을 더블(이중) 클릭하여 실행할 수 있는 프로그램이다. **윈도우의 계산기, 메모장** 프로그램이 예가 될 수 있다. 프로그램이 GUI를 지원하기 위한 프로그래밍 언어는 Visual Basic이나 C++의 MFC, C# 등에서 사용하여 작성될 수 있다.

4.2 그 밖의 C 컴파일러

C 프로그램을 작성하기 위해 다양한 개발환경에서 개발할 수 있다.

① **UNIX/Linux**와 운영체제 환경에서는 표준 컴파일러 cc나, Lnux에서 무료로 배포하고 있는 gcc를 사용할 수 있다.
② **Microsoft Visual C++6.0**의 통합 개발환경에서 개발할 수 있다.

③ Microsoft Visual 2005, 2008, 2010, 2015의 경우는 Express 버전을 무료로 배포하고 있다. Express 버전은 C, C++표준 라이브러리, Win32 라이브러리만 제공된다. (http://www.microsoft.com/express)

④ Dev-C++는 GNU 라이선스로 보급되는 **사용이 자유로운 C/C++ 언어의 통합 개발 환경**이다. **오픈 소스이자** 자유 컴파일러인 MinGW 컴파일러와 함께 제공된다. 윈도 환경에서 사용할 수 있다.

 **TIP** Dev-C++

Dev-C++ 개발 툴을 다운로드 받으려면 https://sourceforge.net/projects/dev-cpp/를 참고한다.

Dev-C++ 실행화면을 참고한다.

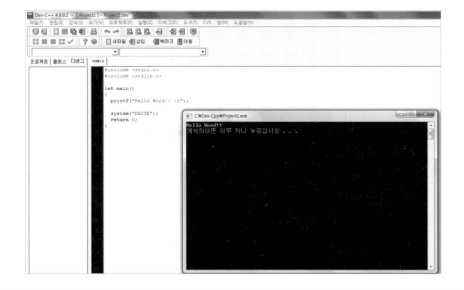

요약정리(Summary)

1. 프로그래밍 언어

- 프로그램이란 컴퓨터에게 어떤 일의 수행을 지시하기 위한 명령어들의 모임이다.
- Excel, 문서작성기(아래한글), 게임 등이 상용화된 응용 프로그램의 종류이다.
- 프로그래밍 언어 : 사람과 컴퓨터간의 약속된 언어를 프로그래밍 언어라 하며 C, C++, C#, JAVA, Python 등 다양한 언어가 있다.

2. C 언어의 특징

- C언어는 구조적이고 모듈화가 가능한 언어이다.
- C언어는 시스템간 호환 및 이식성이 뛰어난 언어이다.
- C언어는 다양한 데이터형과 풍부한 연산자를 갖고 있어 효율적이고 범용적인 언어다.

3. 프로그램 작성과 컴파일

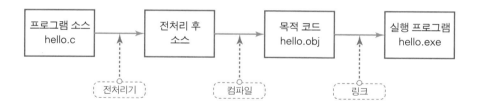

연습문제   ◇□◇□◇□◇□◇□◇□◇□◇

[1-1] 다음 중 시스템 소프트웨어에 해당하는 것은?

    ① 아래한글   ② Windows7

    ③ 파워포인트   ④ 게임

[1-2] 다음 중 운영체제 프로그램이 아닌 것은?

    ① Windows7   ② Unix(Linux)

    ③ MAC O/S   ④ 게임

[1-3] 컴퓨터가 이해하는 진법은 무엇인가 ?

    ① 2진수(2진법)   ② 8진수(8진법)

    ③ 10진수(10진법)   ④ 16진수(16진법)

[1-4] 프로그램(고급) 언어로 작성된 것을 기계어로 바꾸어주는 과정은 무엇인가 ?

    ① 에디터   ② 컴파일

    ③ 디버거   ④ 전처리

[1-5] 프로그램 작성자 입장에서의 개발과정을 순서대로 선택하시오.

    ① 문제 요구사항 분석   ② 컴파일과 링크

    ③ 프로그램 코드작성   ④ 프로그램 실행과 디버깅

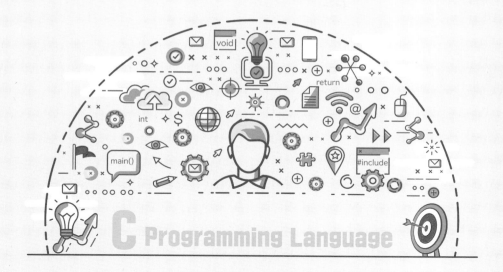

C Programming Language

CHAPTER

2

C 언어 시작하기

C Programming Language

구성

학습목표

- C 언어 함수의 기본구조를 이해한다.

- main() 함수의 특징과 역할에 대하여 알아본다.

- C 언어는 함수의 집합이며 main()함수와 그 외 함수의 차이점을 알아본다.

SECTION 1

첫 번째 C 프로그램

간단한 C 소스코드를 통해 C 언어의 구조를 확인해 보자.

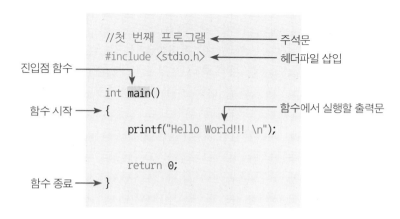

```
                                    //첫 번째 프로그램  ◄──────  주석문
                                    #include <stdio.h>  ◄──────  헤더파일 삽입
        진입점 함수
                                    int main()
        함수 시작  ──►  {                               ◄──────  함수에서 실행할 출력문
                                        printf("Hello World!!! \n");

                                        return 0;
        함수 종료  ──►  }
```

1.1 "Hello World !!!" 출력하기

Chapter01에서 확인한 개발 툴을 사용하여 첫 번째 C 프로그램을 작성해 보자. 함수는 호출되면 **"{ " 부터 "}"** 까지 **순차적**(위 에서 아래)**으로 실행**된다.

첫 번째 프로그램, 2_1

```
1    //첫 번째 프로그램
2    #include <stdio.h>
3
4    int main()
```

```
5   {
6       printf("Hello World !!! \n") (;)  ◀── 세미콜론 : 여기까지가 하나의 명령문임을 나타냄
7
8     ▼ return 0;
9   }
```

코드분석

1   : **//** 는 한 줄 주석이다. 주석이란 프로그램에 대한 설명문으로 실행과는 관련이 없다.

2   : 〈stdio.h〉 헤더파일을 읽어와 이 프로그램 파일에 포함되게 한다.

4   : **main()는 진입점 함수**로 main() 함수가 가장먼저 실행된다.

6   : **printf()는 출력함수**로 문자열 "Hello World!!!"를 표준출력장치인 모니터(터미널)에 출력한다.
      C 언어의 모든 **실행문은 세미콜론(;)으로 끝**난다. 6행 명령문이 종료된다.

8   : 종료코드로 운영체제에게 0을 반환한다. 일반적으로 **정상적인 종료일 때 0**, **비정상적인 종료일 때 0이 아닌값**을 반환한다.

실행결과 (모니터에 출력)

```
C:\WINDOWS\system32\cmd.exe          —    □    ×
Hello World !!!
계속하려면 아무 키나 누르십시오 . . .
```

※ 주의 : 이 책의 프로그램은 C++ 프로그램이 아닌 C 프로그램이다. 따라서 C 프로그램의 확장자는 반드시 ~.c 가 되어야한다. C++컴파일러를 지원하는 Visual 개발환경은 파일의 확장자를 지정하지 않으면 기본 확장자 ~.cpp 가 된다. 이는 C 가 아닌 C++ 코드로 컴파일러가 해석하므로 확장자를 구분하여 작성하도록 한다.

1.2 첫 번째 프로그램의 구성 요소 이해하기

위 프로그램의 구성 요소를 하나씩 살펴보기로 한다.

(1) 주석문(Comment)

주석(Comment)은 **프로그램에 기재해 놓은 설명문**이다. 모든 주석문은 컴파일러에 의해 무시되며 오로지 프로그램을 쉽게 이해하기 위한 목적으로 사용된다. 주석은 한 줄 주석과 여러 줄 주석이 있다.

한줄 주석
```
/* This is a comment */
// This is a comment
   ◄-------- 실행문도 주석처리하면 주석으로 간주하여 실행하지 않는다.
//printf("Hello World !!! \n");
```

여러줄 주석 (/* 부터 */ 까지 여러 줄을 주석처리 한다)

```
/*
프로그램:학생 성적관리 프로그램
작성일 : 2020년 7월 20일
작성자 : 김 원선
*/
```

---

(2) 자동 실행되는 main() 함수

함수란 적절한 입력을 받아 필요한 연산을 처리한 후 적절한 출력(반환) 값이 있는 것을 말한다.

모든 C 프로그램은 공통된 구성 원소와 성질을 갖고 있다. 모든 프로그램은 1개 이상의 함수(function)로 구성되며, 각 함수는 1개 이상의 문장(statement)을 포함하고 있다.

```
return_type    function_name (parameter list)
{
    statement sequence;
}
```

```
반환형    함수명(인자리스트)
{
    함수가 수행할 명령들;
}
```

C 프로그램은 여러 개의 함수를 포함할 수 있지만, 반드시 가지고 있어야 하는 함수는 main()이다. C 프로그램은 여러 **함수들 중** main() 함수를 찾아 자동으로 실행시킨다. 따라서 main() 함수가 없는 C 소스코드는 컴파일 되지 않는다.

1.2.1 main() 함수의 특징

- C 프로그램이 처음 실행될 때 **가장 먼저 main() 에 포함된 문장들이 실행**된다.
- main() 함수의 '{ '}' 블록을 실행한 후 프로그램은 종료된다.

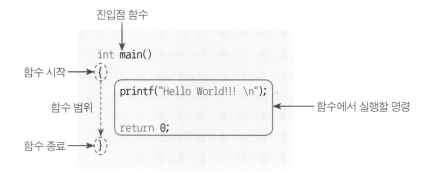

함수는 위에서 아래 방향으로 순차적으로 실행된다. 이때 **return 0**는 부모함수 함수에게 반환할 값이며 Chapter06에서 설명하기로 한다.

1.2.2 함수 이름의 작성규칙

main() 함수 외에 사용자 정의 함수를 작성할 때 함수명을 만드는 규칙이다.

- 함수명에는 알파벳의 대소 문자들 , 숫자 0~9, 부호 _(underscore)만을 사용.
- 함수명은 숫자를 첫 문자로 가질 수 없다.
- 알파벳의 대문자와 소문자가 구별된다. Func_A 과 func_a은 서로 다른 함수이다.

⧗ TIP C 프로그램 작성시 함수의 공통 규칙

① 응용프로그램은 반드시 **진입점 함수**를 포함해야 한다. 반드시 **소문자 main()**을 포함한다.

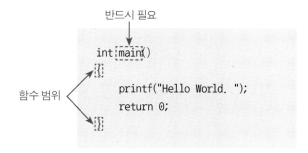

② 하나의 응용프로그램에 동일한 함수명이 존재해서는 안 된다.

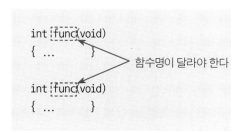

③ C 언어는 대소문자를 구분한다. 따라서 다음은 다른 함수이다.

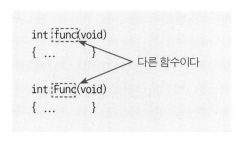

④, ⑤ 함수의 인자전달과 반환 값에 대해서는 "Chapter06 C언어의 핵심!함수"에서 자세히 다루기로 하고 여기서는 구조만 확인하기로 한다.

④ main( ) 함수는 운영체제로부터 인자를 받을 수 있다. 이때 함수명의 괄호 안에 인자를 저장할 정보를 준다.

```
              무인수                                      정수값 대입

    int main()                            int main(int argc)
    {                                     {
        printf("인수 없음 ");                   printf("인수 있음 ");
    }                                     }
```

⑤ **자식함수는 부모함수에게 값을 반환**할 수 있다. 이때 함수명 앞에 반환 값의 자료형을 준다. **main( ) 함수는 운영체제에게 정수를 반환**하는데 정상종료 시 **0을 반환**한다.

```
           반환값 없음                                  정수값 반환

    void func(void)                       int main(int argc)
    {                                     {
        printf("반환값 없음 ");                  printf("반환값 있음 ");
    }                                         return 0;
                                          }
```

1.3 프로그램 들여쓰기

프로그램을 작성할 때 프로그램의 **흐름을 쉽게 이해하기 위해 들여쓰기 규칙**을 사용해야 한다. 물론 들여쓰기 규칙을 지키지 않아도 **컴파일시 오류를 발생하지 않는다.**

- **컴파일러는 문맥과 문법을 확인하여 번역하기** 때문에 들여쓰기를 하지 않아도 오류가 아니다.
- 그러나 들여쓰기를 하지 않으면 프로그램의 길이가 길어지고, 문법이 복잡해질 경우 개발자가 프로그램을 이해하기 어렵다(**가독성이 떨어짐**).

- 또한 내용을 추가하거나, **오류를(디버깅) 확인하기 어려워** 진다. 따라서 **개발자를 위해 들여쓰기 규칙을** 지켜야 한다.

들여쓰기는 같은 블럭에 속한 문장들을 한단계 씩 들여 쓴다. 들여 쓴 문장은 이전 명령에 포함된다는 의미로 개발자들은 이해하게 된다.

■ **들여쓰기 안된 코드**

```
int main()
{
printf("main() start!!! \n");
printf("main() end!!! \n");
}
```

■ **들여쓰기가 적용된 코드**

```
int main()
{
    printf("main() start!!! \n");
    printf("main() end!!! \n");
}
```

1.4 #include ⟨stdio.h⟩ 문

C 언어는 기본적으로 **제공되는 함수**들이 있는데 이를 **표준 라이브러리**라 한다. **ANSI C 표준**은 모든 C 컴파일러에서 제공되는 **기본 라이브러리 함수들을 규정**하고 있다. printf(), scanf() 는 라이브러리 함수 중 하나이다.

- C 컴파일러는 라이브러리 함수들을 처리하기 위해서 **헤더파일에 있는 정보**를 사용하게 된다.

- 헤더 파일을 명시하기 위해서는 **#include** 선행처리 지시자(preprocessor directive)를 사용하여 삽입시킬 것을 지시하게 된다.

➔ 형식

#include 〈헤더 파일명〉

➔ 예

#include 〈stdio.h〉 ◀┐

┗ #include 지시자는 <u>마지막에 세미콜론으로 끝나지 않는다.</u>

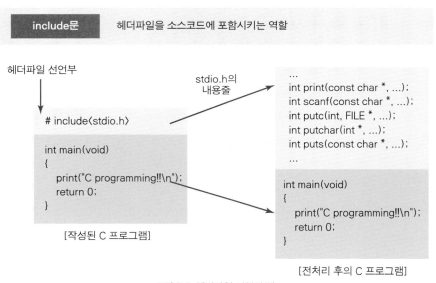

include문   헤더파일을 소스코드에 포함시키는 역할

헤더파일 선언부

↓

include〈stdio.h〉

int main(void)
{
    print("C programming!!\n");
    return 0;
}

[작성된 C 프로그램]

stdio.h의
내용줄

...
int print(const char *, ...);
int scanf(const char *, ...);
int putc(int, FILE *, ...);
int putchar(int *, ...);
int puts(const char *, ...);
...

int main(void)
{
    print("C programming!!\n");
    return 0;
}

[전처리 후의 C 프로그램]

그림 2-7 헤더파일 선언의 예

헤더 파일 〈stdio.h〉는 표준 라이브러리 함수 중 **입·출력을 위한 함수가 호출될 때 필요한 정보**를 담고 있는 헤더 파일이다. 이 프로그램에서는 **printf() 함수가 이 파일 정보를 사용**하므로 선언되었다.

⏳ TIP 라이브러리 함수

라이브러리는 일반적으로 **확장자 .lib**를 갖는 파일이다. 이 파일은 **라이브러리 함수를 컴파일한 object 파일들의 모임**이며 바이너리 파일이다. 소스코드에서 표준 라이브러를 함수를 사용할 때 해당 **라이브러리의 함수코드가 링크과정에서 소스코드에 적재되어 사용 가능**하게 한다.

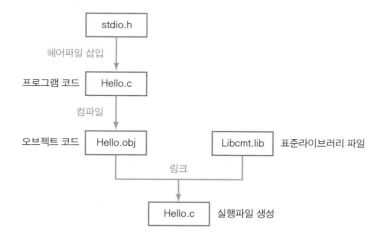

SECTION 2

함수에서 여러 명령 실행하기

함수는 관련된 여러 명령을 나열할 수 있다. main() 함수에 또 다른 문자열 추가하여 출력하는 소스코드이다.

main() 함수에서 여러 문자열 출력, 2_2

```
1    //두 번째 프로그램
2    #include <stdio.h>
3
4    int main()
5    {
6       printf("Hello World !!!");
7       printf("안녕하세요 !!!");
8
9       return 0;
10   }
```

코드분석

4   : main() 함수가 실행된다.

6   : "Hello World !!!"를 출력한다.

7   : "안녕하세요 !!!"를 출력한다. 이때 출력함수 printf()는 문자열 출력 후 자동으로 줄바꿈(개행)하지 않는다.

실행결과

```
C:\WINDOWS\system32\cmd.exe                    —    □    ×
Hello World !!!안녕하세요 !!!계속하려면 아무 키나 누르십시오 . . .
```

따라서 printf()는 문자열 출력 후 줄 바꿈하여 다음 줄에 문자열을 출력하기 위해 문자 상수 '\n'을 사용할 수 있다.

문자열 출력하고 줄 바꿈, 2_3

```
1    //두 번째 프로그램
2    #include <stdio.h>
3
4    int main()
5    {
6        printf("Hello World !!! \n");        줄 바꿈 기능
7        printf("안녕하세요 !!! \n");
8
9        return 0;
10   }
```

코드분석

6, 7 : 문자열을 출력한 후 개행한다. '\n'은 이미 제공되는 약속된 문자 상수로 **줄바꿈(개행)**을 한다.

실행결과

```
C:\WINDOWS\system32\cmd.exe          —    □    ×
Hello World !!!
안녕하세요 !!!
계속하려면 아무 키나 누르십시오 . . .
```

⌛ TIP 한 프로젝트에 여러 소스코드 추가

하나의 프로젝트에서 여로 개의 소스코드를 추가하려면 [프로젝트] → [새 항목 추가]를 선택하면 된다. 이때 소스코드 마다 main() 함수가 작성된다면 프로젝트는 컴파일 될 수 없다. 따라서 원하는 소스파일만 실행 하기 위해서는 컴파일 하지 않으려는 다른 소스파일을 컴파일 대상에서 제외할 수 있다.

1. 소스파일 선택

2. 해당파일에서 오른 쪽 버튼 단축메뉴 중 "속성"을 선택한다.

3. 다음과 같이 속성 페이지가 열린다.

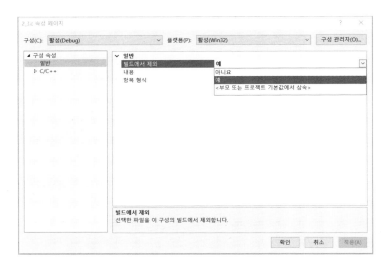

이때 **컴파일 대상** 소스파일은 **"빌드에서 제외"** 항목을 **"아니오"**로,

컴파일 제외할 소스파일은 **"빌드에서 제외"** 항목을 **"예"**로 선택한다.

4. 소스파일은 다음과 같이 구분된다.

빨간 동전표시가 된 소스파일은 컴파일 대상에서 **제외되는** 파일이며, 아무런 표시가 없는 **2_1.c 파일은 컴파일 대상**이 된다.

C 언어는 함수의 집합

C 언어는 여러 함수로 구성될 수 있다. 여러 함수를 가지는 예를 살펴보자. 함수 블록이 끝난 다음 또 다른 함수를 추가 한다.(함수 안에 다른 함수를 포함할 수 없다)

여러 함수의 이해, 2_4

```
1    //세번째 프로그램
2    #include <stdio.h>
3
4    void func1(void);
5
6    int main()
7    {
8        printf("main() start!!! \n");
9
10       printf("main() end!!! \n");
11
12       return 0;
13   }
14
15   void func1(void)
16   {
17       printf("func1() start!!! \n");
18       printf("func1() end!!! \n");
19   }
```

main() 함수범위

func1() 함수범위

코드분석

4   : **함수선언부**, Chapter06에서 설명한다.

6~13 : main() 함수가 정의된다. main() 함수가 실행된다.

15~19 : func1() 함수가 정의된다. func1() 함수는 실행되지 않는다.

실행결과

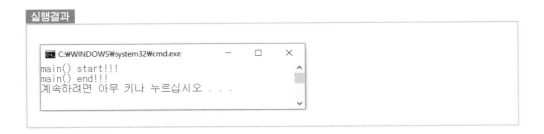

C 프로그램은 함수의 집합이지만 **자동으로 시작하고 실행하는 함수는 오직 main() 함수** 뿐이다. main()이 아닌 다른 함수는 정의는 되어 있지만 자동으로 실행하는 함수가 아니므로, **func1() 함수를 실행**하기 위해서는 호출하여야 한다. 다음 코드를 보자.

여러 함수의 실행흐름 이해하기, 2_5

```
1    //세 번째 프로그램
2    #include <stdio.h>
3
4    void func1();
5
6    int main()
7    {
8        printf("main() start!!! \n");
9        func1();    ① 함수 호출
10       printf("main() end!!! \n");
11
12       return 0;
13   }
14
15   void func1(void)
16   {  ② 함수 실행
17       printf("func1() start!!! \n");
18       printf("func1() end!!! \n");
19   }
```

③ 부모함수로 복귀

코드분석

6   : main() 함수는 자동실행 된다.

8   : printf()의 문자열을 출력한다.

9   : func1() 함수를 호출한다. 프로그램 제어가 15행으로 이동된다

15 : func1() 함수가 호출되어 func1() 안의 실행코드를 차례대로 실행한다.

19 : func1() 함수가 종료된다. 이때 자신을 호출한 부모 함수로 자동으로 복귀한다.

10 : 자식함수에서 복귀하여 실행을 계속하게 된다.

13 : main() 함수는 종료된다.

실행결과

```
C:\WINDOWS\system32\cmd.exe        —    □    ×
main() start!!!
func1() start!!!
func1() end!!!
main() end!!!
계속하려면 아무 키나 누르십시오 . . .
```

※ 주의 : main() 이 아닌 다른 함수는 필요에 따라 **호출 시에만 실행**된다는 것을 명심하자.

memo

SECTION 4

오류의 종류

프로그램을 작성하다 보면 원치 않게 오류를 발생하게 된다. 프로그램의 오류는 다음 과 같다.

(1) 문법 오류(Syntax Error)

가장 흔하게 발생하는 오류로 **문법에 맞지 않는 구문** 때문에 발생한다. 이는 프로그램 언어의 문법을 제대로 기술하지 못해 생기는 오류로 컴파일시 오류를 출력하게 되며 쉽게 오류를 해결할 수 있다.

■ 사례 1 (컴파일(문법) 오류)

```
int main()
{
    printf("Hello World !!! \n );  ◀━━ 문자열의 끝인 "(인용부호) 가 빠진 경우이다.

    return 0;
}
```

■ 에러 창에 출력된 메시지

```
출력
출력 보기 선택(S): 빌드                    ▼  │  │ 빌 을 │ 뭘 │ 빤
1>------ 빌드 시작: 프로젝트: Chapter02, 구성: Debug Win32 ------
1>  2_1.c
1>c:\users\김원선\desktop\연두에디션_c\든든한c_배포자료\연두에디션_c_소스코드\chapter02\2_1.c(6): error C2001: 상수에 줄 바꿈 문자가 있습니다.
1>c:\users\김원선\desktop\연두에디션_c\든든한c_배포자료\연두에디션_c_소스코드\chapter02\2_1.c(8): error C2143: 구문 오류: ')'이(가) 'return' 앞에 없습니다.
========== 빌드: 성공 0, 실패 1, 최신 0, 생략 0 ==========
```

이때 오류가 발생한 첫 번째 라인부터 찾아 수정한 후 컴파일 하면, 아래의 오류는 없 어지는 경우가 많다. 위에 발생한 오류가 아래 명령에 영향을 줄 수 있기 때문이다. 따 라서 오류는 위에 있는 오류부터 수정하여 컴파일을 시키도록 한다.

■ 사례 2 (링크오류)

```
int main()
{              ┌────── 함수명을 잘못 기술 한 경우이다.(printf()를 print() 로 호출)
    print("Hello World !!! \n");


    return 0;
}
```

■ 에러 창에 출력된 메시지

출력
출력 보기 선택(S): 빌드   ▼ │ ⓧ │ ⓧ ⓧ │ ⓧ ⓧ
1>2_1.obj : error LNK2019: _print 외부 기호(참조 위치: _main 함수)에서 확인하지 못했습니다.
1>C:₩Users₩김원선₩Desktop₩연두에디션_C₩든든한C_배포자료₩연두에디션_C_소스코드₩Chapter02₩Debug₩Chapter02.exe : fatal error LNK1120: 1개의 확인할 수 없는 외부 참조입니다.
========== 빌드: 성공 0, 실패 1, 최신 0, 생략 0 ==========

이 프로그램은 컴파일 오류는 아니다. 문법은 기계어 코드로 변환되고 작성된 hello.
obj와 라이브러리 함수 printf() 와 링크 작업이 이루어져야 하는데, 함수명 오류로
print()를 찾게 된다. 그러나 print() 함수는 존재하지 않음으로 오류가 발생하게 된다.
따라서 **링크 오류**이다. 따라서 호출할 함수명을 정확하게 기술해야 한다.

(2) 논리 오류(Logic Error)

문법적으로는 문제가 없어 **컴파일은 수행**되나 실행 파일을 실행했을 때 **출력 결과를
출력하지 않거나**, 출력된다 하더라도 **원하지 않는 결과를 출력**하는 경우를 말한다. 이
는 개발자가 프로그램을 흐름을 잘못 판단하여 정확하지 않게 코드를 기술하는 경우에
발생되며, 오류를 찾기 위해서는 프로그램 코드의 흐름을 다시 파악해야 하므로 시간
과 노력이 필요하다.

```
int main()
{
    printf(" !!! \n" );  ◄────── 출력할 문자열이 빠진 경우("Hello World !!!" 출력)


    return 0;
}
```

■ 컴파일 출력 창에 출력된 메시지

```
출력
출력 보기 선택(S): 빌드                                          
1> Chapter02.vcxproj -> C:\Users\김원선\Desktop\연두에디션_C\든든한C_배포자료\연두에디션_C_소스코드\Chapter02\Debug\Chapter02.pdb (
========== 빌드: 성공 1, 실패 0, 최신 0. 생략 0 ==========
```

컴파일은 성공적이고 실행도 된다. 그러나 결과는 "!!!" 를 출력할 것이다. 이 프로그램에서 의도한 내용이 "Hello World !!!"을 출력할 프로그램 이였다면 출력결과가 의도한 바와 다르므로 로직 오류가 발생했다고 한다.

(3) 경고 오류(Warning Error)

문법 오류와는 달리 **문법적으로는 문제가 없지만 오류가 발생할 가능성**이 있는 경우에 발생되는 오류이다. 이는 C 컴파일러가 코드의 문제점을 미리 예상하여 지적하여 주는 기능으로 실행은 가능하나 오류의 소지를 갖고 있다는 경고 오류이다. 예를 들어 라이브러리 함수를 사용 시 헤더 파일을 참조하지 않았을 때 발생될 수 있다.

```c
//첫 번째 프로그램
//#include <stdio.h>  ◀——— 헤더파일을 삽입하지 않았다.

int main()
{
    printf("Hello World !!!\n");

    return 0;
}
```

■ 에러 창에 출력된 메시지

```
출력
출력 보기 선택(S): 빌드                                          
1>------ 빌드 시작: 프로젝트: Chapter02, 구성: Debug Win32 ------
1> 2_1.c
1>c:\users\김원선\desktop\연두에디션_c\든든한c_배포자료\연두에디션_C_소스코드\Chapter02\2_1.c(6): warning C4013: 'printf'이(가) 정의되지 않았습니다. extern은 int형을 반환하는 것으로 간주합니다
1>2_1.obj : error LNK2019: _printf 외부 기호(참조 위치: _main 함수)에서 확인하지 못했습니다.
1>C:\Users\김원선\Desktop\연두에디션_C\든든한C_배포자료\연두에디션_C_소스코드\Chapter02\Debug\Chapter02.exe : fatal error LNK1120: 1개의 확인할 수 없는 외부 참조입니다.
========== 빌드: 성공 0, 실패 1, 최신 0. 생략 0 ==========
```

헤더파일을 추가하지 않음으로 인하여 라이브러리 함수인 printf() 함수의 형식을 컴파일러에게 전달하지 못하므로 **경고 오류**가 발생한다. 이때 Visual Studio2015 이전 버전에서는 경고오류만 뜨고 실행파일을 만들어 진다. 하지만 Visual Studio2015 버전 부터는 함수의 형식을 컴파일러가 알지 못하면 오류도 함께 출력함을 알 수 있다(C99 버전).

(4) 런타임 오류(Run Time Error)

소스코드는 컴파일되어 실행파일이 생성된다. 이때 실행파일 실행 시 프로그램이 마지막 까지 실행되지 않고 중간에 강제 종료되는 오류를 런타임 오류라 한다. 이는 실행 시 환경적인 요소나 프로그램이 더 이상 실행될 수 없을 때 발생된다.

```
#include <stdio.h>

int main()
{
        printf("10 / 0 : %d \n", 10 / 0);

        return 0;
}
```

10을 0으로 나눌 수 없다. 따라서 나누기 연산이 실행 될 때 프로그램은 종료된다.

■ 에러 창에 출력된 메시지

memo

SECTION 5

프로그램을 구성하는 구성요소

(1) 헤더 파일(Header File)

프로그램을 컴파일 시키면 **전처리기(preprocessor)**가 C의 소스 코드를 **컴파일하기 전에 전처리 작업**을 시작하는데 특정 파일을 삽입하거나, 문자열 대치를 하거나, 조건 컴파일 정의 등 여러 가지를 지시할 수 있다. 전처리 **작업은 반드시 "#"으로 시작**해야 한다. 일반적으로 다음과 같은 것이 있다.

```
#include <stdio.h>       //전처리 작업(헤더 파일 선언 …)
```

(2) 식별자(Identifiers)

변수명, 함수명, 배열명과 같이 명칭을 부여하는 이름을 말한다. 식별자의 표현 규칙은 다음과 같다.

① 영문자, 숫자, 언더라인(_) 등으로 구성되며 첫 글자는 영문자, 언더라인(_)으로 시작해야 한다.
② C 언어는 대소문자를 구분하는 언어이므로 대소문자는 다른 이름이다.
③ C 언어 예약어는 식별자명이 될 수 없다.

(3) C 언어 예약어(Reserved words)

ANSI 표준 C는 변수 이름이나 함수 이름으로 사용될 수 없는 키워드(keyword)를 정의하고 있다. 키워드는 소문자로 구성된다.

표 2-1 예약어

분류	예약어
데이터형	char, short, int, long, unsigned, float, double, struct, union, enum, const, auto, static, extern, register, typedef
반복문	for, while, do
선택문	if, else, switch, case, default
분기문	break, continue, goto, return

[4] 문장(Statement)

프로그램을 구성하는 기본 단위이다. 문장은 형태에 따라 선언문, 대입문, 제어문, 함수 호출문 등으로 분류된다. C 언어에서 하나의 문장은 세미콜론(;)으로 끝난다.

```
printf("Hello World !!! \n");              //출력문
printf("안녕하세요 !!! \n");
func_A();                                  //함수 호출문
```

[5] 함수(function)

C 프로그램은 1개 이상의 함수로 구성되며, 각 함수는 1개 이상의 실행문장을 포함하고 있다. 이러한 **함수는 문제 해결을 하기위한 하나의 단위블록**이며 함수의 시작과 끝은 대괄호 "{" 와 "}" 로 구분한다. 함수블록 내에 대입문, 선언문, 제어문, 함수호출 등이 존재할 수 있다.

```
void 함수명(void)
{
    실행문;
}
```

요약정리(Summary)   ◇◻◇◻◇◻◇◻◇◻◇

1. C 언어의 함수 기본구조는 다음과 같디.

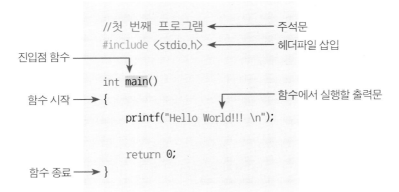

2. 헤더파일과 라이브러리 함수

라이브러리 함수를 호출하는 경우 호출하기 전 함수의 형식을 컴파일러에게 알리기 위해 헤더파일을 삽입하게 된다. 다음은 헤더파일 사용시점과 라이브러리가 연결되는 과정을 보여준다.

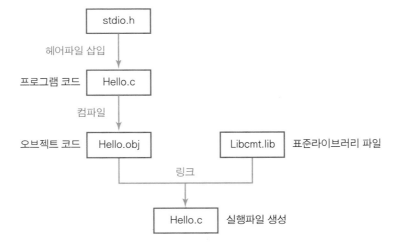

연습문제   ◇□◇□◇□◇□◇□◇□◇□◇

[2-1] 다음의 물음에 답하라.

1. 윈도우 기반의 개발환경에서 C 프로그램의 목적파일 확장자는 (   )이고, 실행파일의 확장자는 (   )이다.

2. C 소스 프로그램은 확장자가 반드시 (   ) 이여야 한다.

3. C 프로그램은 함수의 집합이지만 반드시 포함해야 하는 함수는 (   ) 이다.

4. C 프로그램이 컴파일될 때 문법적인 오류를 (   ) 에러라 한다.

5. 프로그램이 실행될 때 원하는 결과를 출력하지 않는 경우 (   ) 에러라 한다.

6. A( ) 함수에서 B( )함수를 호출 시 B() 함수는 종료 후 (   )로 복귀한다.

[2-2] 다음 처럼 출력하는 프로그램을 작성하려고 한다. 안에 알맞은 코드를 완성하라. (단, "안녕하세요!!!, 제 이름은, 안재은입니다."는 printf()함수 3개를 이용하여 출력할 것)

> **실행결과**
>
> 안녕하세요!!!
> 제 이름은 투바투입니다.

```
#include <stdio.h>

int main()
{
    printf("                ");  ←——— 출력할 문자열 추가
    printf("          ");
    printf("          ");


    return 0;
}
```

연습문제　◇○◇□◇○◇□◇○◇□◇○◇

[2-3] 다음처럼 출력하는 프로그램을 작성하려고 한다. 이때 자식함수를 적절히 호출하여 실행결과를 얻어내는 코드를 완성하라.

실행결과

```
안녕하세요!!!
제 이름은 투바투입니다.
```

```c
#include <stdio.h>
void func1(void);
void func2(void);

int main()
{

    printf("안녕하세요!!! \n");
    □□□□□□□□□□□□□□□□□□□      ◀------ 함수 호출
    □□□□□□□□□□□□□□□□□□□      ◀------
    return 0;
}

void func1(void)
{
    printf("투바투 입니다. \n");
}

void func2(void)
{
    printf("제 이름은 ");
}
```

[2-4] 다음 중 식별자로 사용할 수 없는 것은 무엇이며 이유를 설명해보자.

① Count_7　　　　　　　　　② 7Count

③ func 1　　　　　　　　　④ printf

⑤ count_7

C H A P T E R

3

기본 자료형과 변수

C Programming Language

구성

학습목표

- C 언어에서 사용 가능한 자료형과 변수에 대해 알아본다.

- 다양한 변수의 선언과 메모리 할당의 관계를 알아본다.

- 상수와 변수를 이해하고 사용할 수 있다.

- 자료형 수정자와 자료형의 형 변환을 알아본다.

C언어 기본 자료형과 변수

프로그래밍 언어마다 **사용 가능한 데이터 자료형(Data Type)**을 정의하고 있다. **자료형이란** 컴퓨터가 처리하는 **데이터의 종류로 정수, 실수, 문자, 문자열과 같이 구분**된다.

• **자료형(Data Type)** : 컴퓨터가 처리할 수 있는 데이터의 종류이다(컴파일러에게 데이터 종류와 메모리 공간의 크기 등을 구분).

1.1 기본 자료형

C 의 기본 자료형은 다음과 같다.

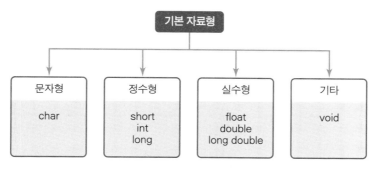

그림 3-1 C 언어의 기본 자료형

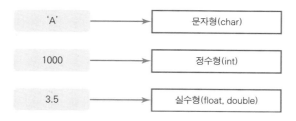

그림 3-1 상수 데이터와 자료형과의 관계

(1) 문자형

하나의 ASCII문자로 표현

- char 형이라 함.
- 기본적으로 **1바이트 크기로 한 문자를 저장하는 용도로 주로 사용됨.**
- 아스키(ASCII) 코드 값을 1바이트 정수 형태로 가지고 있음.

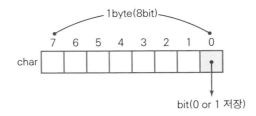

문자 '**A**'를 **저장**하면 메모리에는 **이진수로** "01000001"이 저장되며, **십진수로 계산하면** 65가 된다.

@	64	40	01000000
A	65	41	01000001
B	66	42	01000010
C	67	43	01000011
D	68	44	01000100
E	69	45	01000101

memo

표 3-1 ASCII CODE Table

10진수	ASCII	10진수	ASCII	10진수	ASCII	10진수	ASCII
0	NULL	32	SP	64	@	96	`
1	SOH	33	!	65	A	97	a
2	STX	34	"	66	B	98	b
3	ETX	35	#	67	C	99	c
4	EOT	36	$	68	D	100	d
5	ENQ	37	%	69	E	101	e
6	ACK	38	&	70	F	102	f
7	BEL	39	'	71	G	103	g
8	BS	40	(	72	H	104	h
9	HT	41	)	73	I	105	i
10	LF	42	*	74	J	106	j
11	VT	43	+	75	K	107	k
12	FF	44	'	76	L	108	l
13	CR	45	–	77	M	109	m
14	SO	46	.	78	N	110	n
15	SI	47	/	79	O	111	o
16	DLE	48	0	80	P	112	p
17	DC1	49	1	81	Q	113	q
18	DC2	50	2	82	R	114	r
19	DC3	51	3	83	S	115	s
20	DC4	52	4	84	T	116	t
21	NAK	53	5	85	U	117	u
22	SYN	54	6	86	V	118	v
23	ETB	55	7	87	W	119	w
24	CAN	56	8	88	X	120	x
25	EM	57	9	89	Y	121	y
26	SUB	58	:	90	Z	122	z
27	ESC	59	;	91	[	123	{
28	FS	60	〈	92	\	124		
29	GS	61	=	93	]	125	}
30	RS	62	〉	94	^	126	~
31	US	63	?	95	_	127	DEL

⏳ **TIP** ASCII 코드

ASCII(American Standard Code for Information Interchange, ASCII, 아스키) 코드란 1963년 정보 교환을 위해 **미국에서 제정한 표준 코드**로 미니 컴퓨터나 개인용 컴퓨터(PC)와 같은 소형 컴퓨터를 중심으로 보급되어 현재 국제적으로 널리 사용되고 있다.

아스키는 128개의 가능한 문자조합을 제공하는 7 bit 부호로 **영문자(대문자, 소문자 각각)**, **숫자(0 ~ 9)**, **특수기호(!, @, #, $, %, & 등)**, **특수키(ESC, Ent, Shift, Alt, CTRL, 제어문자…)** 등을 나타내는 약속된 문자 코드를 말한다. 따라서 char형 변수가 1 바이트를 할당 받게 되면 128개의 문자 중 한 문자를 저장 할 수 있다.

보통 **1문자를 기억하는 기억장치는 8 bit**(1byte, 256조합)이고, **아스키는 단지 128개의 문자**만 사용하기 때문에 나머지 bit는 패리티 bit나 특정 문자 등으로 확장한 형식으로 사용되고 있다.

(2) 정수형

컴퓨터에서 처리하는 가장 기본적인 수

- **정수 값은 크기**에 따라 **2바이트, 4바이트, 8바이트로 구성됨**(3절에서 설명)

- 크기 별로 **short, int, long**으로 표현 (int형은 4Byte)

- 컴퓨터에서 사용되는 기본 숫자는 int 형이다. 자료형이 없는 변수나, 정수형 상수는 int 로 간주하며, **컴퓨터에서 가장 많이 사용되는 자료형이 int** 이다. (컴퓨터는 0과 1을 갖는 정수적인 존재이고, 실생활에서 가장 많이 사용되는 수이기 때문에 정수형 타입이 가장 흔하게 사용된다)

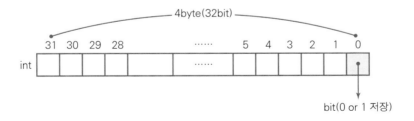

(3) 실수형

세밀한 수학적인 계산을 하거나 **소수 등의 표현하는 수**

- C 언어에서는 부동형(실수형)을 사용할 수 있도록 해줌.

- 부동형은 나타낼 수 있는 실수의 크기, 즉 정밀도에 따라 다음과 같이 구분됨(**float형** : 4Byte, **double형** : 8Byte).

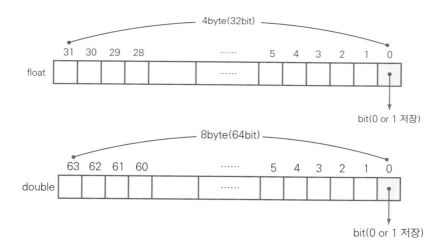

(4) void형

값이 없음

• 값을 갖지 않는 특수한 형태로 값을 갖지 않는 것을 명시하는 목적으로 사용함.

• **void형을 가장 잘 사용하는 형태 : 함수를 정의, 선언**할 때

1.2 변수 선언과 값의 치환

변수(variable)는 다양한 값을 저장할 수 있는 이름이 부여된 메모리 기억장소이다. 변수의 선언은 컴파일러에게 어떤 변수형이 사용되는 가를 알려주며, **선언과 동시에 메모리에 필요한 공간을 할당 받게 된다.**

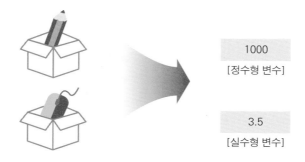

그림 3-2 변수는 다양한 데이터를 담기 위한 기억공간(그릇)

1.2.1 변수의 선언

변수명은 **영문자, 숫자, 밑줄(_)을 사용할 수** 있으며, 변수 이름의 앞에는 영문자 또는 밑줄만이 올 수 있다. 그리고 **예약어(키워드)는 변수명이 될 수 없다.** 변수는 **사용하기 전에 미리 선언해야** 하며 일반 실행문 보다 먼저 와야 한다.

변수를 선언하기 위하여 다음과 같은 형식을 사용하게 된다. 이때 **type**은 C의 자료형이고 **var-name**은 변수의 이름이다.

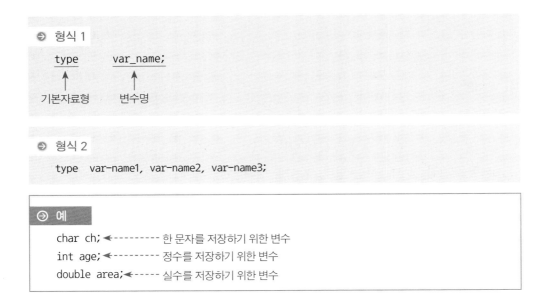

그림 3-3 메모리에 할당된 변수의 메모리 공간

1.2.2 변수의 메모리 할당은 어떻게 되나?

위와 같이 선언되었을 때 변수가 물리적으로 할당된 메모리의 공간은 다음과 같다.

그림 3-3 메모리에 할당된 변수의 메모리 공간

1.2.3 변수 값의 치환

변수에 값을 저장하는 것을 **값의 치환**이라 하며 이를 위하여 **대입 연산자 등호(=)**를 사용한다.

> **⊙ 형식**
>
> variable-name = value ;

> **⊙ 예**
>
> ch = ⟨'A'⟩; ◄---------------- 값의 치환, 'A' 문자가 ch 가 할당된 1 바이트 공간에 저장 됨.
>
> ch = "A"; ◄---------------- **" "이중인용부호**는 문자열상수 구분문자 이다.
>
> └─── **오류**, "A"는 문자열 상수 이므로 문자 변수가 문자열을 저장할 수 없음
>
> age = 17; ◄---------------- age 할당된 4 바이트 공간에 17이 저장 됨
>
> area = 3.5; ◄------------- area 할당된 8 바이트 공간에 3.5가 저장 됨

저장공간 ───► char [ch]   int [age]   double [area]
　　　　　　　 1 바이트   4 바이트   8 바이트

그림 3-4 값을 저장한 변수

🔍 **여기서 잠깐!!**

'A' : 문자
문자 상수표현으로 메모리에 1 Byte 할당 받는다.

"A" : 문자열
- 이중 따옴표("")에 표현된 데이터는 문자열 상수.
- 문자열 상수표현으로 메모리에 2 Byte 할당 받음.
- 문자 'A' 끝에 ('\0')인 NULL Byte를 자동으로 추가.
- **문자열은 배열을 사용**해야 한다. 문자열에 대한 내용은 Chapter7장에서 다루도록 한다.

1.3 printf() 함수의 또 다른 기능

printf() 함수는 문자열뿐만 아니라 다양한 형식의 데이터를 출력할 수 있다. 다음은 printf() 가 다양한 데이터를 출력하기 위한 규칙이다.

- **"%" 시작하는 형식 지정자**를 사용하여 **출력될 형식 자료형**을 알린다.
- **"%d"**는 **십진수**가 출력됨을 알리고, **"%f"**는 실수, **"%c"**는 한 문자가 출력된다.

> **◑ 형식**
>
> printf("출력형식지정자", 출력값);

> **◑ 예**
>
> printf("정수 : %d \n", (500)); ◀------ 정수 : 500을 %d 위치에 출력한다
>
> printf("실수 : %f \n", (4.5)); ◀------ 실수 : 4.500000을 %f 위치에 출력한다
>
> printf("문자 : %c \n", ('B')); ◀------ 문자 : 'B'를 %c 위치에 출력한다

형식 지정자		의 미
문자형	%c	한 문자 출력
	%s	문자열 출력
수치형	%d	부호 있는 10진수 출력
	%f	부동 소수점 형식 출력(float형)
	%1f	부동 소수점 형식 출력(double형)

printf()의 형식(자료형) 지정자에 대한 자세한 설명은 Chapter3에서 다루기로 한다.

예제 변수를 선언, 변수에 값을 저장하고, 그 변수의 값을 출력하여 보자.

다양한 자료형 데이터 출력, 3_1

```
1    #include <stdio.h>
2
3    int main()
4    {
5        char gender;  ◄---------- 변수 선언
6        int age;
7        double height;
8
9        gender = 'w';  ◄--------- 변수에 데이터 할당
10       age = 26;
11       height = 165.7;
12
13       printf("성별: %c,  나이: %d,  신장: %lf \n",
14                   gender,   age,    height);
15           └------- 변수 값이 형식 지정자에 맞추어 출력된다.
16       return 0;
17   }
```

코드분석

5~7   : 원하는 자료형으로 변수 선언, 변수는 자료형의 크기만큼 메모리 할당 함.

9~11 : 변수에 값을 저장함

13~14 : 변수에 저장된 **값을 형식지정자의 자료형에 맞추어 출력**, 13행과 14행은 연결된 출력문이다.
        C 컴파일러는 14행의 ";"**을 만날 때 13행의** printf()**를 종료**한다.

실행결과

성별: w, 나이: 26, 신장: 165.700000

1.4 sizeof 연산자

단항 연산자로 피 연산자의 할당된 메모리 크기 반환한다.

> **형식**
>
> sizeof(자료형)
> sizeof(변수명)
> sizeof 변수명

> **예**
>
> sizeof(int)
> sizeof(age)
> sizeof age

예제 변수와 자료형의 메모리 할당크기를 알아보자.

sizeof 연산자, 3_2

```
1    #include <stdio.h>
2
3    int main()
4    {
5        char gender;
6        int age;
7        float weight;
8        double height;
9
10       printf("변수의 할당크기 \n");
11       printf("gender:%d, age:%d, weight:%d, height:%d \n\n",
12           sizeof(gender), sizeof(age), sizeof(weight), sizeof(height));
13
14       printf("자료형의 크기 \n");
15       printf("char:%d, int:%d, float:%d, double:%d \n\n",
16           sizeof(char), sizeof(int), sizeof(float), sizeof(double));
```

```
17
18        printf("정수형 상수: %d, 실수형 상수: %d \n", sizeof(10), sizeof(3.14159));
19
20        return 0;
21    }
```

코드분석

11~12 : sizeof 연산자를 이용해 변수의 메모리 할당크기 확인

15~16 : 자료형의 크기 확인

18   : 정수형 상수는 컴파일러에 의해 int형, 실수형 상수는 컴파일러에 의해 double형으로 사용된다.

실행결과

```
변수의 할당크기
gender:1, age:4, weight:4, height:8
자료형의 크기
char:1, int:4, float:4, double:8
정수형 상수: 4, 실수형 상수: 8
```

1.5 상수(Constant)

상수란 프로그램에 의해서 **변경되지 않는 고정된 값**을 말한다. 상수는 선언과 동시에 값을 할당해야 한다(초기화를 해야 한다.).

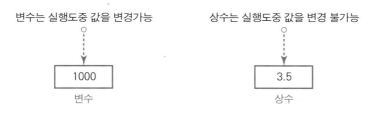

그림 3-5 변수와 상수의 비교

상수는 **기호상수**와 **리터럴 상수**로 구분된다. 변수처럼 이름을 갖는 상수를 기호상수라 한다.

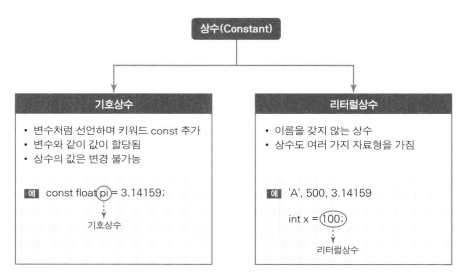

그림 3-6 상수의 종류

1.5.1 const 변수

프로그램을 사용하다 보면 **변수가 변경되지 않는 값을 갖고자** 할 때가 있다. 이때 변수를 사용하게 되면 의도하지 않게 변수의 값을 변경하는 것을 막을 수 없다. 이때 **변수를 상수화 시킬 수** 있다.

변수를 선언할 때 **변수의 자료형 앞에 const 키워드를** 선언하면 **변수를 상수화** 시킨다. 이는 변수가 상수가 되었으므로 **실행 시 변수의 값을 변경할 수 없다는 뜻이다.**

const 변수 **PI는 변수처럼 메모리에 할당** 받지만, 일반변수와는 다르게 **실행 시 값을 변경할 수 없게** 된다. 즉 변수를 상수로 사용한다. 때문에 실행 시 값을 저장할 수 없으므로 **선언과 동시에 반드시 const 변수는 초기화** 되어야 한다.

🔍 **여기서 잠깐!!**

const float PI; ◄---------- 선언 시 초기화되지 않으므로 PI에 가비지 값 저장.
PI = 3.14159; ◄----------- 오류. const 변수는 실행 시 값을 할당할 수 없다.

const float PI = 3.14159 ; ◄---- 따라서 **선언과 동시에 초기화**

■ **예제** 원의 둘레와 넓이를 구하기 위해 PI 는 고정된 값을 사용하므로 상수화하였다.

상수(const), 3_3

```
1   #include <stdio.h>
2
3   int main()
4   {
5       const float PI = 3.14159; //변수를 상수화 선언(선언과 동시에 값 할당)
6       int radius;
7
8       radius = 7;
9       printf("반지름이 %d인 원의 면적:%lf \n", radius, radius*radius * PI);
10      printf("반지름이 %d인 원의 둘레:%lf \n", radius, radius*2 * PI);
11
12      radius=10;        //변수는 실행 중 값을 변경할 수 있다.
13      //PI = 3,1;       //오류!!!!, 상수는 선언문이 외에 값을 변경할 수 없다.
14
15      printf("반지름이 %d인 원의 면적:%lf \n", radius, radius*radius * PI);
16      printf("반지름이 %d인 원의 둘레:%lf \n", radius, radius* 2 * PI);
17
18      return 0;
19  }
```

코드분석

5   : const **변수 선언**. 선언과 동시에 반드시 값을 할당한다. 이를 초기화라고 함
8   : radius **변수에** 반지름 저장.
9-10 : 원의 둘레와 면적을 구해 출력. 이때 const 변수 PI가 사용된다.
12   : 변수 값 변경.

13   : 상수 PI 는 실행문에서 값의 변경을 허용하지 않는다.

15-16 : 변경된 반지름을 사용하여 원의 둘레와 면적을 구해 출력한다. 이때 const 변수 PI가 사용된다.

실행결과

```
반지름이  7인  원의  면적 : 153.937912
반지름이  7인  원의  둘레 : 43.982262

반지름이  10인  원의  면적 : 314.158997
반지름이  10인  원의  둘레 : 62.831802
```

1.5.2 매크로 상수(define)

상수를 사용하는 방법 중 **매크로 상수**를 사용할 수 있다. 매크로 상수는 #define 문에 의해 정의되는 상수이다. 매크로 상수는 # 으로 시작하므로 전처리기에 의해 해석된다.

⊙ 형식

```
#define   매크로상수명    값
```

⊙ 예

```
#define   Odd   1
#define   Even  2
#define   MSG   "===================="
```

여기서 잠깐!!

`#define` Even 2 ◀----------- 세미콜론으로 끝나지 않는다.

`#define` Even 2(;) ◀--------- 오류. 전처리문은 문장의 마지막이 ";" 으로 끝나지 않으며
                              실행 시 오류가 날 수 있다.

Even = 4 ; ◀---------------- 오류. 매크로 상수도 값을 변경할 수 없다.

매크로 상수명은 일반변수와 구분하기 위하여 일반적으로 대문자를 사용한다. **"#"으로 시작하는 구문은 문법을 해석(컴파일)하기 전에 전처리기가 해석**하는 문장이다. 따

라서 #define에서 선언된 **매크로 상수들은 매크로 값으로 모두 대치**되어 프로그램에서 사용된다.

■ **전처리 수행하기 전**

```
#define  Even  2
#define  MSG   "========"

int main()
{
    printf("Even: %d \n", Even);
    printf("MSG: %s \n", MSG);

    return 0;
}
```

■ **전처리기가 수행 된 코드**

```
#define  Even  2
#define MSG  "========"

int main()
{
    printf("Even: %d \n", 2);
    printf("MSG: %s \n", "========" )'

    return 0;
}
```

예제 매크로 상수를 사용한 간단한 내용을 확인해 보자.

상수(const와 매크로), 3_4

```
1    #include <stdio.h>
2
3    #define Even 2
4    #define Odd 1
5    #define MSG  "===================="
6
7    int main()
8    {
9        printf("%s \n", MSG);
10       printf("Even : %d \n", Even);
11       printf("Odd : %d \n", Odd);
12       printf("%d + %d = %d \n", Even, Odd, Even + Odd);
13       printf("%s \n", MSG);
14
15       return 0;
16   }
```

코드분석

3-4   : 매크로 상수 선언. Odd는 1로 Even은 2 로 대체 됨

5   : 매크로 상수 선언. MSG는 문자열 "=============="로 대체 됨.

9-11   : 매크로 상수 값을 출력한다.

12   : 매크로 상수는 연산에 참여할 수 있다..

실행결과

```
==================
Even : 2
Odd : 1
2 + 1 = 3
==================
```

TIP 접미사 규칙

프로그램에서 상수를 이용할 때 컴파일러는 그 상수의 형이 무엇인지 결정해야 한다. C 컴파일러는 수치 상수를 int형의 자료형으로 변환하다. 그리고 실수형 상수는 double형으로 변환하여 사용되는 규칙을 가지고 있다.

만약 수치 상수에 잠정적으로 결정된 형이 원하는 것이 아니라면 접미사를 통하여 정확한 형을 지정할 수 있다. **접미사 규칙**은 다음과 같다.

표 3-2 상수 접미사 구분

상수	접미사 없음	접미사 있음
3.10	double	
3.10F		float
3.10L		long double
100	int	
100L		long int
100U		unsigned int

⊕ 예

```
float pi;

pi = 3.14159F;  ◄--------- 접미사 규칙

실수형 상수는 double형으로 변환하여 사용되는 규칙을 갖지만 접미사 F로 인하여
float 형으로 저장 된다
```

SECTION 2

변수 초기화와 주소 연산자

변수의 선언은 메모리 공간을 할당 받는다. 이때 **할당된** 변수의 메모리 공간에는 어떤 값이 저장되어 있을까?

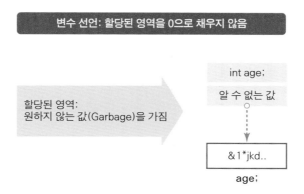

그림 3-7 변수선언 시 메모리 저장 값

2.1 변수 메모리 할당 공간

변수는 일반적으로 스택(Stack) 이라는 재활용 공간에 할당된다. 이 공간의 메모리는 재활용되는 공간이다. 따라서 변수 선언을 하고 초기화를 하지 않으면 어떤 값이 남아 있는지 알 수 없다. 그래서 임의의 값인 쓰레기가 저장된다.

2.1.1 왜 쓰레기(garbage)라 하는가?

알 수 없는 임의의 값이 저장되어 있기 때문이다.

2.1.2 왜 쓰레기(garbage)가 저장되어 있는가?

메모리는 **계속 재활용**을 한다. 응용 프로그램에서 변수의 공간을 요청하면 운영체제는 메모리의 공간 중 현재 사용하지 않는 빈 공간을 찾아 응용 프로그램이 사용 가능하도록 한다. 이때 **반환하는 메모리 공간에 이전에 사용한 값들이 그대로 남아있게 되며 운영체제는 그 주소공간을 깨끗이 0으로 만들지 않고 응용 프로그램에 반환**하기 때문이다. **따라서** 변수는 선언 후 반드시 값을 저장하여 사용해야 한다.

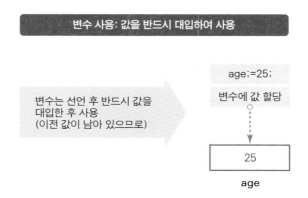

2.1.3 변수 초기화

변수는 선언 후 나중에 값을 할당하여 사용할 수도 있지만, **변수를 선언과 동시에 값을 할당**할 수 있다. 이를 **변수 초기화**라 한다.

누적변수란 누적할 변수의 **값과 다른 값**을 더하여 **누적할 변수에 값을 저장하는 변수**이다. 이때 **누적변수는 반드시 선언 시 0으로 초기화** 되어야 한다. 그렇지 않으면 쓰레기 값과 더하게 되므로 원치 않는 값을 저장하게 된다.

```
int a, b, sum = 0 ;  ◄─────────── sum은 0으로 초기화
a = 100, b = 200;
sum = sum + a;  ◄──────────── sum 누적변수, 100 저장
sum = sum + b;  ◄──────────── 300 저장
printf("sum : %d \n", sum);  ◄─────── 300 출력
```

만약 **sum 변수가 0으로 초기화가 안되어 있다면** 임의의 값과 a, b 변수의 값이 더해지므로 sum 변수의 결과는 **알 수 없는 값**이 된다.

2.2 변수와 주소 연산자

메모리에 저장되는 모든 데이터는 **메모리 주소에 의해 관리**된다. 즉 운영체제는 제한된 메모리에 데이터를 저장해야 하므로, 주소개념으로 데이터를 구분하여 저장하고 관리한다. 메모리는 **바이트(Byte)** 단위로 관리되며, 메모리에 할당되는 모든 것은 **주소(Address)를 갖는다.**

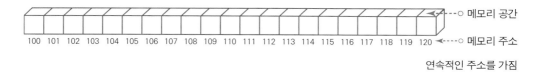

연속적인 주소를 가짐

다음과 같이 변수가 선언되면 메모리에 할당되며, 모든 **변수는 메모리 주소에 의해 구분되어 저장**된다.

```
char ch ;
int num;
double area;
```

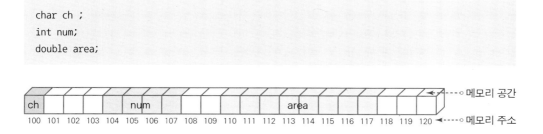

따라서 변수가 메모리의 어느 주소에 할당 받았는지 확인하기 위해 **주소연산자인 "&"** 를 사용할 수 있다.

- **&** : &(주소 연산자)는 연산자 뒤에 오는 **변수의 할당된 메모리 시작번지를 반환**하는 연산자이다.

➔ 형식

&변수명

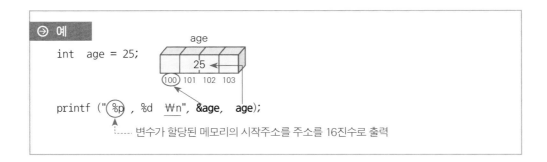

위에서 보여주는 **주소는 임의의 주소이다.** 메모리 주소는 프로그램을 실행할 때마다, 개발환경마다 다르다. 주소가 몇 번지인지 보다 시작번지를 얻을 수 있다는 것에 의미를 두어야 한다.

예제   변수가 다음처럼 선언되었다. 변수들의 값과 주소를 출력해보자.

& (주소연산자), 3_5

```
1    #include <stdio.h>
2
3    int main()
4    {
5        char ch = 'A';
6        int count = 100;
7        float pi = 3.14159F ;
8        double area1 = 5.6;
9
10       printf("%c, %d, %f, %lf \n", ch, count, pi, area1);     ◀-------- 변수 값을 출력
11       printf("%p, %p, %p, %p \n", &ch, &count, &pi, &area1);  ◀---- 변수의 시작주소 출력
12       return 0 ;
13   }
```

코드분석

10 　　: 변수의 형식 지정자에 따라 변수에 저장된 값을 출력한다.

11 　　: "&" 연산자에 의해 변수가 할당된 메모리의 시작주소를 출력한다.

실행결과

```
A,  100,  3.141590,  5.600000
7f7f0858,  7f7f085c,  7f7f0860,  7f7f0868 ◀------ 임의의 번지이다.
```

2.3 데이터 입력, scanf( )

표준 입력장치인 키보드로부터 데이터를 입력하기 위해 scanf( ) 함수를 살펴보자. scanf( )는 "**%**"로 시작하는 **형식 지정자**를 사용해 **입력 형태의 데이터**를 키보드로부터 입력 받아 변수에 저장한다. 형식지정자 "**%d**"는 키보드로부터 십진수(정수)를 입력받는다. scanf()의 형식(자료형) 지정자에 대한 자세한 설명은 Chapter3 에서 다루기로 한다.

> ● 형식
>
> **scanf("형식지정자", &변수명1, &변수명2, …);**

변수 이름 앞에 있는 **&(주소연신자)는** scanf( ) 함수의 역할에 **필수이며**, & 연산자는 키보드로부터 입력된 데이터를 **메모리에 저장하기** 위해 **변수의 시작주소를 얻기 위해 사용**된다.

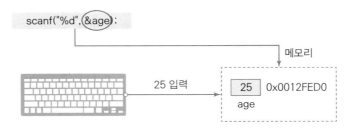

그림 3-8 표준 입력장치로부터 값을 읽는 scanf() 함수

scanf("%d", age);

"&" 주소연산자가 없으면 scanf() 는 오류이다.

변수는 값을 의미하여, 주소가 아니다. 즉 저장될 메모리주소를 알지 못하므로 입력된 데이터를 메모리에 저장할 수 없다.

예제   변수가 다음처럼 선언되었다. 변수들에 값을 저장하여 출력해보자. 변수명 앞의 "&"는 입력된 데이터를 변수가 할당된 메모리의 시작주소에 저장한다.

데이터 입력 scanf, 3_6

```
1    #include <stdio.h>
2    int main()
3    {
4        char gender;
5        int age;
6        double height;
7
8        printf("성별(남:m, 여:w) ? ");
9        scanf("%c", &gender);
10       printf("나이 ? ");
11       scanf("%d", &age);
12       printf("신장 ? ");
13       scanf("%lf", &height);
14
```

변수명 앞의 "&"는 반드시 필요하다.

```
15      printf("\n성별: %c, 나이: %d, 신장: %lf \n", gender, age, height);

16

17      return 0;

18  }
```

키보드로부터 **첫 번째 인자에 해당하는 데이터를 입력** 받아, **두 번째 인자**의 **메모리 주소에 저장**한다.

코드분석

9   : 키보드로부터 한 문자를 읽어 gender 변수의 시작주소에 저장한다.

11   : 키보드로부터 정수를 읽어 age 변수의 시작주소에 저장한다.

13   : 키보드로부터 실수데이터를 읽어 height 변수의 시작주소에 저장한다.

실행결과

```
성별(남:m,  여:w) ? m
나이 ? 34
신장 ? 175.2
성별: m, 나이: 34, 신장: 175.200000
```

TIP scanf() 함수 컴파일 오류

위 프로그램을 컴파일하면 scanf() 함수에서 다음과 같이 컴파일 오류가 발행한다.

"'scanf'() 함수 또는 변수는 안전하지 않다. 대신 scanf_s()를 사용. 지원 중단을 비활성화하려면 _CRT_SE-CURE_NO_WARNINGS를 사용"

■ **에러 창에 출력된 메시지**

```
출력
출력 보기 선택(S): 빌드                                    ▾  🔍 📑 📑 📑 📑

2): error C4996: 'scanf': This function or variable may be unsafe. Consider using scanf_s instead. To disable deprecation, use _CRT_SECURE_NO_WARNINGS. See online help for details.
2): error C4996: 'scanf': This function or variable may be unsafe. Consider using scanf_s instead. To disable deprecation, use _CRT_SECURE_NO_WARNINGS. See online help for details.
2): error C4996: 'scanf': This function or variable may be unsafe. Consider using scanf_s instead. To disable deprecation, use _CRT_SECURE_NO_WARNINGS. See online help for details.
```

이 내용은 Visual Studio 버전에 따라 달라질 수 있으며, **scanf()** 함수는 **표준 라이브러리** 함수이다. 이 함수가 어떤 상황에서는 안전하지 않을 수 있으므로 **비표준 라이브러리** 함수인 scanf_s() 를 사용하라는 오류 메세지이다.

어떤 상황에서 안전하지 않은지는 메모리 구조와 배열의 내용을 알아야 하므로 이 내용은 Chapter08에서 다루어 진다.

따라서 Chapter03에서는 **표준라이브러리를 사용하기** 위해 프로젝트 속성을 다음과 같이 변경하기로 한다.

1. 개발 툴 메뉴 [프로젝트] → [프로젝트명 속성] 메뉴를 선택한다.

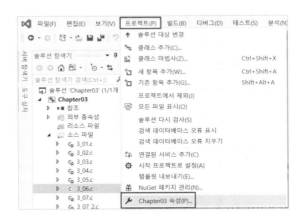

2. 속성 페이지에서 [C/C++] → [일반] 항목 중 [SDL 검사]를 [아니오] 로 선택한다.

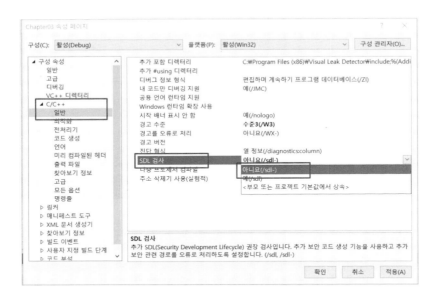

3. 컴파일시 표준 라이브러리 함수를 사용할 수 있게 된다.

SECTION 3

자료형 수정자

void를 제외한 기본 자료형은 C의 형(자료형) 수정자(type modifier)를 사용하여 좀 더 적합한 형태로 수정하여 사용할 수 있다. 형 수정자는 다음과 같다.

```
short
long
signed
unsigned
```

3.1 short와 long 수정자

short와 long 수정자는 int 형에 적용된다. 다음 선언문의 메모리 할당은 무엇일까?

```
int  x;
short  int  y;
long  int  z;
```

일반적인 규칙에서 **short int**는 int 보다 작고, **long int**는 int 보다 크다. 각 선언문의 의미는 C 프로그램을 작성하고 있는 **운영체제 플랫폼**에 따라 다르다.

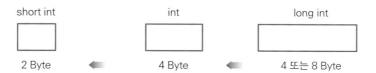

메모리 할당 크기가 다르다는 것은 **저장할 수 있는 값의 범위**가 다르다는 것을 의미한다.

표 3-3 운영체제 환경에 따른 크기

	16bit O/S 환경	32bit O/S 환경	64bit O/S 환경
short	2	2	2
int	2	4	4
long	4	4	8

여기서 잠깐!!

32bit 개발환경에서 long int는 4바이트 할당이다. 이때 __int64 또는 long long int 형을 사용하면 8바이트를 할당받는다.

3.2 signed와 unsigned 수정자

변수는 선언 시 unsigned가 없다면 signed가 기본이며 선언된 것과 같이 간주한다.

3.2.1 signed 수정자

예) `signed char ch1;` ◄--------- **char ch1;**과 같은 선언문이다.

signed 수정자는 부호가 있는 정수를 나타낼 때 사용된다(부호가 있는 정수란 양수와 음수의 표현이 가능하다는 것을 의미). 그러나 정수형 선언은 잠정적으로 signed로 설정되기 때문에 정수형 앞에 signed를 붙이는 것은 가능하지만 불필요하다.

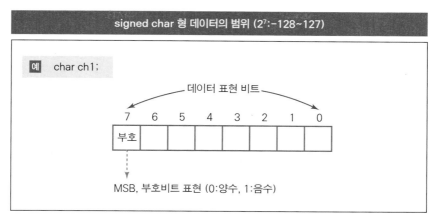

- ch 변수는 메모리에 1바이트(8비트) 할당을 받게 됨.
- 이 중 최상위 비트(가장 왼쪽)를 부호 비트로 설정
- 최상위 1비트를 MSB(most significant bit)라 하며 이 비트의 값이 0이면 양수, 1이면 음수를 나타냄

그림 3-9 signed로 선언된 문자변수 메모리 할당

3.2.2 unsigned 수정자

예) unsigned char ch2;

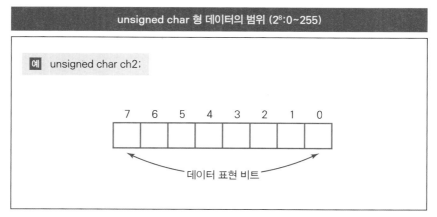

- ch2 변수는 MSB를 부호비트로 사용하지 않음
- 8비트 전체를 데이터 표현으로 사용하므로 음수를 사용하지 않는다면 **양의 정수로 표현범위가 2배로 커짐**

> char 형 변수 : 한 문자를 저장하거나, 작은 값을 갖는 용도로도 사용 가능

그림 3-10 unsigned로 선언된 문자변수 메모리 할당

unsigned 수정자는 char, int에 적용될 수 있으며, 또한 long과 short를 병행하여 사용할 수 있다. 그것은 **부호가 없는 정수(양의 정수)를 만드는데 사용**된다. unsigned를 사용하면 부호 비트(Sign Bit)가 필요 없기 때문에 **부호 비트자리에 정보를 저장**할 수 있게 된다. 따라서 원래 범위보다 양의 정수로 범위가 늘어나게 된다. 음수부문이 불필요한 경우 unsigned를 사용하면 효율성을 높일 수 있다.

3.2.3 signed와 unsigned의 차이

signed와 unsigned의 차이는 정수의 **최상위 비트**를 해석하는 방법에 있으며, 음수를 사용하지 않는 경우 **메모리 할당의 크기는 그대로 유지**하면서 값의 범위를 **양수로 약 2배정도** 더 크게 표현할 수 있는 이점이 있다.

자료형	설명	비트 수	범위
short	short형 정수	16	−32768~32767
unsigned short	부호 없는 short형 정수	16	0~65535
int	int형 정수	16 or 32	−32768~32767 −2147483648
unsigned int	부호 없는 int형 정수	16 or 32	0~65535 0~4294967295
long	long형 정수	32 or 64	−2147483648 ~2147483647 −9,223,372,036,854,775,808~ 9,223,372,036,854,775,807
unsigned long	부호 없는 long형 정수	32 or 64	0~4294967295 0 ~ 18,446,744,073,709,551,616

예제 자료형수정자를 사용하여 변수의 할당과 범위를 확인하여 보자.

자료형수정자, 3_7

```
1   #include <stdio.h>
2   int main()
3   {
4       short int result1, result2;
5       unsigned short int result3;
6
7       result1 = 32767;
8       result2 = result1 + 1;
9       result3 = result1 + 1;
10
11      printf("short int result1: %d \n", result1);
12      printf("short int : %d + %d = %d \n", result1, 1, result2);
13      printf("unsigned short int : %d + %d = %d \n\n", result1, 1, result3);
14
15      printf("sizeof(short int):%d, sizeof(int):%d, sizeof(long int):%d \n",
16              sizeof(short int), sizeof(int), sizeof(long int));
17      return 0 ;
18  }
```

코드분석

4   : short int 로 result1, result2 할당

5   : unsigned short int 로 result3 할당

7   : short int는 값의 범위가 32767이며, result1은 **32767 저장**

부호비트

result1 : ⓪ 111111111111111 ◄-------- result1dl 저장할 최대 값. 이진수로 저장 됨(32767)

8   : result2는 **32767 + 1를 저장할 수 없으며**, 32768의 이진수는 부호비트에 1이 할당됨.
     이는 음수이므로 2의 보수를 처리한 의미 없는 값을 출력하게 됨. 오버플로우(Ovarflow)가 발생.

부호비트

result2 : ① 000000000000000 ◄------- result2에 저장된 값. 이진수로 저장 됨(-32768),
                                      음수는 다음절에서 설명함.

9   : result3은 unsigned short int 형이므로 부호 비트를 사용하지 않기 때문에 저장할 수 있는 값의
          범위는 0~65535이므로, **32768 저장가능**

11~13   : 각 변수에 저장된 값 출력

15~16   : 자료형의 크기를 출력

실행결과

```
short int result1: 32767
short int:32767 + 1 = -32768
unsigned short int:32767 + 1 = 32768

sizeof(short int): 2, sizeof(int): 4, sizeof(long int): 4
```

⧗ **TIP** 자료형의 오버플로우(Overflow)와 언더플로우(Underflow)

- **오버플로우(Overflow)** : 정수는 정수형의 범위를 넘는 값을 절대 가질 수 없으며, **정수형이 저장할 수 있는 값의 범위를 초과하여 저장하는 경우 이를 오버플로우(Overflow)가 발생**했다고 한다. 이때 저장되는 값은 정수가 저장할 수 있는 유효범위의 안에서 의미 없는 값으로 저장 된다 .

- **언더플로우(Underflow)** : 정수가 저장할 수 있는 **최소 값 이하의 값을 저장할 때 정수가 저장할 수 있는 유효범위를 넘어가므로 이때 언더플로우(Underflow)가 발생**했다고 한다. 이때 저장되는 값은 정수가 저장할 수 있는 유효범위의 안에서 의미 없는 값으로 저장 된다 .

따라서 **정수는 자신이 저장할 수 있는 유효범위 내의 값으로 항상 저장**해야 한다.

예제 **데이터 범위를 확인할 수 있는 매크로 상수**를 사용하여 **변수의 저장범위를 확인**할 수 있다. (**연습문제 2-9번**을 참고하면 각 **자료형의 범위를 갖는 매크로 참조**)

자료형 범위를 확인 가능한 매크로상수, 참고코드

```
1    #include <stdio.h>
2    #include <limits.h>
3    #include <float.h>
4
5    int main()
6    {
7        long int tmp;
```

```
8       short int n1 = 0;
9       unsigned  short int n2 = 0;
10
11      tmp = 32768 ;                          ┌── 오버플로우 발생
12      if(tmp < SHRT_MIN  ||  (tmp > SHRT_MAX))
13          printf("short int 범위 오류!!! \n");
14      else
15          n1 = tmp;
16
17      //USHRT_MAX
18      tmp = 32768;                           ┌── 오버플로우 발생 안함
19      if(tmp < 0  ||  (tmp > USHRT_MAX))
20          printf("unsigned short int 범위 오류!!! \n");
21      else
22          n2 = tmp;
23
24      printf("short int n1: %d \n", n1);
25      printf("unsigned short int n2: %d \n", n2);
26
27      return 0 ;
28  }
```

코드분석

12   : short int형 최소값과 최대값을 저장하는 매크로. SHRT_MAX는 32767 이므로 오버플로우.

19   : unsigned short int 형 최대값을 저장하는 매크로. USHRT_MAX 는 65535 이므로 오버플로우가
        아니다.

실행결과

```
short int 범위 오류!!!
short int n1: 0
unsigned short int n2: 32768
```

3.3 실수형 데이터의 표현

C 언어에서 부호가 있는 실수형 자료를 표현하기 위해 float 형과 double 형을 사용한다. 실수형의 **유효 자릿수는 정확한 값을 표현하는 자릿수를** 말한다.

그림 3-11 실수형 범위

3.3.1 부동 소수형의 데이터 표현

실수형은 지수부와 가수부로 나누어 값을 저장한다. 다음은 4바이트 실수형 구조이다.

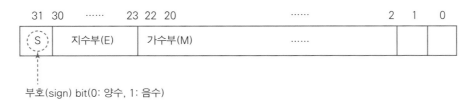

그림 3-12 4byte(32bit)의 크기를 가진 부동소수점을 메모리에 나타낸 경우

* float → 부호(S) :1비트, 지수부(E) : 8 비트, 가수부(M) : 23 비트
* double → 부호(S) :1비트, 지수부(E) : 11비트, 가수부(M) : 52 비트

3.3.2 실수형 데이터 구조

가수부는 값의 모양을 표현하며 지수부는 10의 거듭제곱으로 값을 크기를 표현한다.

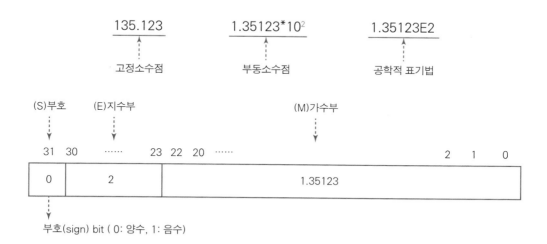

그럼 가수는 1.35123이고, 지수는 2이다. 부동소수점 **방식으로 실수를 저장**하면 훨씬 **더 큰 수를 표현할 수** 있고 **정밀도도 높아**지게 된다. 이런 실수 표현법은 국제 표준이고 모든 언어가 공통적으로 사용되고 있다.

3.3.3 컴퓨터는 실수를 표현할 때 부동소수점 오차를 가짐!!

컴퓨터 시스템은 실수를 표현함에 있어서 실수의 값을 정확하게 표현하는 것이 아니라, 아주 가까운 문제가 없을 만큼의 **근사치를 구하여 표현**하게 된다. 적은 비트수로 넓은 범위의 값을 표현할 수 있다는 장점도 있었지만, 실수의 표현에 오차가 생긴다는 단점도 갖는다. 이러한 오차를 가리켜 **부동 소수점 오차**라 한다.

[컴퓨터 시스템]

실수는 아주 가까운 문제가 없을 만큼의 근사치를 구해 표현

입력된 데이터와 동일한 데이터가 저장되지 않을 수 있음

장점 ➡ 적은 비트수로 넓은 범위의 값 표현 가능

단점 ➡ 실수의 표현에 오차가 발생

부동 소수점 오차

그림 3-13 실수형 장점/단점

3.3.4 double은 float 보다 정밀도(유효 자릿수)를 2배 이상 보장!

실수형을 사용할 때는 부동 소수점 오차가 적게 발생하는 자료형을 사용하는 것이 권장되는데, double은 float 보다 정밀도(유효 자릿수)를 2배 이상 보장한다.

예제 다음 프로그램을 통하여 정밀도(유효자릿수)를 확인해보자.

실수형 자료, 3_8

```
1    #include <stdio.h>
2
3    int main()
4    {
5        float   f_num;
6        double  d_num;
7
8        f_num = 12345678901234567890;
9        d_num = 12345678901234567890;
10
```

```
11          printf("float_num : %f \n", f_num);
12          printf("double_num : %lf \n\n", d_num);
13
14          f_num = 135.123F;
15          printf("부동 소수점 : %f \n", f_num);
16          printf("지수형식 : %e \n", f_num);
17
18          return 0 ;
19      }
```

코드분석

5, 6   : float, double로 변수 선언

8, 9   : 동일한 값을 변수에 할당

11   : float형은 대략 유효자릿수 6자리까지 표현됨.

12   : double형은 대략 유효자릿수 15자리까지 정확히 표현함.

15   : f_num을 "%f" 부동 소수형으로 출력한다.

16   : f_num을 "%e" 부호 있는 과학적 표기법으로 출력한다.

실행결과

float_num : 12345679395506094080.000000
double_num : 12345678901234567168.000000   유효 자릿수

부동 소수점 : 135.123001
지수형식 : 1.351230e+02

실수형의 **유효 자릿수는 정확한 값을 표현하는 자릿수**를 말한다. 그러므로 실수형 사용에서 정밀도는 고려 해야 할 중요한 사항이다. 실수 계산은 컴파일러마다 조금씩 다를 수도 있으므로 가급적이면 큰 타입의 실수형 자료형을 사용하는 것이 권장된다.

TIP long double 형

long double 은 확장된 double형을 지원한다. **이는 확장된 정밀도를 지원하기 위한 자료형**인데 ANSI99 표준에 따르면 **double 보다 같거나 크다.** 현재 대부분의 컴파일러에서 long double형은 double형과 같은 크기인 8바이트로 되어있다. 차후에 하드웨어적으로 long double을 플랫폼에서 지원한다면 double **형보다 더 큰 값, 정밀도가 높은 실수를 처리하게 될** 것이다.

3.4 음수의 표현

컴퓨터에서 **음수 표현**은 어떻게 처리 될까? 다음 선언문을 보자.

```
char  num1 = 5;
char  num2 = -5;
```

이 변수들은 메모리에 다음과 같은 이진수가 저장되어 있을까?

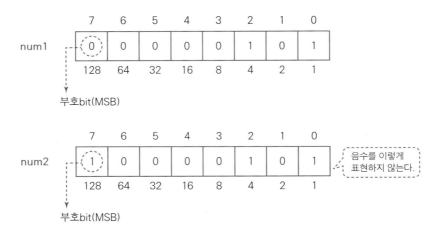

음수는 일반적으로 **2의 보수(2's complement)**를 사용하여 표현된다. 2의 보수 표현은 **부호 비트를 제외한 모든 비트를 반대로 바꾸고**(1은 0으로, 0은 1로), **그 값에 1을 더하는 것**이다. 그리고 마지막으로 부호를 1로 지정한다.

따라서 −5의 표현은 다음과 같다.

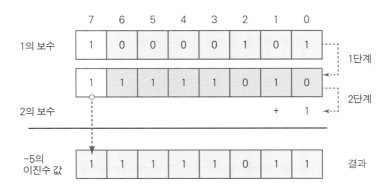

■ 음수는 2의 보수를 왜 사용하나?

컴퓨터 시스템이 음수를 표현할 때 2의 보수를 처리하는 것은 음수를 다룰 때 CPU가 더 쉽게 산술 연산을 할 수 있기 때문이다. 컴퓨터 시스템은 뺄셈 로직이 없다. 뺄셈을 필요로 하는 연산식은 보수를 사용하게 된다.

⧖ TIP 뺄셈 : 피감수 - 감수 (2의 보수 이용하는 방법)

1010(10) - 0101(5) 를 계산해 본다.

1. 감수를 2의 보수를 취한다. 0101→1010 + 0001 = 1011

2. 보수를 취한 상태에서 피감수와 덧셈을 한다. 1010+1011=10101

(올림수 1 이 발생한다.)

올림수가 발생하면 이를 무시한다. 1 0101→0101따라서 결과는 **0101**이 된다.

만약 올림수가 발생하지 않으면 더한 결과를 2의 보수를 취한 후 부호를 1(음수)로 한다.

---

memo

SECTION 4

자료형 변환

자료형 변환은 int형 데이터가 float 형으로 변환 되거나, 혹은 float형 데이터가 다른 형으로 변환되는 것을 말한다.

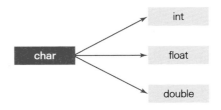

그림 3-14 서로 다른 자료형으로 형 변환

형변환은 **묵시적 형변환**과 **명시적 형변환**이 있다. 형변환은 식이 처리되는 동안만 적용되며 식이 완료되면 자료형은 원래의 자료형으로 남게 된다.

4.1 수식에서의 형 변환

C 언어는 하나의 수식에서 **서로 다른 자료형들을 혼합 사용** 가능하다. C 언어는 서로 다른 자료형들이 섞여 있는 경우에 적용하는 **두 가지 형 변환 규칙**이 있다.

4.1.1 묵시적 형 확장(type promotion)

C 컴파일러는 **수식을 처리**할 때 피연산자들의 자료형이 다르면 **두 피연산자** 중에서 **큰 피연산자의 형으로** 나머지 자료형을 **자동 형변환**한다. 형변환에 의해 두 **피연산자들은 같은 형**을 가지게 되고 **그 결과는 두 피연산자의 형과 같다.**

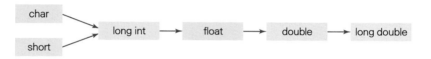

그림 3-15 연산 시 형 변환 과정

⊕ 예

```
char ch = 1;
double d_num = 3.1;
printf("%lf \n", ch + d_num );
```

컴파일시 double 형으로 자동 형변환 (묵시적)

두 변수는 같은 형을 가지게 되고 그 결과는 **두 피연산자의 형과 같게** 된다.

4.1.2 cast 연산자를 이용한 명시적 형 확장(변환)

변수의 자료형을 식이 처리될 동안 다른 자료형으로 변환하는 연산자. **cast 연산자**를 통해 형을 변환하는 연산자를 명시적 형변환이라 한다.

⊕ 형식

(자료형)변수;

⊕ 예

```
int num = 10;
double d_num = 3.0;
printf("%d \n", num / (int) d_num );
```
◁------ d_num 변수가 정수형으로 먼저 변환

컴파일시 int 형으로 형변환(명시적)

4.2 치환에서의 형 변환

데이터를 **대입할 때 자료형이 서로 다르다면** 변환은 정밀도나 정확도는 높아지지 않으며 **값을 표현하는 형식만** 변경시킨다.

4.2.1 정수가 실수로 변환 시

정수 값은 가수부에 전달되고 .0은 소수부에 추가된다.

4.2.2 실수가 정수로 변환 시

소수부가 없어지고 **가수부의 값만 전달**된다.

4.2.3 치환문의 왼쪽과 오른쪽의 형이 서로 다를 때

오른쪽의 형이 왼쪽 형으로 변환됨 : 이때 왼쪽 형의 크기가 오른쪽 형보다 작을 때는 데이터가 손실됨. 따라서 **왼쪽 형의 자료형은 오른쪽의 자료형보다 같거나 커야** 함.

> **예제** 실수형 변수와 실수형 변수의 자료형이 서로 다를 때 수식과 대입에서의 형 변환 규칙을 확인해 보자.

형 변환, 3_9

```
1    #include <stdio.h>
2    int main()
3    {
4        short int days;
5        int day_rate;
6        long int pay;
7        double tax ;
8
```

```
9          printf("근무일수 ? ");
10         scanf("%hd", &days);
11
12         printf("일급 ? ");
13         scanf("%d", &day_rate);
14
15         pay = days * day_rate;    ◄--------- 묵시적 형변환
16         tax = pay * .03;          ◄--------------- 묵시적 형변환
17         pay = pay - (int)tax;     ◄----------- 명시적 형변환
18
19         printf("근무일 %hd, 일급: %d, 세금: %.2lf, 지급액 : %ld \n",
20              days, day_rate, tax, pay);
21
22         return 0;
23    }
```

코드분석

15 : short int 형은 int 형으로 형이 확장되어 식이 처리되며, 결과는 long int형이 됨.

16 : 정수형 pay는 실수형으로 형이 확장되어 처리되며, 결과는 double형이 됨.

17 : tax는 cast 연산자를 사용하여 int 형으로 변환하였고, 이를 명시적 형 변환을 하기 때문에 결과는 정수형임.

실행결과

```
근무일수 ? 10
일급 ? 130000
근무일 10, 일급: 130000, 세금: 39000, 지급액 : 1261000
```

4.3 typedef 문

typedef는 사용자 정의 자료형을 선언 하기 위해 사용하며, **기존 자료형에 새로운 이름으로 새 자료형**을 만들게 한다.

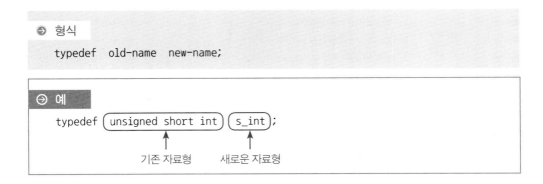

위 예문에서 선언된 자료형을 사용한 변수 선언이다.

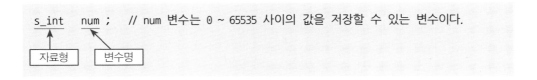

4.4 enum 상수

enum 키워드는 **열거형(enumeration type) 상수**를 정의할 때 사용된다. **enum 상수는 하나 이상의 정수형 상수를 원소로 갖는 집합**으로 일반적인 선언형식은 다음과 같다.

> ⊙ 형식
>
> enum   tag_name   { enumeration list } variable list;

> ⊙ 예
>
> enum Color { red, green, blue, white , black} my_color ;

사용자 자료형인 **enum Color**를 선언한다. 예약어 enum 다음에 오는 Color 가 태그 이름이다. **태그명은 나열형의 이름이 되며, 태그명은 생략될 수 있으며,** 태그명으로 나열형 변수를 선언할 수 있다.

4.4.1 태그이름을 사용한 나열형 변수 선언

```
enum Color { red, green, blue, white , black } ;
enum Color my_color;    // 태그명을 이용한 나열형 변수 선언
```

4.4.2 태그이름을 생략한 나열형 변수 선언

```
enum { red, green, blue, white , black } my_color;
```

중괄호 { red, green, …} 안의 식별자는 여러 개의 목록을 가질 수 있고 int 형 상수이다. **첫 번째 원소는 0부터 시작하며 열거 순서에 따라 순차적인 정수 값**을 갖는다.

```
enum Color { red, green, blue, white, black  } my_color;
enum Color { red = 0,green = 1,blue = 2,whilte = 3,black = 4  } my_color;
```

변수 리스트 my_color 는 나열형 변수이며 이 변수들은 집합내의 원소만을 값으로 가질 수 있다. 즉 **0부터 4사이의 값을 가질 수 있다.**

my_color = white; // my_color에 3이 저장된다.

```
enum Color { red=100, green, blue, white , black }  my_color;
```

red 인자는 100부터 시작이며, 다음 인자는 1이 증가된 값을 자동으로 갖는다.

즉 나열형은 상수는 **정수형 상수에 이름을 지어주는 것과 같으므로 가독성에 도움을** 주며 프로그램의 명확성을 위해 사용한다.

| 예제 | 컬러 코드 값을 나열형을 사용하여 상수화 하는 내용을 보여준다.

나열형상수(enum), 3_10

```
1    #include <stdio.h>
2    int main()
3    {
4        enum Color { red, green, blue, white, black } my_color ;    ← ------   정수형상수의 집합
5
6        my_color = white;
7        printf("my_color: %d \n", my_color);
8
9        printf("%d, %d, %d, %d \n", red, green, blue, white);
10
11       return 0;
12   }
```

코드분석

4   : 나열형 Color를 선언한다. my_color는 나열형 Color 변수로 선언된다.

6   : my_color는 정수 3이 저장된다.

9   : 나열형 인자가 갖는 전체 값을 출력하고 있다.

실행결과

```
my_color: 3
0, 1, 2, 3
```

요약정리(Summary)   ◇◻◇◻◇◻◻◇◻◇◻◇

- C 언어의 C 언어의 기본 자료형은 char, int, float, double, void형이다.

- 변수란 어떤 값을 저장하는 메모리의 한 공간이다.
  - 변수의 선언은 초기화될 수 있으며, "&" 연산자로 할당된 주소를 확인할 수 있다
  - sizeof 연산자를 사용하여 할당된 변수의 크기를 반환할 수 있다.

- 자료형 수정자
  - short, long, signed, unsigned 수정자를 사용하여 좀 더 적합한 형태로 사용할 수 있다.

- 형변환
  - 수식을 처리할 때, 대입할 때 자료형 변환을 할 수 있으며, 묵시적, 명시적 변환이 가능하다
  - **cast 연산자**를 통해 형을 변환화는 연산자를 명시적 형변환이라 한다.

- **typedef**는 사용자 정의 자료형을 선언 하기 위해 사용하며, **기존 자료형에 새로운 이름으로 새 자료형**을 만들게 한다.

- **enum** 키워드는 **열거형(enumeration type) 상수**를 정의할 때 사용된다. **enum 상수**는 하나 이상의 **정수형 상수를 원소로** 갖는 집합이다.

연습문제

[3-1] 다음의 물음에 답하라.

1. C 언어의 기본 자료형은 (   ), (   ), (   ), (   ), (   ) 이다.

2. char형 변수는 선언 시 메모리 할당이 (   )이고, short int형은 (   ), long int형은
   (   ), float 형은 (   ), double 형은 (   )이다.(32비트 O/S)

3. 정수형으로 분류할 수 있는 것은 char 와 (   ) 이다.

4. 실수형으로 분류할 수 있는 것은 float 와 (   ) 이다.

5. 변수는 사용하기 전에 반드시 (   ) 해야 한다.

6. 메모리에 할당 받은 변수의 선두주소를 사용하기 위해 (   ) 연산자를 사용할 수 있다.

7. 변수 선언 시 자료형 수정자는 short, long, (   ), (   ) 이 있다.

8. 수식을 처리할 때 특정 변수의 자료형을 변환하기 위해 (   ) 연산자를 사용할 수 있으며 이를 명시
   적 형변환이라 한다.

[3-2] 변수명으로 사용될 수 없는 것은 무엇인가? (다중 선택)

    ① Count   ② st-count

    ③ kor jumsu   ④ kor_jumsu

    ⑤ kor%jumsu   ⑥ 5_student

[3-3] 자료형과 형변환에 대한 설명으로 설명이 바르지 않은 것은 무엇인가? (다중 선택)

    ① 정수형은 운영체제 플랫폼에 관계P없이 4바이트를 약속한다.

    ② char 형은 1바이트 할당이며, ASCII 문자를 저장하는 구조이다.

    ③ 부동소수형 데이터를 저장하기 위해 float, double을 사용할 수 있다.

    ④ signed, unsigned 는 메모리 할당크기를 다르게 한다.

    ⑤ 연산을 처리할 때 두 피연산자가 다르면 C 프로그램을 컴파일 오류이다.

    ⑥ 명시적 형변환을 위해 cast 연산자를 사용한다.

◇◇◇◇◇◇◇◇◇◇◇◇◇

[3-4] 다음의 표현 중에 잘못 표현된 것은 무엇인가?

```
int num = 100;
```

① printf("%d \n", sizeof(num));   ② printf("%d \n", num) ;

③ printf("%p \n", &num) ;   ④ printf("%f \n", num) ;

[3-5] 메모리 할당의 크기를 확인하기 위해 사용하는 연산자는 무엇인가?

① sizeof   ② len

③ const   ④ short

[3-6] 다음의 결과를 출력하기 위해 [   ]을 완성하여 보자.

실행결과

```
ch is B
count is 200
pi is 3.140000
```

빈 곳을 채우세요.

```c
#include <stdio.h>

int main()
{
        char ch;
        int count;
        float pi;
        [                              ]
        [                              ]
        [                              ]
        printf("ch  is  %c \n", ch );
        printf("count  is  %d \n", count );
```

연습문제

```
        printf("pi    is  %f \n", pi );

        return 0 ;
}
```

[3-7] 다음과 같이 4시간 30분은 모두 몇 초인지 출력하는 프로그램을 작성하라.

(연산에 대해서는 다음 단원에 배우지만 미리 예습해보길 바란다.)

```
4시간 30분은 16200초입니다.
```

[3-8] 키보드로부터 국어, 영어, 수학점수를 정수형 변수에 입력 받아 합과 평균을 출력하는 프로그램을
작성하라.

```
국어  ?  76
영어  ?  87
수학  ?  91
합: 254,  평균: 84.666664
```

[3-9] 다음 프로그램을 입력하여 실행한 결과를 확인하여 보자.

```
#include <stdio.h>
#include <limits.h>
#include <float.h>

int main()
{
    printf("현재 시스템의 C 컴파일러의 데이터 유형의 크기 :\n");
```

```
printf("signed char :");
printf("\t %d byte(%d bit)\n",sizeof(signed char), CHAR_BIT);
printf("\t값의 범위:%d 에서 %d까지의 값\n\n", CHAR_MIN, CHAR_MAX);
printf("unsigned char :");
printf("\t %d byte(%d bit)\n", sizeof(unsigned char), CHAR_BIT);
printf("\t값의 범위:%d 에서 %d까지의 값\n\n", 0, UCHAR_MAX);

printf("signed short int :");
printf("\t %d byte \n", sizeof(signed short));
printf("\t값의 범위:%d 에서 %d까지의 값\n\n", SHRT_MIN, SHRT_MAX);

printf("unsigned short int :");
printf("\t %d byte \n", sizeof(unsigned short));
printf("\t값의 범위:%d 에서 %d까지의 값\n\n", 0, USHRT_MAX);
printf("signed int :");
printf("\t %d byte \n", sizeof(signed int));
printf("\t값의 범위:%d 에서 %d까지의 값\n\n", INT_MIN, INT_MAX);

printf("unsigned int :");
printf("\t %d byte \n", sizeof(unsigned int));
printf("\t값의 범위:%d 에서 %u까지의 값\n\n", 0, UINT_MAX);
printf("signed long int :");
printf("\t %d byte \n", sizeof(signed long));
printf("\t값의 범위:%ld 에서 %ld까지의 값\n\n", LONG_MIN, LONG_MAX);
printf("unsigned long int :");
printf("\t %d byte \n", sizeof(unsigned long));
printf("\t값의 범위:%d 에서 %lu까지의 값\n\n", 0, ULONG_MAX);

printf("float :");
printf("\t %d byte\n", sizeof(float));
printf("\t값의 범위:%E 에서 %E) \n", FLT_MIN, FLT_MAX);
printf("\t정확도(Precision):%d 자리\n\n", FLT_DIG);

printf("double:");
printf("\t %d byte\n", sizeof(double));
printf("\t값의 범위: %E 에서 %E) \n", DBL_MIN, DBL_MAX);
printf("\t정확도(Precision):%d 자리\n\n", DBL_DIG);

return 0 ;
}
```

C H A P T E R

4

콘솔 입출력과
C 언어 연산자

C Programming Language

구성

학습목표

- 콘솔 입출력이란 무엇인지 알아본다.
- 표준 출력 함수를 활용하는 방법을 알아본다.
- 표준 입력 함수를 활용하는 방법을 알아본다.
- C 언어가 제공하는 다양한 연산자를 알아본다.
- 연산자를 활용하는 방법을 살펴본다.

SECTION 1

콘솔(Console) 입출력의 개념

콘솔 입출력함수는 **표준 라이브러리 함수**이며, 콘솔 입출력은 키보드나 터미널 장치를 대상으로 입력, 출력하는 것을 말한다.

1.1 표준 스트림

표준 스트림은 **운영체제를 통해서 자동으로 생성되고 관리**되므로 C 개발자가 표준 스트림을 사용하기 위한 연결 과정을 작성할 필요가 없다. 즉, 표준 스트림은 **프로그램 실행 시 자동으로 생성되고, 프로그램 종료 시 자동으로 소멸**된다.

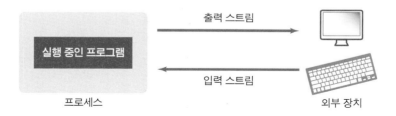

그림 4-1 표준 입출력 스트림

- 표준 입출력 스트림은 〈stdio.h〉 파일에 의해 다음과 같이 정의 됨

표 4-1 표준 입출력 스트림과 장치의 관계

이름	스트림의 종류	입출력 장치
stdin	표준 입력 스트림	키보드
stdout	표준 출력 스트림	모니터(터미널)
stderr	표준 에러 스트림	모니터(터미널)

따라서 C 프로그램에서 **표준 입출력 장치를 사용**하기 위해서는 **제공되는 라이브러리 함수를 이용하여 외부장치를 사용**할 수 있다.

(1) 표준 입출력 라이브러리 함수

표준 스트림을 사용하기 위해서는 **각 스트림의 입력과 출력을 담당하는 함수를 호출**하여야 한다. **표준 입출력 함수는** ⟨stdio.h⟩에 함수의 원형이 정의되어 있다.

C 언어에서는 표준 입출력 장치를 대상으로 데이터를 입출력 하기 위한 여러 가지 함수를 지원한다. 다음은 입출력 함수를 나타낸 것이다.

표 4-2 콘솔 입출력 함수 종류

함수	기능	헤더파일
printf( )	형식화된 출력	
scanf( )	형식화된 입력	
putchar( )	한 문자 출력	
getchar()	한 문자 입력	stdio.h
gets( )	문자열 입력	
puts( )	문자열 출력	

memo

TIP 표준 라이브러리 함수란?

표준 라이브러리 함수(Standard Library Function) 란 C 언어에서 C 컴파일러와 함께 기본적으로 제공하는 함수이다.

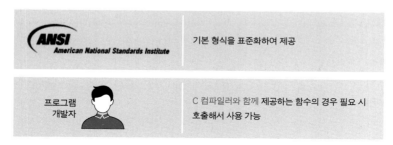

• **라이브러리 함수의 종류**: printf(), scanf(), toupper(), sqrt(), strcpy() 등

(1) 헤더파일

라이브러리 함수를 **컴파일 시** 링크과정에서 함수코드가 추가되어 사용 가능하게 한다. **그러나 사용하기 전에 헤더파일을 선언**해야 한다.

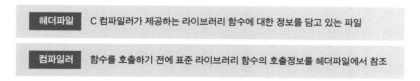

(2) 헤더파일과 라이브러리 함수를 사용하는 절차

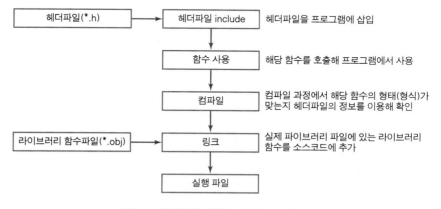

그림 4-2 헤더파일과 라이브러리 함수 사용 절차

SECTION 2

표준 출력 함수

표준 출력함수란, 표준 출력장치(모니터)에 문자나 변수의 값을 출력하는 함수를 의미한다.

2.1 putchar () 함수

putchar() 함수는 **한 문자를** 표준 출력 장치인 **stdout(터미널)에 출력한다.**

putchar() 함수는 인자에 있는 한 문자를 출력한다. putchar() 함수는 출력할 문자를 반환해 주며, 에러가 발생하면 EOF를 반환한다(**EOF**는 End of File의 약자로, 파일의 끝을 표현하기 위해서 정의해 놓은 상수로 −1을 갖는다).

> ⊙ 형식

```
int putchar('문자');
```

> ⊙ 예

```
putchar('A') ;
```

2.2 puts() 함수

puts() 함수는 **문자열**을 표준 출력 장치인 **stdout(터미널)에 출력**한다.

puts() 함수는 문자열을 화면에 출력하며, 자동으로 줄 바꿈('₩n') 기능을 포함한다.
함수가 성공적이면 양수를 반환하고, 에러가 발생하면 EOF(−1)를 반환한다.

> ⊙ 형식
>
> int puts("문자열'");

> ⊙ 예
>
> puts("C Languge···");

■■■ 예제 ■■■ 문자와 문자열을 출력하기 위해 putchar(), puts() 함수를 사용하였다.

putchar(), puts() 함수, 4_1

```
1    #include <stdio.h>
2
3    int main()
4    {
5        char ch1 = 'N', ch2 = 73, ch3 = 'd', ch4 = 'm';
6
7        printf("문자 출력함수 \n");
8        putchar('K');
9        putchar(73);  ←——————— 십진수에 해당하는 ASCII문자는 부록을 참고한다.
10
11       putchar(ch1);
12       putchar(71);
13       putchar('-');
14       putchar(ch3);
```

```
15        putchar(111);
16        putchar(ch4);
17        putchar('\n');
18        printf("\n문자열 출력함수 \n");
19        puts("Hello");
20        puts("World");
21
22        return 0;
23    }
```

코드분석

8   : **putchar()** 함수는 인자 **'K' 한 문자를 출력**한다.

9   : 인자 73에 해당하는 ASCII 문자를 출력한다.

11   : 변수가 저장되어있는 한 문자를 출력한다.

17   : 줄 바꿈을 처리하는 '\n' 도 한 문자이며 이를 출력할 수 있다.

19~20 : **puts()** 함수는 인자인 **문자열을 출력**하고 자동으로 **줄 바꿈('\n') 기능을 포함**한다.

실행결과

```
문자 출력함수
KING-dom

문자열 출력함수
Hello
World
```

2.3 printf( ) 함수

printf() 함수는 다양한 **형식 지정자(서식 지정자)**를 통하여 **여러 종류의 데이터를 출력**한다. printf()는 인수 목록에 있는 **해당 값**들을 형식문자열(format) 인수에 있는 **형식코드에 따라 표준 출력장치**로 출력한다.

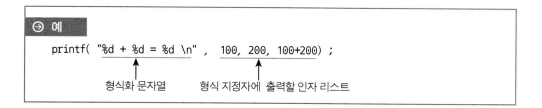

이 함수의 반환 값은 정수형으로 출력된 형식화 개수이다. 만약 에러가 발생하면 음수를 반환한다.

■ 다양한 값을 출력하기 위한 형식 지정자

표 4-3 printf() 함수의 형식 지정자

형식 지정자	의 미
%c	문자
%d, %i	부호가 있는 정수로서 10진수
%e	과학 계산용 표기(소문자 'e')
%E	과학 계산용 표기(대문자 'E')
%f	실수로서 10진수
%g	%e와 %f 중 더 짧은 표현을 사용한다.
%G	%E와 %f 중 더 짧은 표현을 사용한다.
%o	부호가 없는 정수로서 8진수
%s	문자열
%u	부호가 없는 정수로서 10진수
%x	부호가 없는 정수로서 16진수(소문자)
%X	부호가 없는 정수로서 16진수(대문자)
%p	포인터를 출력한다
%n	관련된 인수는 그때까지 출력된 문자들의 수를 저장할 정수형 변수의 포인터가 되어야 한다
%%	%부호를 출력한다

예제 다양한 데이터 자료형을 출력하기 위해 printf()의 형식 지정자를 사용하는 방법을 살펴보자.

printf() 함수, 4_2

```
1    #include <stdio.h>
2
3    int main()
4    {
5        int num;
6
7        printf("/%d/ \n", 12345);
8        printf("/%10d/ \n", 12345);
9        printf("/%-10d/ \n", 12345);
10       printf("/%010d/ \n\n", 12345);
11
12       printf("/%f/ \n", 12345.678);
13       printf("/%15f/ \n", 12345.678);
14       printf("/%15.2f/ \n", 12345.678);
15       printf("/%-15.2f/ \n\n", 12345.678);
16
17       printf("%c %d %c %d \n", 'A', 'A', 97, 97);
18       printf("%s/\n/%10s/\n/%-10s/\n\n", "Campus", "Campus", "Campus");
19
20       printf("%d %#o %#x \n", 67, 67, 67);
21       printf("%d %#o %#x \n", 067, 067, 067);
22       printf("%d %#o %#x \n\n", 0x67, 0x67, 0x67);
23
24       num = 10;
25       printf("%d, %#o, %#x \n", num, num, num);
26
27
28       return 0;
29   }
```

코드분석

7 : 정수를 출력하며 필드 폭을 생략하면 차례대로 출력된다.

8~9 : "%10d"와 같이 필드 폭을 지정하면 지정된 자리 수의 오른쪽에 맞추어 출력되며, "-" 지정 시 필드 폭의 왼쪽부터 출력된다.

10 : "%010d" 출력된 값이 필드 폭보다 작을 때 앞의 빈 공간에 0을 채운다

12 : 실수 값 출력이며 실수는 소수점 이하 자릿수 6자리를 기본 출력한다.

13   : "%15f" 필드 폭을 줄 수 있으며 오른쪽 정렬되어 출력한다.

14~15   : "/%15.2f 전체 자릿수에 출력될 소수점 이하 자릿수를 명시한다.

         이 형식은 소수점 3째 자리에서 반올림하여 2째 자리까지 출력한다.

         "-" 지정 시 필드 폭의 왼쪽부터 출력된다.

17   : "%c"는 이진수 1 바이트를 문자로 출력하며, "%d" 이진수 1 바이트를 십진수로 출력한다.

18   : "%s"는 문자열 출력 지정자이며, 출력할 문자열의 길이를 지정할 수 있다.

20   : 십진수 데이터를 8진수, 10진수 16진수로 출력한다. 이때 "#"은 출력형식을 함께 출력하여 10진수
         데이터와 구분하게 한다.

21   : 8진수 데이터를 8진수, 10진수 16진수로 출력한다.

22   : 16진수 데이터를 8진수, 10진수 16진수로 출력한다.

25   : 양의 정수 10을 10진수, 8진수 16진수로 출력한다.

⏳ TIP 8, 10, 16진수 출력지정자

- 데이터 표현 시 **67은 10진수 데이터**, **067은 8진수 데이터**, **0x67은 16진수 데이터**를 의미함.

- 어떤 수를 원하는 진법으로 출력가능

- printf() 함수의 "**%d**"는 **10진수**, "**%o**"는 **8진수**, "**%x**"는 **16진수**를 출력할 **형식지정자**임.

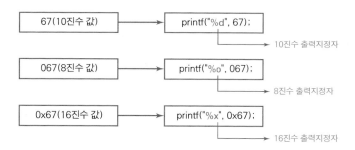

실행결과

```
/12345/
/     12345/
/12345     /
/0000012345/
```

실행결과

```
/12345.678000/
/    12345.678000/
/         12345.68/
/12345.68        /

A  65  a  97
/Campus/
/     Campus/
/Campus     /

67  0103  0x43
55  067   0x37
103 0147  0x67

10, 012, 0xa
```

⧗ **TIP** 2진수, 8진수, 10진수, 16진수란?

- 2진수란 데이터를 표현함에 있어서 두 개의 값만 사용 : 바로 0과 1
- 컴퓨터 시스템은 모든 정보를 2진수로 저장 관리하므로 2진수에 대한 이해는 필수
- 2진수 외에 8진수, 10진수, 16진수를 알아야 함.

> 컴퓨터 자체는 2진수만 인식하지만 컴퓨터 시스템과 가까운 기계어는 16진수로 구성되어 있기 때문

- 8진수는 사용 빈도가 적지만 2진수를 읽을 때 용이하며, 10진수로의 변환이 상대적으로 편리

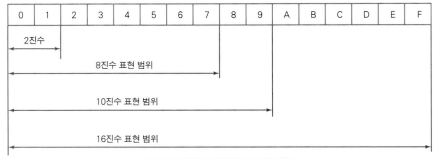

그림 4-3 진법별 데이터의 표현 범위

2.4 백슬래시 문자 상수(backslash-character constant)

| 백슬래시 문자 상수 (Backslash-character Constant) | 키보드로부터 입력을 받을 수 없거나, 출력 시 다른 특별한 목적으로 사용되는 문자들 |

- 일반 문자들을 출력할 수 있는 곳이라면 어디든지 출력 가능
- Escape Sequence라고도 부름

출력함수에서 사용 가능한 제어문자는 다음과 같다.

표 4-4 역슬래시 문자 상수들

제어 문자	기능
\n	(리턴 문자) 줄 바꿈
\t	Tab 문자
\b	Back space
\r	캐리지 리턴
\0 (zero)	Null 문자
\f	폼 피드
\a	bell 소리
\\	역 슬래 시
\'	단 인용 부호 (')
\"	이중 인용 부호 (")

SECTION 3

표준 입력 함수

입력함수란, **표준 입력장치**(키보드)에서 **문자, 정수, 실수, 문자열을 입력하여 변수에 저장**하는 함수를 말한다.

3.1 getchar ( ) 함수

getchar() 함수는 **한 문자**를 표준 입력 장치인 **stdin**(키보드)로부터 **입력**한다.

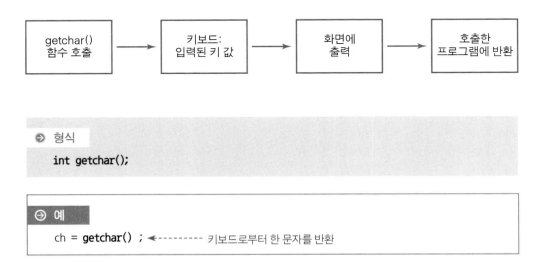

> ➲ 형식
>
> ```
> int getchar();
> ```

> ➲ 예
>
> ch = **getchar()** ; ◄--------- 키보드로부터 한 문자를 반환

예제 한 문자를 입력하기 위해 getchar() 함수를 사용하였다.

getchar() 함수, 4_3

```
1    #include <stdio.h>
2
3    int main()
4    {
5        char ch1;
6
7        printf("한 문자 입력 ? ");
8        ch1 = getchar();
9        printf("ch1 : %c \n", ch1);
10
11       return 0;
12   }
```

코드분석

8   : 키보드로부터 한 문자가 입력되기를 기다린다. 한 문자를 입력하고 [Enter]를 치면 입력된 한 문자
       는 ch1 변수에 대입된다.
9   : 저장된 ch1 변수를 출력한다.

실행결과

```
한 문자 입력 ? A
ch1 : A
```

 여기서 잠깐!!

• 사용자가 문자열을 입력해도 getchar()는 한 문자만 키보드로부터 읽어 반환함.

• 읽혀지지 않는 문자열은 사용되지 않음.

3.2 gets( ) 함수

gets() 함수는 **표준입력**(키보드)으로부터 **문자열을 입력** 받아 gets() 함수의 인자인 **메모리주소(배열)에 저장**한다.

> ⊙ 형식
>
> char *gets(배열변수);

> ⊙ 예
>
> char name[20] ; ◄----------------- name은 메모리에 20바이트를 할당
> gets(name) ; ◄----------------- 키보드로부터 문자열 입력하여 name배열에 저장

gets() 함수는 문자배열의 구조를 알아야 사용할 수 있는 함수이다. 따라서 본 예제에서는 문자배열을 이해하기 보다는 **문자열을 입력하기 위해 gets() 함수를 사용할 수 있다는 것을** 살펴보자. gets() 함수는 **배열(Chapter8)을 학습할 때** 자세히 다루게 된다. 이 예제는 **문자열 입력함수 gets() 만 살펴**보자.

예제   성명과 주소를 입력하기 위해 gets() 함수를 사용하였다.

gets() 함수, 4_4

```
1   #include <stdio.h>
2   int main()
3   {
4       char name[20]; ◄-------------- 성명을 저장할 문자배열
5       char comAddr[40]; ◄---------- 주소를 저장할 문자배열
6
7       printf("성명 ? ");
8       gets(name); ◄----------------- 키보드로 입력된 성명을 name 메모리에 저장
9       printf("주소 ? ");
10      gets(comAddr); ◄------------- 키보드로 입력된 주소를 comAddr 메모리에 저장
```

```
11
12      printf("\n성명: %s, 주소: %s \n", name, comAddr);
13
14      return 0;
15  }
```

코드분석

4~5 : 성명과 주소를 저장할 문자배열이다. 성명은 20바이트, 주소는 40바이트 크기를 갖는다.

8 : 키보드로부터 **성명을 입력** 받아 **name의 20바이트 영역에 저장**한다.

10 : 키보드로부터 **주소를 입력** 받아 comAddr 의 **40바이트 영역에 저장**한다.

12 : 문자열 출력은 "**%s**" 자료형 지정자를 사용한다.

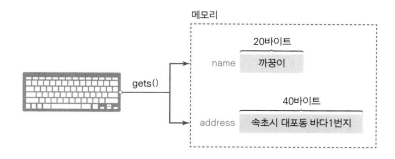

실행결과

성명 ? 까꿍이
주소 ? 속초시 대포동 바다1번지

성명: 까꿍이, 주소: 속초시 대포동 바다1번지

3.3 scanf( ) 함수

scanf()는 키보드(입력버퍼)로부터 입력된 값을 읽어 와서 이를 format 문자열(형식 문자열)로 지정된 코드에 맞게 **변환**하여 변수에 저장한다.

→ **형식**

```
scanf("형식지정자", &int-var-name);
```

⊙ 예

```
int count ;
scanf( "%d", &count) ;
```

형식지정자   변수명

■ scanf( ) 함수 규칙

scanf("%d", &count);

scanf()함수 역할에 필수적, 주소 연산자
생략하면 오류!!!

■ 다양한 자료형을 입력하기 위한 형식 지정자

표 4-5 scanf() 함수의 형식 지정자

코 드	형 식
%c	문자를 읽는다
%d, %i	10진수로 된 정수를 읽는다
%e	실수를 읽는다
%f	실수를 읽는다(float)
%g	실수를 읽는다
%o	8진수로 된 부호가 없는 정수를 읽는다
%s	문자열을 읽는다
%x	16진수로 된 부호가 없는 정수를 읽는다
%p	포인터를 읽는다
%n	지금까지 읽어 들인 문자들의 수에 해당하는 정수 값을 받아들인다
%u	10진수로 된 부호가 없는 정수를 읽는다
%[]	문자들을 찾는다
%lf	실수를 읽는다(double)
%Lf	실수를 읽는다(long double)

예제 다양한 형식의 데이터를 입력하기 위해 scanf() 함수를 활용하여 보자.

scanf() 함수, 4_5

```
1   #include <stdio.h>
2   int main()
3   {
4       int first, second;
5       char op;
6
7       printf("두 수를 입력하세요 ? ");
8       scanf("%d%d", &first, &second);
9       printf("first: %d, second: %d \n\n", first, second);
10
11      printf("\n두 수를 입력하세요 ? ");
12      scanf("%d,%d", &first, &second);
13      printf("first: %d, second: %d \n\n", first, second);
14      while (getchar() != '\n');
15
16      printf("\n전화번호를 입력하세요 ? ");
17      scanf("%d%c%d", &first, &op, &second);
18      printf("first: %d, op: %c, second: %d \n\n", first, op, second);
19
20      printf("\n전화번호를 입력하세요 ? ");
21      scanf("%d%*c%d", &first, &second);
22      printf("first: %d, second: %d \n\n", first, second);
23
24      printf("\n5자리이상 숫자를 입력하세요 ? ");
25      scanf("%3d%d", &first, &second);
26      printf("first: %d, second: %d \n", first, second);
27
28      return 0 ;
29  }
```

코드분석

8 : "%d%d"는 키보드로부터 두 정수 값을 입력 받는다. 데이터를 구분하기 위해 **공백(Space)문자**, **〈TAB〉문자**, **리턴〈Enter〉**를 사용한다.

12 : "%d,%d"는 키보드로부터 두 정수 값을 입력 받는다. 데이터를 구분하기 위해 ","로 지정했으나, scanf() 는 일반적인 데이터 구분은 **공백(Space)문자**, **〈TAB〉문자**, **리턴〈Enter〉**를 사용하므로 이러한 문법은 권장되지 않는다.

실행 1 → 입력 시 10,20 인 경우 first:10, second:20 저장

실행 2 → 입력 시 10 20 인 경우 first:10, second: 값이 저장되지 않음.

따라서 8행과 같이 사용해야 함.

14 : **입력버퍼에 남겨진 버퍼를 모두 비운다.**(이전에 있던 데이터의 구분자가 입력되지 않아서 데이터가 아직 버퍼공간에 남아있기 때문에 수동적으로 버퍼공간에서 비운다.)

17 : **3429-5114를 입력**한 경우 3429는 첫 번째 **"%d"로 인하여** first에, "−" 문자는 "%c"에 의해 op 에 저장, **나머지 값** 5114가 **"%d"에 의해** second에 저장됨.

21 : **"%*c"는 입력버퍼의 문자** 중에서 현재 **한 문자를 제거**(무시) 시키는 용도로 사용된다. 3429- **5114를 입력**하였다면 3429는 첫 번째 **"%d"로 인하여 first에 저장**되고,

"−" 문자는 "%*c"에 의해 삭제되며, 나머지 값 5114가 **"%d"에 의해** second에 저장된다.

25 : 필드 너비를 지정하면 원하는 자릿수 만큼만 입력버퍼에서 변수에 할당할 수 있다. **1234567이 입력**되었다면 **"%3d"로 인하여** 입력버퍼에 데이터 중 **123이 first**에 저장되고 **나머지 값 4567이** **"%d"에 의해** second에 저장된다.

실행결과

```
두 수를 입력하세요 ? 10 20
first: 10, second: 20


두 수를 입력하세요 ? 100, 200
first: 100, second: 200


전화번호를 입력하세요 ? 3429-5114
first: 3429, op: -, second: 5114


전화번호를 입력하세요 ? 3429-5114
first: 3429, second: 5114


5자리이상 숫자를 입력하세요 ? 12345678
first: 123, second: 45678
```

scanf() 함수 오류 발생 시, 프로젝트 속성 페이지에서 [C/C++] → [일반] 항목 중 [SDL 검사]를 [아니오] 로 선택한다.

3.4 입력, 출력 버퍼(Buffer) 란?

입력함수를 통해 **입력 받는 데이터는** 실행중인 프로그램에 바로 읽혀지는 것이 아니라 먼저 **입력버퍼에 저장**된다. 그리고 **입력버퍼의 내용이 프로그램에 전달**된다. 또한 **출력함수에서 데이터를 출력**할 경우 모니터에 즉시 출력되는 것이 아니라 먼저 **출력버퍼에 저장되었다가 모니터로 출력된다.**

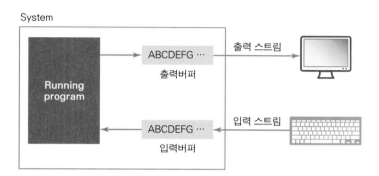

버퍼를 사용하는 이유는 입출력장치는 속도가 느리기 때문에, 메모리에 있는 **일정내용을 모아서 입력장치/출력장치에 사용**된다. 즉 시스템의 성능을 높이기 위해 사용된다.

■ 라인버퍼 입력함수

C 컴파일러에서 제공하는 함수는 라인버퍼(line buffer) 입력 방식으로 구현되어 있다.

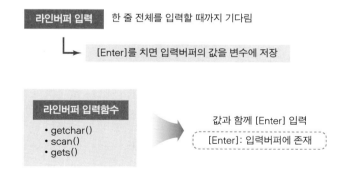

라인버퍼 함수는 데이터 입력 시 데이터를 **입력하고 [Enter]를 쳐야만 입력함수가 값을 읽어**간다. 어떤 상황에서 〈Enter〉는 사용자가 원하지 않는 약간의 문제가 될 수도 있을 것이다.

■ 라인버퍼 함수 사용시 주의 할 내용

• 입력함수는 **입력버퍼로부터 데이터를 읽어** 들인다.

• **입력버퍼에 남겨진 것이(EMPTY) 없을** 때 **키보드로부터 입력을 요구**한다.

• 만약 입력버퍼에 남겨진 것이 있다면 입력함수는 남겨진 데이터를 읽어간다. **즉 키보드부터 입력을 요구하지 않는다.**

> **예제** 문자와 문자열을 입력 받는 함수는 입력버퍼에 남아있는 값이 있다면 이를 읽어 들인다. 따라서 이 함수들이 키보드로부터 입력을 받기 위해서는 입력버퍼의 내용을 비워주어야 한다.

입력버퍼에 남겨진 Enter, 4_6

```
1    #include <stdio.h>
2
3    int main()
4    {
5        char gender, married;
6        char name[20];
7        int salary;
8
9        printf("성별 ? (여성:W, 남성:M) ");
10       gender = getchar();
11
12       printf("결혼 ? (기혼:Y, 미혼:N) ");
13       married = getchar();
14
15       printf("월급 ? ");
16       scanf("%d", &salary);
17
18       printf("성명 ? ");
19       gets(name);
20
21       printf("\n\n성명: %s, 성별: %c, 기혼: %c, 월급: %d \n",
22               name, gender, married , salary);
```

```
23
24        return 0;
25  }
```

코드분석

10 : 성별을 입력하기 위해 **W[Enter]를 입력**. 이때 getchar()에 의해 **W문자만 gender**에 저장되고 **[Enter]는 입력버퍼에 아직 남아있다.**

13 : 결혼유무를 입력하기를 원하지만 **입력을 기다리지 않는다.** 이유는 **입력버퍼에 남겨진 1문자 [Enter]를 13행의 getchar() 함수가 읽어** 들였다. 입력함수는 입력버퍼가 비어있을 때 키보드 입력을 기다린다.

16 : 월급을 입력한다. **2700000[Enter]를** 입력하면 scanf()의 "%d" 지정자는 정수값 **2700000을 입력버퍼에서 읽어** salary에 저장한다. 이때 **[Enter]는 입력버퍼에 남는다.**

19 : **성명을 입력 받을 수 없다.** 이유는 **입력버퍼에 남겨진 [Enter]를 입력함수 gets()가 읽어가기 때문**이다.

실행결과

```
성별(여성:W, 남성:M) ? W
결혼(기혼:Y, 미혼:N) ?   월급 ? 2700000
성명 ?◄-------------------------------- 입력 안받음

성명:  , 성별: W, 기혼:
 , 월급: 2700000
```

위 예제를 수정하여 **입력버퍼에 남겨있는 값을 삭제**하여 데이터를 입력하는 방법을 살펴본다.

입력버퍼 비우기, 4_6_추가

```
1    #include <stdio.h>
2
3    int main()
4    {
5        char gender, married;
6        char name[20];
7        int salary;
8
```

```
9         printf("성별 ? (여성:W, 남성:M) ");
10        gender = getchar();
11
12        while (getchar() != '\n');   ◄---- 입력버퍼에 남겨진 모든 내용을 비운다
13
14        printf("결혼 ? (기혼:Y, 미혼:N) ");
15        married = getchar();
16
17        printf("월급 ? ");
18        scanf("%d%*c", &salary);   ────  "%*c"는 정수 값 뒤에 입력되는 [Enter]를 버린다
19
20        printf("성명 ? ");
21        gets(name);
22
23        printf("\n\n성명: %s, 성별: %c, 기혼: %c, 월급: %d \n",
24                   name, gender, married , salary);
25
26        return 0;
27    }
```

코드분석

10 : 성별을 입력하면 입력버퍼에는 W[Enter]가 그대로 저장된다. 이때 **getchar()에 의해** W 문자는 **gender에 저장**되고 [Enter] 는 입력버퍼에 남는다.

12 : **입력버퍼에 남겨진 모든 값을 비운다.** 즉 [Enter] 값은 제거된다.

15 : 입력버퍼가 비어있으므로 결혼에 대한 선택(입력)을 기다린다.

18 : 월급을 입력한다. **3700000[Enter]를 입력하면** scanf()의 **"%d" 지정자는 정수 값 (3700000)을 입력버퍼에서 읽어 salary에 저장**한다. 그리고 **"%*c"지정자에 의해 입력버퍼의 1 문자를 제거한다.** 이때 **[Enter] 값은 제거**된다.

21 : **성명을 입력**하기 위해 **키보드 입력을 기다**린다.

실행결과

```
성별(여성:W,남성:M) ?   W
결혼(기혼:Y,미혼:N) ?   N
월급 ? 3700000
성명 ? 안재은

성명: 안재은,  성별: W,  기혼: N,  월급: 3700000
```

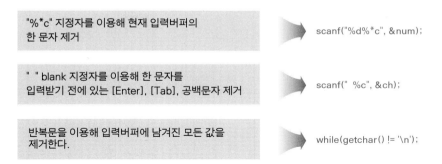

그림 4-4 입력버퍼에 남겨진 값을 제거할 수 있는 방법

⧖ TIP 비 표준 콘솔 입출력 함수

getchar() 함수는 대화 형으로 사용할 수 없기 때문에 많은 컴파일러들은 대화(Interactive) 형으로 문자의 입력을 지원하는 함수를 추가하여 사용하고 있다. 이 함수들은 비 표준 입출력 함수로 라인버퍼 입력을 사용하지 않는다. 즉 비 표준 입출력 함수들은 **키보드에서 문자를 입력하는 순간 버퍼를 이용하지 않고 데이터가 바로 전달되고, 한 문자를 버퍼를 이용하지 않고 바로 출력장치에 출력**된다. 윈도우O/S 개발환경에서 사용할 수 있다.

비 표준 문자입력 함수는 getche()와 getch()이다.

```
int getche() ; ◄--- 한 문자를 읽어서 반환(버퍼를 사용하지 않는다)
 int getch(); ◄------- 한 문자를 읽어서 반환(버퍼를 사용하지 않는다, 입력된 문자 화면에 보이지 않음)
```

비 표준 문자출력 함수는 putch()이다.

```
int putch(int ch);        //한 문자 표준 출력한다(버퍼를 사용하지 않는다)
```

이들 함수 모두 〈conio.h〉 헤더 파일을 사용한다. 〈conio.h〉는 비 표준 콘솔 입출력 함수들 정의해 놓은 헤더 파일이다.

SECTION 4

C 언어 연산자

C 언어는 다른 프로그래밍 언어에서 볼 수 없는 보다 **유연한 많은 연산자들을 제공**한다. C 언어에서 **수식을** 처리하기 위해 **연산자를 사용**하며, **식(expression)은 연산자**(operator)와 **피연산자**(operand)들로 구성된다.

4.1 수식이란?

프로그램에서 계산을 처리하기 위해서는 수학에서 사용하는 것과 같은 수식을 사용한다.

이때 **연산식**을 처리하기 위해서는 **연산자(Operator)와 피연산자(Operand)가** 필요하게 된다.

식(expression)은 연산자(operator)와 피 연산자(operand)들로 구성되는데, 이항 연산자와 단항 연산자를 다음과 같이 구분할 수 있다.

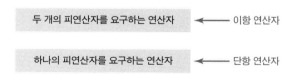

4.1.1 연산식을 처리하기 다양한 연산자

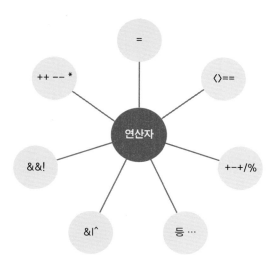

4.1.2 C 언어 연산자의 분류

연산자는 기능에 따라 다음과 같이 분류된다.

연산자의 분류	연산자	의미
대입	=	오른쪽의 값을 왼쪽 변수에 대입
산술	+ - * / %	사칙 산술연산과 나머지 구함
부호	+ -	양수, 음수 표현
증감	++ --	1 증가, 감소 연산
관계	〉 〉= 〈 〈= == !=	두 값을 비교하여 참, 거짓 반환
논리	&& ‖ !	논리적인 AND, OR, NOT
조건	? :	조건에 따라 선택(3항연산)
콤마	,	피 연산자들을 순차적으로 실행
비트연산	& ‖ ^ ~ 〉〉 〈〈	비트단위 연산
sizeof 연산	sizeof	자료형의 크기나 변수의 크기 반환
형변환	(type)	cast 연산자로 자료형 변환
포인터 연산	* & []	포인터의 내용을 참조, 주소 반환, 계산
구조체 연산	. ->	구조체 멤버 접근

4.2 산술 연산자

산술 연산자는 **이항 연산자**로 **사칙 연산을** 하는 연산자와 나머지 값을 구하는 모듈로 (%) 연산자가 있다.

4.2.1 산술연산자 의미

산술 연산자	의미
+	덧셈
−	뺄셈
	부호를 바꿈
*	곱셈
/	나눗셈
%	나머지

기본 자료형과 함께 사용 가능

• 오직 정수형과 함께 사용 가능
• 정수들의 나눗셈에서 나머지를 구해줌

여기서 잠깐!!

"정수형 연산자(operator) 정수형"의 결과는 정수형

4.2.2 수식을 연산식으로 표현하는 방법

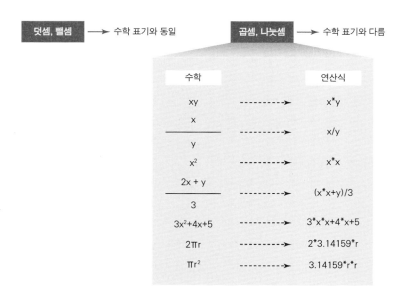

덧셈, 뺄셈 ──→ 수학 표기와 동일   곱셈, 나눗셈 ──→ 수학 표기와 다름

수학		연산식
xy	-------→	x*y
$\dfrac{x}{y}$	-------→	x/y
x^2	-------→	x*x
$\dfrac{2x + y}{3}$	-------→	(x*x+y)/3
$3x^2+4x+5$	-------→	3*x*x+4*x+5
$2\pi r$	-------→	2*3.14159*r
πr^2	-------→	3.14159*r*r

연산자의 우선순위는 우리가 일반적으로 사용하는 **수학의 개념과 같으며**, 괄호()를 사용하여 우선순위를 변경할 수 있다.

 예제 산술 연산자와 수식을 표현해 보자.

산술 연산과 수식, 4_7

```
1    #include <stdio.h>
2    int main()
3    {
4        int x = 10, y = 3, r = 5;
5        const float pi = 3.14159F;
6
7        //산술연산
8        printf(" x + y= %d \n", x + y);
9        printf(" x - y= %d \n", x - y);
10       printf(" x * y= %d \n", x * y);
11       printf(" x / y= %d \n", x / y);
12       printf(" x %% y= %d \n", x % y);
13       printf("-x : %d \n\n", -x);
14
15       //식 우선순위 변경
16       printf("3 + 4 / 3 * 4 = %d \n", 3 + 4 / 3 * 4);
17       printf("(3 + 4) / 3 * 4 = %d \n\n", (3 + 4) / 3 * 4);
18
19       //수학에서 나오는 수식
20       printf("(x + y + x) / 3 = %d \n", (x + y + x) / 3);
21       printf("3 * x * x + 4 * x + 5 = %d \n", 3 * x * x + 4 * x + 5);
22       printf("2 * pi *r = %f\n", 2 * pi * r);
23       printf("pi * r * r = %f\n",  pi * r * r);
24
25       return 0;
26   }
```

코드분석

8~11   : 사칙 산술연산의 결과를 보여준다.

12   : %는 두 피연산자의 나머지를 구한다. 피연산자는 반드시 정수형 이여야 한다.

13   : − 연산은 부호를 변경한다.

17   : 연산의 우선순위를 변경하기 위해 괄호()를 사용하였다.

20~23 : 수학에서 사용되는 식 표현을 수식으로 변경하였다.

실행결과

```
x + y = 13
x  −  y = 7
x * y = 30
x / y = 3
x %  y = 1
−x : −10

3 + 4 / 3 * 4 = 7
(3 + 4) / 3 * 4 = 8

(x + y + x) / 3 = 7
3 * x * x + 4 * x + 5 = 345
2 * pi * r = 31.415901
pi * r * r = 78.539749
```

4.3 증감 연산자

C 언어에는 **변수의 값**을 **1 증가시키거나, 1 감소시키는** 연산자가 제공된다.

증감 연산자	변수의 값을 1 증가시키거나, 1 감소시키는 증가 연산자(++)와 감소 연산자(−−)

➡ 형식

```
변수++,  ++변수
변수−−,   −−변수
```

> ⊙ 예
>
> count++; ++count;
>
> count--, --count;

증감연산자를 사용하는 이유는 1을 빼고 더하는 치환문보다 **증감연산자가 컴파일 속도가**(빠른 기계어 코드를 생산) **빠르기 때문**이다. **주의할 점**은 **변수와 증감연산자는 공백이 있어서는 안 된다.**

증감 연산자는 ++, --를 사용하는 위치에 따라 두 가지 방법으로 구분한다.

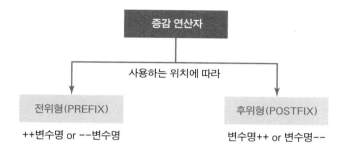

4.3.1 전위형(PREFIX)과 후위형(POSTFIX) 연산의 차이점

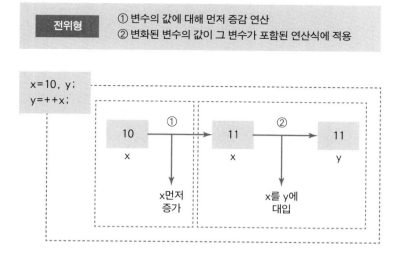

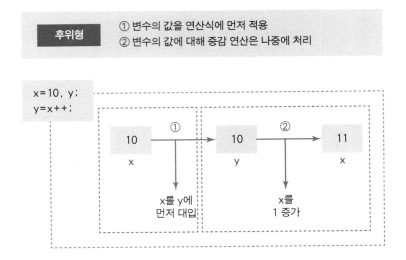

4.3.2 산술연산과 증감연산이 하나의 식으로 표현될 때의 우선순위

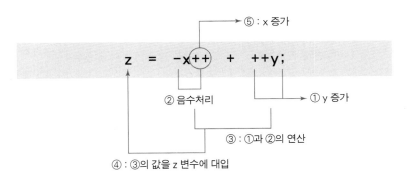

예제 증감 연산자를 확인해보자.

증감연산자 (++, --), 4_8

```
1    #include <stdio.h>
2    int main()
3    {
4        int x = 1, y = 1, z = 1;
5
6        ++x, y++;
7        printf("x: %d, y: %d, z: %d \n", x, y, z);
```

```
8        z = ++x + y++;
9        printf("x: %d, y: %d, z: %d \n", x, y, z);
10
11       printf("x: %d, y: %d, z: %d \n", x++, ++y, z--);
12       printf("x: %d, y: %d, z: %d \n", x, y, z);
13
14       return 0;
15   }
```

코드분석

6   : 증감연산은 식이 단독으로 처리되는 경우는 전위, 후위 연산이 차이가 없다.

8   : 전위연산은 x를 먼저 증가한다. 후위연산은 증가 하기전의 y값을 먼저 더한 뒤 나중에 y를 증가시
       킨다. 따라서 3+2가 된다. 때문에 9행의 y는 3 이다.

11   : x는 출력 후 1증가하며, y는 1을 증가하고 출력한다. 그리고 z는 출력 후 1감소된다.

실행결과

```
x: 2, y: 2, z: 1
x: 3, y: 3, z: 5
x: 3, y: 4, z: 5
x: 4, y: 4, z: 4
```

memo

4.4 관계 연산자와 논리 연산자

관계 연산자와 논리 연산자는 주로 **조건에 대한 처리**를 하고자 할 때 사용되는 연산자이다.

■ C 언어의 참과 거짓

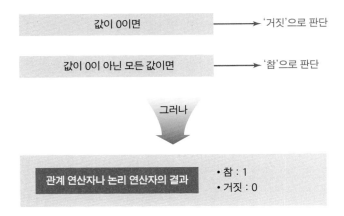

4.4.1 관계 연산자

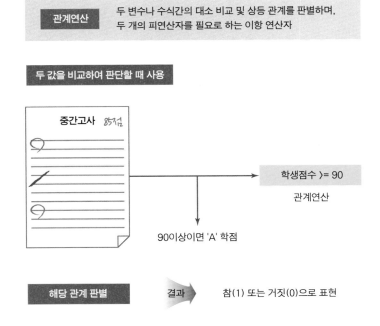

■ 관계 연산자

관 계	연산자	연산식	의 미
대소관계	<	A < B	A가 B보다 작다.
	<=	A <= B	A가 B보다 작거나 같다.
	>	A > B	A가 B보다 크다.
	>=	A >= B	A가 B보다 크거나 같다.
상등관계	==	A ==B	A는 B와 같다.
	!=	A != B	A는 B와 같지 않다.

4.4.2 논리 연산자

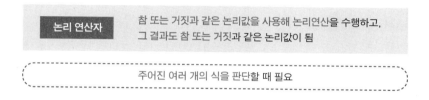

■ 논리 연산자 의 종류

||(OR) 연산자는 키보드 "₩"기호와 함께 있는 **파이프(수직바)**라고 부른다. Shift+"₩"를 입력한다.

||(OR) 연산의 개념

두 피연산자 중 하나만 참(1)이더라도 참(1)이다

시험이 90점 이상이거나,
봉사 점수가 90 이상인
학생은 Pass

시험점수 >= 90 || 봉사점수 >= 90

논리 연산(OR)

&&(AND) 연산의 개념

두 피연산자가 모두 참(1)일 때 참(1)이다

영업부이면서 월급이
275만원 이상이면
진급대상

부서 == "영업부" && 월급 >= 2750000

논리 연산(AND)

!(NOT) 연산의 개념

1인 경우에는 0이 되고, 0인 경우에는 1

| 1(Ture) | | 0(False) |

1을 0으로, 0을 1로

예제 점수를 비교하기 위해 관계 연산자와 논리 연산자를 사용해 보자.

관계/논리 연산자, 4_9

```
1    #include <stdio.h>
2
3    int main()
4    {
5        int score = 85, service_score = 90;
6
7        printf("score: %d, service_score: %d \n\n", score, service_score);
8        printf("score >= 90 : %d \n", score >= 90);
9        printf("score < 90 : %d \n", score < 90);
```

```
10        printf("score == 90 : %d \n", score == 90);
11        printf("score != 90 : %d \n\n", score != 90);
12
13        printf("score >= 90 && service_score >= 90 : %d \n",
14                        score >= 90 && service_score >= 90);
15        printf("score >= 90 || service_score >= 90 : %d \n\n",
16                        score >= 90 || service_score >= 90);
17
18        printf("!(score == 90) : %d \n", !(score == 90));
19        printf("!(score != 90) : %d \n", !(score != 90));
20
21        return 0;
22    }
```

코드분석

7~11   : 두 값을 판단한 관계연산의 결과는 참이면 1, 거짓이면 0을 반환한다.

14   : 논리연산 &&(AND)는 두 식이 모두 참일 때 참(1)을 반환하고, 하나라도 거짓이면 거짓(0)을 반환
          한다. score가 90을 넘지 않으므로 0을 반환한다.

16   : 논리연산 ||(OR)는 두 식 중 하나라도 참이면 참(1)을 반환하고, 모두 거짓일 때 짓(0)을 반환한다.
          service_score가 90 이상이므로 1을 반환한다.

18   : !(NOT)는 **논리값의 부정**을 취하는 연산자이다. **score == 90**의 식은 거짓이나 부정 연산자
          !(NOT)에 의해 참(1)을 반환한다.

19   : **score != 90**의 식은 같지 않으므로 참이나 부정연산자 **!(NOT)**에 의해 거짓(0)을 반환한다.

실행결과

```
score: 85, service_score: 90

score >= 90 : 0
score < 90 : 1
score == 90 : 0
score != 90 : 1

score >= 90 && service_score >= 90 : 0
score >= 90 || service_score >= 90 : 1

!(score == 90) : 1
!(score != 90) : 0
```

4.4.3 자주 사용하는 연산자 우선순위

 여기서 잠깐!!

하나의 식에 관계연산자와 논리연산자가 함께 사용된다면 연산자의 우선순위를 고려해봐야 하는데, 일반적으로 산술, 관계, 논리 연산자순이다.

순위	연산자
높음	!, ++, --
	*, /, %
	+, -
	>=, >, <=, <
	==, !=
	&&
낮음	||

4.5 기타 연산자

C 언어가 제공하는 기타 연산자들을 살펴보자.

4.5.1 조건(3항) 연산자

조건 연산자는 3개의 피연산자를 취하는 **3항 연산자**이다. 이 연산은 **첫 번째 피연산자인 조건식**의 결과가 **참이면 두 번째 피연산자를, 거짓이면 세 번째 피연산자를** 조건 연산의 결과로 취하게 된다.

조건(3항) 연산자	3개의 피연산자를 취하는 3항 연산자

형식 : 조건식 ? 식1 : 식2

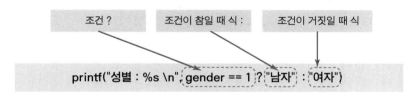

- 조건 : 어떤 조건식도 올 수 있다.
- 참   : 두 번째 피연산자를 조건 연산 결과로 취함.
- 거짓 : 세 번째 피연산자를 조건 연산 결과로 취함.

4.5.2 cast 연산자(형 변환 연산자)

C 언어에서는 연산 시 자료형이 다를 때 자동적으로 형 변환이 이루어지나, **명시적으로 형 변환**을 하고자 할 때 **형 변환 연산자를 사용**할 수 있다(CAST 연산자).

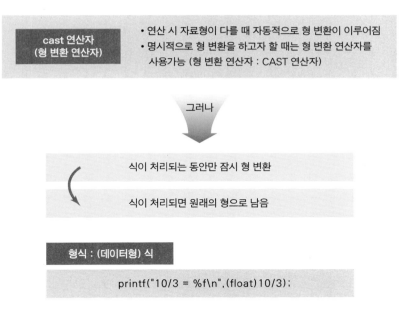

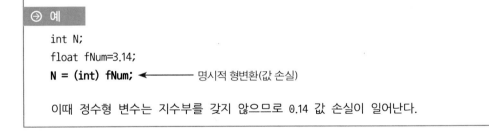

예

```
int N;
float fNum=3.14;
N = (int) fNum;    ←──────  명시적 형변환(값 손실)
```

이때 정수형 변수는 지수부를 갖지 않으므로 0.14 값 손실이 일어난다.

4.5.3 대입 연산자, 복합대입 연산자, 콤마 연산자

■ 대입(배정) 연산자

대입 연산자	우변에 있는 수식의 값을 좌변이 가리키고 있는 변수에 저장(대입)하기 위해 사용하는 연산자

좌변값(value)	[좌변에 올 수 있는 것] 변수, 배열요소, 구조체멤버, 포인터의 대상체 등과 같이 <u>메모리에 저장 공간을 갖고 있는 것들이 가능함</u>

- C 언어에서의 "=" : "대입"
- 몇 개의 대입식을 하나의 명령으로 합칠 수도 있음

$$x = y = z = 0;$$

■ 복합대입 연산자

복합 대입 연산자	• 복합대입 연산자를 사용해 식을 간결하게 처리가능 • 연산자는 다음과 같음

| += | -= | */ | /= | %= | >>= | <<= |

표 4-6 일반 산술연산과 복합대입 연산의 비교

산술 연산식	복합 대입 연산식
x = x + y;	x += y
x = x − 4;	x −= 4
x = x * y;	x *= y
x = x / 4;	x /= 4
x = x% 4;	x %= 4

■ **콤마 연산자**

| 컴마(나열) 연산자 | 각 연산자를 나열하고 왼쪽에서 오른쪽으로 실행시키는 연산자 |

- 컴마(,)로 표시
- 연산순위 : 대입연산자보다 낮으며 나열된 수식 중 가장 오른쪽의 수식 값을 가짐

형식 : 수식1, 수식2, 수식3, …

num1=100, num2=200, num3=300;

예제   키보드로부터 세 수를 입력 받아 가장 큰 값을 출력하는 내용을 3항연산자로 처리해보자.

조건(3항)연산자, 4_10

```
1   #include <stdio.h>
2   int main()
3   {
4       int  x, y, z, max;
5
6       printf("세 수를 입력하세요 ?  ");
7       scanf("%d %d %d", &x, &y, &z);
8       printf("x:%d, y:%d, z: %d \n", x, y, z);
9
10      max = (x > y ? x : y);
11      max = (max > z ? max : z);
12      printf("가장 큰 값: %d \n", max);
13
14      return 0;
15  }
```

코드분석

10 : x, y 중 큰 수를 max 변수에 대입한다.

11 : max, z 중 큰 수를 max 변수에 대입한다. 즉 max 에 x, y, z 중 가장 큰 수가 저장된다.

실행결과

```
세 수를 입력하세요 ?   34 703 15
x:34,  y:703,  z:  15
가장 큰 값: 703
```

■ 연산자의 우선 순위

우선순위	연산자 유형		연산자	결합방향
높다	괄호 배열첨자 구조체연산		( ) [ ] .(dot), →(화살표)	좌 → 우
	단항 연산 (우선순위 모두 동일)		-, !, ~, ++, --, (type), &, *, sizeof()	좌 ← 우
	산술 연산	승제	* / %	
		가감	+ -	
	비트 이동 연산		〉〉, 〈〈	
	관계 연산	비교	〈, 〈=, 〉, 〉=	좌 → 우
		등가	==, !=	
	비트 연산		&(AND), ^(XOR), I(OR)	
	논리 연산		&&(AND), II(OR)	
	조건 연산(3항 연산)		? :	
	혼합 연산	대입	=	좌 ← 우
		축약형 대입	+=, -=, *=, /=, %=	
		축약형 비트대입	〉〉=, 〈〈=	
낮다	콤마 연산		,	좌 → 우

요약정리(Summary)

콘솔(Console) 입출력

- 콘솔 입출력 : 키보드나 터미널 장치를 대상으로 입력, 출력하는 것
- C언어는 데이터의 입출력을 스트림(Stream)이라는 공통 인터페이스를 통하여 주고 받음.

데이터 출력 함수

- 출력 함수 : 표준 출력장치(모니터)에 문자나 변수의 값을 출력하는 함수 의미

데이터 입력 함수

- 입력 함수 : 표준 입력장치(키보드)에서 문자, 정수, 실수, 문자열을 입력하여 변수에 저장하는 함수

증감 연산자

- C 언어에는 변수의 값을 1 증가시키거나, 1 감소시키는 연산자가 제공된다. 바로 증가 연산자(++)와 감소 연산자(−−)이며, 이를 증감 연산자라고 함.
- 전위형(PREFIX)과 후위형(POSTFIX) 연산의 차이점

전위형(PREFIX)	변수의 값에 대해 먼저 증감 연산을 한 후, 변화된 변수의 값이 그 변수가 포함된 연산식에 적용됨.
후위형(POSTFIX)	변수의 값을 연산식에 먼저 적용한 후, 변수의 값에 대해 증감 연산은 나중에 처리하게 됨.

연습문제

[4-1] 다음의 물음에 답하라.

1. 입출력 함수는 헤더파일 (   ) 를 참조한다.

2. 형식화된 데이터를 입/출력하기 위한 함수는 (   ), (   )이다.

3. 십진수 65를 ASCII 문자, 8진수, 10진수, 16진수로 출력하기 위한 형식 지정자를 완성하라.

   ```
   printf("    ,    ,    \n", 65, 65, 65, 65);
   ```

4. 한 문자를 입력하기 위한 함수는 (   )이다.

5. 함수 scanf()에서 표준 입력장치에서 값을 입력 받아 변수에 저장하기 위해 변수 앞에 반드시 변수의 주소를 의미하는 (   ) 연산자가 와야 한다.

6. 다음 식은 자동 형 변환이 (일어난다. 일어나지 않는다)

   ```
   0.5 + 10
   ```

7. 다음 식의 결과를 33.000000으로 반환하기 위한 형변환자 (cast 연산자)를 표현하라.

   ```
   10 + 23 ⇒
   ```

8. 다음 식의 결과는 무엇인가?

   ```
   100 / 10 * 2 + (int)3.5 ⇒
   ```

◇○◇○◇○□◇□◇□◇□◇□◇□

[4-2] 원의 둘레와 원의 넓이를 구하려고 한다. 반지름은 변수 radius에 입력 받아 저장하고, 원주율은 매크로 상수 PI에 저장하여 사용할 것이다. 다음과 같이 출력하는 프로그램을 작성하자.

```
반지름 ? 7
반지름이 7인 원의 둘레 : 43.982262
반지름이 7인 원의 넓이 : 153.937912
```

[4-3] 다음 입력 함수가 바르게 표현된 것은 무엇인가?

```
...
char ch;
int num;
float f_num;
double d_num;

printf("input char ? ");
ch = getchar();

printf("first number ? ");
scanf("%hd", &num);

printf("input float ? ");
scanf("%f", f_num);

printf("input double ? ");
scanf("%Lf", &d_num);
......
```

① ch = getchar();   ② scanf("%hd", &num);
③ scanf("%f", f_num);   ④ scanf("%Lf", &d_num);

연습문제

[4-4] 다음 실행문의 결과는 무엇인가?(입력값 : 1234567)

```
int main()
{
    int num

    scanf("%3d", &num);
    printf("/%10d/", num);

    return 0;
}
```

① / 1234567/   ② / 123   /
③ / 4567   /   ④ /   123 /

[4-5] 거리의 단위인 킬로미터(km)를 입력 받아 마일(mile)로 계산하는 프로그램을 작성하라.(1마일은
1.609km이다)

```
거리 입력 ? (킬로미터) 53
53.00 킬로미터는 32.939714 마일.
```


[4-6] 다음 실행문의 결과는 무엇인가?

```
#include <stdio.h>

int main()
{
    int x = 1, y = 1;
    printf("%d, %d \n", x++, y--);
    printf("%d, %d \n", x, y);

    return 0 ;
}
```

◇□◇□◇□◇□◇□◇

① 1, 0, 1, 0   ② 2, 1, 2, 1
③ 1, 1, 2, 1   ④ 1, 1, 2, 0

[4-7] 다음 코드를 완성하라.

```
#include <stdio.h>

int main()
{
        int num1 = 100;
        float num2 = 30;

        printf("%d / %f : %f \n", num1, num2, num1/num2);
        printf("정수 부분 : %d \n",                        );
        printf("소수 부분 : %f \n",                        );

        return 0;
}
```

실행결과

```
100 / 30.000000 : 3.333333
정수 부분 : 3
소수 부분 : 0.333333
```

연습문제

[4-8] 다음 코드를 완성하라.

표준입력으로 입력된 온도를 섭씨나 화씨온도로 변환하여 출력하는 프로그램을 3항 연산자를 사용하는 내용이다.

분석

섭씨온도(C)와 화씨온도(F)를 변환하는 식은 다음과 같다.

- C = (F-32)/1.8   //화씨온도   → 섭씨온도
- F = (C*1.8)+32   //섭씨온도   → 화씨온도

화씨(F)인지 섭씨(C)인지 입력한다. (입력은 F와 C만 입력된다) 입력된 문자를 toupper() 함수를 사용하여 대문자로 변환한다.(사용자가 소문자를 입력하는 경우 함께 처리하기 위함이다)

celsius 변수가 'F' 이면 3항연산자를 이용하여 "화씨"를 출력하고 , 'F'가 아니면 "섭씨" 문자열을 출력한다. 온도를 입력 받는다. celsius 변수가 'F' 라면 섭씨온도를 계산하고, 'F'가 아니라면 화씨온도를 구한다. 변환된 온도의 문자열과 온도를 출력하기 위해 3항연산자를 활용하자.

```c
#include <stdio.h>
#include <ctype.h>

int main()
{
        char celsius;
        int  tmp, out;

        printf("화씨이면 F, 섭씨이면 C 입력 ?   ");
        scanf("%c", &celsius);
        celsius=toupper(celsius);   //인자를 대문자로 변경하는 함수

        printf("%s 온도 ? ", celsius=='F'?"화씨":"섭씨");
        scanf("%d", &tmp);

         // 화씨, 섭씨 구분하여 온도 계산
        out = _____;

//화씨, 섭씨 구분하여 출력
        printf (_____);

    return 0;
}
```

◇□◇□◇□◇□◇□◇□◇

실행결과 1

```
화씨이면 F, 섭씨이면 C 입력 ?  f
화씨 온도 ? 100

화씨를 섭씨로 변환: 37
```

실행결과 2

```
화씨이면 F, 섭씨이면 C 입력 ?  c
섭씨 온도 ? 34

섭씨를 화씨로 변환: 93
```

[4-9] 다음 코드에서 x 변수에 저장되는 값이 바르지 않은 것은 무엇인가?

① x = 3 + 4 / 3 * 4; → x=7   ② x = (int) 3.5 + 10; → x=13

③ x = 50 > 10 + 5; → x=5   ④ x = 15 > 10 * 5; → x=0

C Programming Language

CHAPTER

5

제어문

C Programming Language

구성

SECTION1   조건 제어문

SECTION2   반복 제어문

SECTION3   기타 제어문

학습목표

- 프로그램의 흐름을 제어하기 위한 제어문에 대하여 살펴본다
- 조건 분기가 무엇인지 알아본다.
- 반복 제어에 대하여 알아본다.
- 기타 제어문에 대하여 알아본다.

조건 제어문

C 프로그램은 함수를 호출하게 되면 위에서 아래방향으로 명령을 순차적으로 실행하게 된다. 이때 어떤 **명령을 여러 번 실행**하기를 원하거나, **조건에 따라 특정 명령을 수**행하기를 원한다면 제어구조를 사용할 수 있다.

제어구조는 조건을 묻는 **조건제어(if, switch)**와, 반복실행 하는 **반복제어(for, while, do-while)**, 프로그램의 흐름을 다른 곳으로 이동하는 **기타제어(break, continue, goto)**가 있다.

C 언어는 조건을 제어하기 위해 if문과 switch문을 사용한다.

1.1 if 조건문

if문은 C 언어의 선택문 중의 하나이다(조건문 이라고도 함). **if문의 수행은 조건이 참인지, 거짓인지에 따라 실행문이 결정**된다. 즉 if문은 조건의 결과에 따라 수행 여부를 결정하게 된다. C 언어는 식이 **0이 아닌 값이면 참**이고, **0이면 거짓**이다.

1.1.1 if 문의 간단한 형식

if문은 다양한 형식으로 사용될 수 있다. if구조 중 가장 간단한 형태이다. if문은 **조건식(expression)이 참이면** 다음에 오는 단 **한 문장(statement)만을 실행**한다.

● 형식 1

```
if (조건식)  ◄--------- 조건식
   명령문;  ◄--------- 조건이 참일 때 수행
```

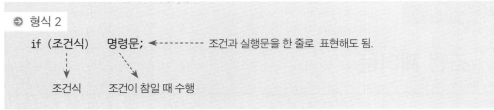

위의 형식은 **조건식(expression)**의 결과가 **참이라면 다음에 오는 단 한 문장(state-ment)만을 실행**하고 if는 종료된다. **거짓이면 문장은 실행되지 않고 if는 종료**되고 if문의 다음 문장을 실행하게 된다.

여기서 잠깐!!

if문은 if(조건식) 뒤에 ";" 세미콜론을 붙이지 않는다. 조건식에 ";"을 주게 되면 조건식이 바로 종료되므로, 참일 때 수행할 명령과 연결되지 않는다.

if (num >= 0)(;) ◀----------------- 세미콜론을 붙이지 않는다
    printf("Positive \n);

TIP 흐름도(Flow Chart)

어떤 업무의 **처리순서를 약속된 기호**를 이용하여 **도식화한 것으**로, 업무의 **실행순서를 명확**하게 할 수 있다. 그리고 업무의 흐름을 한눈에 파악할 수 있으며, 업무의 실행순서를 정리할 수 있다. **프로그램 이전에 알고리즘**

(프로그램의 흐름)을 표현하기 위해 자주 사용되는 도구이다.

흐름도는 명령 하나 하나를 약속된 기호에 대입하여 단계적으로 처리하는 것을 의미한다. 간단한 **도형의 기능**이다.

프로그램의 시작과 끝	⬭
하나의 명령을 처리하는 기호	▭
결과물을 출력하는 기호	
조건을 묻는 기호	◇
흐름을 따라가는 기호	→ ↓
데이터 입력기호	

예제 키보드로부터 정수를 입력 받아 0 이상이면 "positive"를 출력한다.

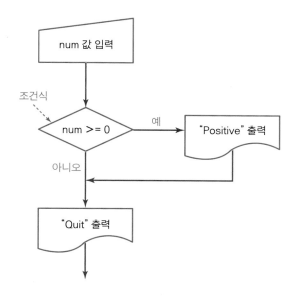

scanf() 함수 오류 발생 시, 프로젝트 속성 페이지에서 [C/C++] → [일반] 항목 중 [SDL 검사]를 [아니오]로 선택한다.

---

if, 5_1

```
1   #include <stdio.h>
2   int main()
3   {
4       int num;
5
6       printf("input number ? ");
7       scanf("%d", &num);
8       if(num>=0)  ◄------------------  조건이 참일 때 단 하나의 실행문만 호출한다
9           printf("positive \n");
10      printf("quit...\n");
11          └-----►  if종료 이후에 실행할 명령문, 언제나 실행
12
13      return 0;
14  }
```

코드분석

8~9   : 입력된 수가 0이상일 때 9행인 " positive."를 출력한다.

10   : "quit" 출력은 if가 종료된 이후의 명령이므로 어떤 수가 입력되어도 모두 수행하게 된다.

실행결과

```
input number ? 5 ◄---------------- 첫 번째 실행
positive
quit...
input number ?  -4 ◄--------------- 두 번째 실행
quit...
```

1.1.2 else의 사용

if에 else문을 추가할 수 있다. else는 **if문의 조건식이 참이 아닌 경우를 제어**하고자 할 때 사용하게 된다. C 언어에서는 if문 또는 이의 확장인 **if else문 역시 하나의 문장**이다. else가 추가된 if문의 형식은 다음과 같다.

➜ 형식

```
if (조건식) ◄---------------- 조건
    명령문1;    참일 때 수행할 명령1
else
    명령문2;    거짓일 때 수행할 명령2
```

➜ 예

```
if (num>=0)
    printf("Positive. \n");
else
    printf("Negative. \n");
```

식(expression)이 참이면 if의 목표문인 **명령문1**이 수행되고 if문은 종료된다. 만약 **거짓이면 else의 목표문인 명령문2 를 수행**하고 if는 종료될 것이다. 즉, **조건에 따라 참이든, 거짓이든 단 한 문장만이 실행된다.**

예제 정수를 입력 받아 0 이상이면 "Positive", 0미만이면 "Nagative"를 출력한다.

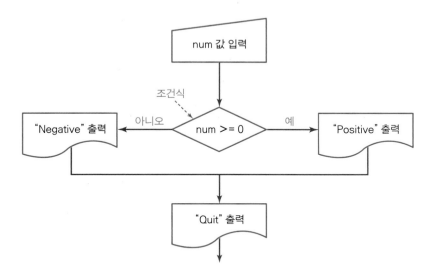

if – else, 5_2

```
1    #include <stdio.h>
2    int main()
3    {
4        int num;
5
6        printf("input number ? ");
7        scanf("%d", &num);
8
9        if(num >= 0)◄-------------- 조건이 참이면, 거짓이면
10            printf("positive \n");
11        else
12            printf("negative \n");
13
14        printf("quit...\n");
15
16        return 0;
17   }
18
```

코드분석

9~10   : 입력된 수가 0이상일 때 "positive."를 출력하고 if는 종료된다.

11~12   : 입력된 수가 0미만일 때 "negative."를 출력하고 if는 종료된다.

14   : "quit" 출력은 if가 종료된 이후의 명령이므로 어떤 수가 입력되어도 모두 수행하게 된다.

실행결과

```
input number ? 7 ◀------------------ 첫 번째 실행
positive
quit...
input number ?  -8 ◀--------------- 두 번째 실행
negative
quit...
```

⌛ **TIP** 3항 연산자 활용

3항연산자의 장점은 다른 구문에 포함될 수 있다는 점이다. 코드가 간결해진다.

```
printf("%s \n", num >= 0 ? "positive" :"negative");
```

1.1.3 코드 블록의 생성

C 에서는 두 개 이상의 문장들을 연결할 수 있다. 이것은 코드 블록(code block)이라고 한다. **코드 블록은 문장들의 시작과 끝에 중괄호를 사용**하여 만들어 지며, 코드 블록을 만들고 나면 문장들은 단일 문장이 사용되는 것처럼 **하나의 논리적인 단위로 처리**될 수 있다.

다음은 코드 블록을 사용한 if 문의 형식이다.

➡ 형식

```
if (조건식)
{
    명령문1 ;
    ...
```

```
    명령문N;
}
else { ◄---------------- "{" 위치는 else 옆/아래 에 어디에 와도 된다.
    명령문1;
    …
    명령문N ;
}
```

식(expression)의 결과가 참이면 **if 영역에 있는 코드 블록(중 괄호)의 문장들이 모두
실행되고**, 식의 결과가 **거짓이면 else 영역에 있는 코드 블록 문장들이 모두 실행된다**
(else는 생략 가능).

예제 하나의 **수를 입력** 받아 **짝수이면 "짝수"라는 메시지를 출력하고, 정사각형의 넓이
를, 홀수 라면 "홀수"라는 메시지와 정사각형의 둘레**를 출력한다.

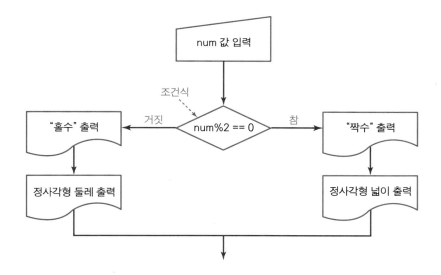

코드 블록, 5_3

```
1    #include <stdio.h>
2
3    int main()
4    {
5        int num;
6        printf("input number ? ");
7        scanf("%d", &num);
8
9        if(num % 2 == 0)
10       {                                        코드 블록(조건이 참일 때)
11           printf("%d : 짝수  \n", num);
12           printf("정사각형의 넓이 : %d \n", num * num);
13       }
14       else
15       {                                        코드 블록(조건이 거짓일 때)
16           printf("%d : 홀수 \n", num);
17           printf("정사각형의 둘레 : %d \n", num * 4);
18       }
19
20       return 0;
21   }
```

실행결과

```
한 변의 길이? 5  ◄-------------- 홀수 입력
5 : 홀수
정사각형의 둘레 : 20

한 변의 길이? 6  ◄-------------- 짝수 입력
6 : 짝수
정사각형의 넓이 : 36
```

[1] if문에서 주의 할 내용

if문은 조건식이 참이면 중괄호가 없는 경우 다음에 오는 하나의 명령문 만이 실행된다. 프로그램이 다음과 같다면 어떤 문제가 발생하겠는가?

```
1    if(num % 2 == 0)
2        printf("%d : 짝수 \n", num);
3        printf("정사각형의 넓이 : %d \n", num*num);  ◀------ 오류!!
4    else
5        printf("%d : 홀수 \n", num);
6        printf("정사각형의 둘레 : %d \n", num*4);  ◀-------- 오류 아님!!
```

이 프로그램은 **오류**이다. C 언어는 **코드 블록이 없다면 하나의 명령만을 처리**하게 되므로, **3행은 조건이 참일 때 실행할 명령이 아니다.** 따라서 **4행의 else문은 if와 짝을 제대로 이루지 않은 오류로 처리**하게 된다. 그러나 **6행은 오류가 아니다.** 6행은 if가 종료된 다음의 실행 문으로 판단된다. 들여쓰기는 컴파일러를 위해서 하는 것이 아니라 프로그램 작성자가 코드를 쉽게 이해하기 위해서 사용하는 규칙임을 기억하자.

[2] 일반 실행문에도 코드 블록({})이 올 수 있다.

```
1    func()
2    {
3        int a = 100;  ◀-------- func()함수에서 사용가능
4        {
5            int b = 200;  ◀---- 4~7행에서만 사용가능
6            printf("a: %d, b: %d \n",  a,  b);
7        }
8        printf("a : %d \n",  a);
9    }
```

C 언어는 **여러 문장을 하나로 묶기 위해 코드 블록을 사용**한다. 일반적으로는 제어문의 참, 거짓인 경우 명령의 범위를 명확하게 하기 위해 쓰이지만, **일반 실행구조에서도 코드 블록 이 올 수 있다.** 위 코드에서 4~7행이 코드 블록이 되므로 그 안에 선언된 변수 b 는 코드블록이 빠져나올 때 더 이상 사용될 수 없다.

⏳ **TIP** 프로그램의 들여쓰기 규칙

C 언어는 프로그램의 코드가 **어디에 오든 컴파일과는 관계가 없다.** 그러나 작성된 프로그램들을 보면 **블록의 시작위치에서 한 단계** 정도 들여 쓰는 것이 일반적인 규칙이다. 들여 쓰기를 하면 프로그램의 **구조를 이해하기 쉽고 블록들의 범위를 쉽게 파악할 수 있어** 수정 및 디버깅이 쉬워지기 때문이다. 일반적으로 **포함 관계를 갖는 명령의 집합은 위 조건식 보다** 한 단계 정도 들여 쓴다.

1.2 중첩 if (다중선택)

if문이 다른 if 나 else의 목표문이 될 때 if가 **중첩**되었다고 한다. ANSI C 표준은 중첩된 if를(약 15단계) 허용한다. **중첩 if 란 if 문을 연결해서 여러 번 기술**하는 경우인데, **주로 여러 가지 조건을 연속적으로 검사해야 할 경우에 사용**한다.

(1) 중첩 if의 여러 형식

➡ 형식 1

```
if(조건식1)
    명령문1;
else if(조건식2)
    명령문2;
else if(조건식3)
    명령문3;
else  ◄------------- 생략가능
    명령문4;
```

➡ 예 1

```
if(점수 >= 90)
    printf("A 학점 \n"); ◄------------- 첫 번째 조건이 참일 때 수행
else if(점수 >= 80)
    printf("B 학점 \n"); ◄------------- 두 번째 조건이 참일 때 수행
else if(점수 >= 70)
    printf("C 학점 \n"); ◄------------- 세 번째 조건이 참일 때 수행
else
    printf("F 학점 \n"); ◄------------- 모든 조건이 거짓일 때 수행
```

● 형식 2

```
if(조건식1)
    if (조건식2)
        명령문1;
    else
        명령문2;
else
    if(조건식3)
        명령문 3;
    else
        명령문 4;
```

⊖ 예 2

```
if(학점 == 'A')
    if(봉사점수 >= 90)
        printf("장학생.\n" );  ◀----------- 첫 번째와 두 번째 조건이 동시에 참일 때 수행
```

▌ 예제 ▌ 다음은 점수를 입력 받아 학점을 출력하기 위해 중첩조건을 사용한다.

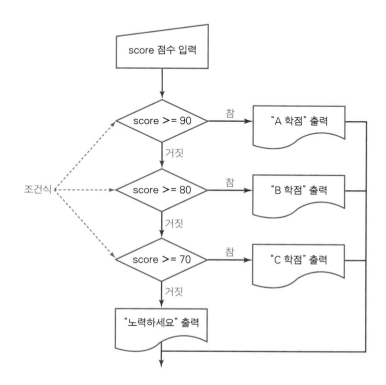

중첩 if, 5_4

```c
1   #include <stdio.h>
2
3   int main()
4   {
5       int score;
6
7       printf("점수 ? ");
8       scanf("%d", &score);
9
10      if(score >= 90)
11          printf("A 학점\n");
12      else if(score >= 80)
13          printf("B 학점\n");
14      else if(score >= 70)
15          printf("C 학점\n");
16      else
17          printf("노력하세요. \n");
18
19      return 0 ;
20  }
```

if 블록 범위

코드분석

10~11 : 점수가 90이상일 때 "A학점"을 출력하고 if는 종료된다.

12~13 : 점수가 80이상일 때 "B학점"을 출력하고 if는 종료된다.

14~15 : 점수가 70이상일 때 "C학점"을 출력하고 if는 종료된다.

16~17 : 점수가 70미만일 때 "노력하세요"를 출력하고 if는 종료된다.

실행결과

```
점수 ? 75  ◀------------ 첫 번째 실행
C 학점
점수 ? 43  ◀------------ 두 번째 실행
노력하세요.
```

Quiz 위 프로그램을 다음의 실행결과가 출력되도록 빈 곳을 완성하라.

실행결과

```
점수 ? -5 ◄------------------------------ 첫 번째 실행
점수는 0~100점 사이를 입력하세요!!!
점수 ? 150 ◄---------------------------- 두 번째 실행
점수는 0~100점 사이를 입력하세요!!!
점수 ? 83 ◄----------------------------- 세 번째 실행
B 학점
```

5-4Quiz.c

```c
1   #include <stdio.h>
2
3   int main()
4   {
5       int score;
6
7       printf("점수 ? ");
8       scanf("%d", &score);
9
10      if(_____)
11      {
12          if(score >= 90)
13              printf("A 학점\n");
14          else if(score >= 80)
15              printf("B 학점\n");
16          else if(score >= 70)
17              printf("C 학점\n");
18          else
19              printf("노력하세요 \n");
20      }
21      else
22          printf("_____");
23
24      return 0 ;
25  }
```

예제   다음은 키보드로부터 세 수를 입력 받아 그 수 중 가장 큰 값을 찾아 출력시키는
프로그램을 보여준다.

중첩 if 1, 5_5

```
1    #include <stdio.h>
2
3    int main()
4    {
5        int x, y, z;
6
7        printf("세 수를 입력하세요? ");
8        scanf("%d %d %d", &x, &y, &z);
9        printf("x : %d, y : %d, z : %d\n", x, y, z);
10
11       if(x > y)
12       {
13           if(x > z)
14               printf("max : %d \n", x);
15           else
16               printf("max: %d \n", z);
17       }
18       else
19       {
20           if(y > z)
21               printf("max: %d \n", y);
22           else
23               printf("max: %d \n", z);
24       }
25
26       return 0;
27   }
```

참일 때

거짓일 때

코드분석

11   : x가 y 보다 크면 12~17행을 수행한다. 아니면 18행의 else 의 19~24행 수행한다.

13   : x가 y보다크면서 x가 z 보다도 크면, x 가 가장 큰 값이므로, 14행의 x 값 출력, 아니면 z 가 큰 값
       이므로 16행의 z 출력한다.

18   : x가 y 보다 작으면 y,z 중 큰 값이 있으므로 20행을 수행한다.

20   : y가 x보다 크면서 y가 z 보다도 크면, y 가 가장 큰 값이므로, 21행의 y 값 출력, 아니면 z 가 큰
       값이므로 23행의 z 출력한다.

실행결과

```
세 수를 입력하세요? 120 76 85 ◄------------ 첫 번째 실행
x : 120, y : 76, z : 85
max : 120
세 수를 입력하세요? 60 520 -4 ◄------------ 두 번째 실행
x : 60, y : 520, z : -4
max: 520
```

(2) 중첩 if에서 else는 어떤 if와 관련되는가 ?

다중 if 문에서 주의 할 사항은 **else는 어떤 if 와 관련되는 가**라는 것이다. 다행스럽게
도 대답은 아주 간단하다. else는 같은 블록 내에서 관련된 **else가 없는 가장 가까운 if**
와 관련된다. 따라서 else 없는 if는 자신의 if 범위를 명확히 하기 위해 "{ }"로 블록화
할 수 있다.

예제 이 프로그램은 연산자 한 문자와 두 수를 입력 받아 산술 연산을 처리하는 프로그
램이다. 기본적인 프로그램의 작성은 다음과 같다.

> ※ 참고 : ⟨ctype.h⟩ 헤더파일은 한 문자를 대상으로 처리하는 라이브러리 함수원형이 선언되어있
> 다. 예제에서 toupper() 함수를 사용하여 한 문자를 대문자로 변환하는 라이브러리 함
> 수를 사용하므로 선언되었다.

중첩 if 2, calc.c

```c
1    #include <stdio.h>
2    #include <ctype.h>
3
4    int main()
5    {
```

```
 6          int num1, num2;
 7          char ch;
 8
 9          printf("더하기(A), 빼기(S), 곱하기(M), 나누기(D) \n");
10          printf("연산문자 입력 : ");
11          ch = toupper(getchar());    // tolower()
12          getchar();
13          printf("\n");
14
15          printf("정수 1 :   ");
16          scanf("%d", &num1);
17
18          printf("정수 2 : ");
19          scanf("%d%*c", &num2);    // %*c : 1 문자를 무시
20
21   ┌── if(ch == 'A')
22   │ ①    printf("%d + %d = %d \n", num1, num2, num1 + num2);
23   ├── else if(ch == 'S')
24   │ ②    printf("%d - %d = %d \n", num1, num2, num1 - num2);
25   ├── else if(ch == 'D')
26   │ ③ ┌── if(num2 != 0)
27   │   │ ④    printf("%d / %d = %d \n", num1, num2, num1 / num2);
28   │   └── else
29   │          printf("0으로 나눌 수 없습니다. \n");
30   └── else if(ch == 'M')
31          printf("%d * %d = %d \n", num1, num2, num1 * num2);
32
33      return 0 ;
34   }
```

코드분석

11   : 대문자 변환함수 toupper ()를 호출하여 입력된 한 문자를 대문자 변환 후 ch 변수에 저장한다.

16, 19   : 두 정수를 입력 받는다.

21,23,25,30 : ch에 저장된 연산 문자에 따라 해당 연산 식을 출력한다.

26   : 나누기의 경우 두 번째 피 연산자가 0이 아닌지 검사하여 0이 아니면 27행의 연산결과를 출력하고, 0이면 오류를 출력한다.

실행결과

```
더하기(A), 빼기(S), 곱하기(M), 나누기(D)
연산문자 입력 : A  ◄-------------------- 첫 번째 실행
정수 1 :  100
정수 2 :  34
100 + 34 = 134

더하기(A), 빼기(S), 곱하기(M), 나누기(D)
연산문자 입력 : D  ◄-------------------- 두 번째 실행
정수 1 :  100
정수 2 :  0
0으로 나눌 수 없습니다.
```

중첩 if를 복잡하게 사용하는 경우 else문이 어느 if문과 관계가 있는지가 매우 중요한 부분이다. else문을 잘못 판단하면 프로그램의 흐름이 원치 않는 곳으로 이동되어 로직 오류를 일으키는 요인이 되기 때문이다.

■ 중첩 if의 잘못 사용한 예

위 프로그램에서 **나눗셈을 처리할 때 두 번째 피연산자가 0이면 아무런 내용을 출력을 하지 않고 if문을 빠져 오려고** 한다. 이때 발생하는 문제가 무엇인지 알아보자. 위 코드에서 28행과 29행을 제거하여 다음과 같이 수정하였다. 이는 예기치 않은 문제를 발생하게 된다.

```
21    ┌── if(ch == 'A')
22  ①│       printf("%d + %d = %d \n", num1, num2, num1 + num2);
23    └── else if(ch == 'S')
24  ②│       printf("%d - %d = %d \n", num1, num2, num1 - num2);
25    └── else if(ch == 'D')  ◄------ 25행은 else 가 없는 if 문이 된다.
26    ┌── if(num2 != 0)
27  ③│         printf("%d / %d = %d \n", num1, num2, num1 / num2);
28  ④│
29    │
30    └── else if(ch == 'M')
31            printf("%d * %d = %d \n", num1, num2, num1 * num2);
```

25   : ch 가 'D'일 때 26행으로 제어 이동된다.

26   : num2 가 0이 아니면 27행으로, 0이면 30행의 else로 제어가 이동된다. 그러나 30행의 else if는
      ch가 'D'가 아닐 때 수행할 else 문이 되어야 한다. 하지만 else는 최근에 있는 if와 짝을 이루므로
      25행이 아닌 27행의 if와 연결된다. 따라서 ch 변수에 'M'이 입력되는 경우 곱하기 계산은 출력
      될 수 없다.

이 경우 else가 없는 if의 범위를 명확히 하기 위해 코드블록을 사용해야 한다.

```
21  ┌───── if(ch == 'A')
22  │ ①        printf("%d + %d = %d \n", num1, num2, num1 + num2);
23  ├───── else if(ch == 'S')
24  │ ②        printf("%d - %d = %d \n", num1, num2, num1 - num2);
25  ├───── else if(ch == 'D')
26  │      {
27  │ ③      if(num2 != 0)  ◄─────── 27행은 else 가 없는 if 문이 된다.
28  │ ④          printf("%d / %d = %d \n", num1, num2, num1 / num2);   즉 31행의 if와 연결되지 않는다.
29  │
30  │      }
31  └───── else if(ch == 'M')
32           printf("%d * %d = %d \n", num1, num2, num1 * num2);
```

25   : ch가 'D'인지 조건을 비교한다. 참이면 26행부터 30행까지 코드 블록을 주어 하나의 실행 단위
      가 된다.

27   : num2가 0이 아니면 28행의 계산된 값을 출력하고, 거짓이면 if는 바로 종료된다. 따라서 블록 밖
      의 31행의 else문에 영향을 주지 않는 다

31   : 25행이 거짓일 때 수행할 else if가 된다.

```
더하기(A), 빼기(S), 곱하기(M), 나누기(D)
연산문자 입력 : D ◄─────────────────── 첫 번째 실행
정수 1 : 100
정수 2 : 30
100 / 30 = 3
```

실행결과

더하기(A), 빼기(S), 곱하기(M), 나누기(D)
연산문자 입력 : D ◄---------------- 두 번째 실행

정수 1 : 100
정수 2 : 0 ◄---------------------- 0일 때 아무것도 출력하지 않고, 프로그램은 바로 종료된다.

예제 중첩 if 문의 또 다른 예를 보자. 키보드로부터 하나의 수를 입력 받는다.

- 짝수 : "짝수"출력, 그 값이 100 이상이라면 "100보다 크다"를 출력한다.
- 홀수 : " 홀수"출력. 그 값이 100보다 작으면 "100보다 작다"를 출력한다.

중첩 if 3, 5_6

```c
1    #include <stdio.h>
2
3    int main()
4    {
5        int num;
6
7        printf("input number ? ");
8        scanf("%d", &num);
9
10       if(num % 2 == 0)
11       {
12           printf("짝수  \n");
13           if(num >= 100)
14               printf("100보다 크다 \n");
15       }
16       else
17       {
18           printf("홀수 \n");
19           if(num < 100)
20               printf("100보다 작다 \n");
```

```
21        }
22
23        return 0;
24    }
```

코드분석

8   : 정수를 입력 받아 num에 저장한다.

10 : num에 저장된 값이 짝수인지 확인하는 조건문이다. 참이면 11~15행을 수행한다.

12 : **"짝수"**를 출력한다.

13 : num이 100 이상이면 14행을 출력하고, 미만이면 if는 종료된다.

16 : num이 홀수일 때 수행할 else 문이다. 17~21행을 수행한다.

18 : **"홀수"**를 출력한다.

19 : num이 100 미만이면 20행을 출력하고, 이상이면 if는 종료된다.

실행결과

```
input number ? 20  ◀--------------- 첫 번째 실행
짝수
input number ? 120 ◀--------------- 두 번째 실행
짝수
100보다 크다
input number ? 113 ◀--------------- 세 번째 실행
홀수
input number ? 35  ◀--------------- 네 번째 실행
홀수
100보다 작다
```

⌛ **TIP** 좋은 프로그램의 조건

프로그램은 **원하는 결과에 도출이 된다면** 프로그램 작성자마다 **기능 구현은 서로 다를 수 있다.** 서로의 생각이 다르므로 로직 구현은 다를 수 있다. 하지만 같은 결과를 도출한다 해도 **가능하면 다음과 같은 조건을 갖추는 것이 좋다.**

- **조건은 적게 비교**한다.
- **반복은 적게** 한다.
- 로직(프로그램 기능구현)을 구현할 때 **라인 수는 적은 게 좋다.**
- 타인도 **쉽게 알아볼 수 있는** 일반적인 프로그램의 흐름을 사용하고 **변수명은 저장될 값이 연상되는 이름**을 사용하는 것이 좋다.

1.3 switch문

다중 선택을 하기 위해 if ~ else if 대신 switch 구조를 사용할 수 있다. **switch문은 다중 선택문으로, 주어진 식의 값이 여러 경우(case) 중 같은 경우(case)가 있다면, 연결되어 있는 명령어를 실행하도록 제어**해 준다. switch는 다중 선택문 중의 하나이다.

switch문의 조건은 반드시 **정수형 또는 정수형으로 변환되는 자료형**이어야 한다는 제약이 있다. **switch 의 상수는 오직 일치하는 것만 검사**한다. 따라서 대소 비교를 할 수 없다.

◑ 형식

```
switch(정수형조건식)
{
    case 상수식1 :    명령문1;
                     break;
    case 상수식2 :    명령문2;
                     break;              …
    case 상수식N :    명령문N;
                     break;
     default:    //해당 case 상수가 없을 때 실행된다
                     명령문;
}
```

⊕ 예

```
switch(menuNo)  ①  ◄-------------- 정수식 판단
{       ②
    case 1 : input_func(); ◄------------ menuNo 가 1이면 input_func 함수 호출
    ③       break; ◄------------------ break로 switch 블록을 탈출
    case 2 : output_func(); ◄----------- menuNo 가 2이면 output_func 함수 호출
    ④       break;
    case 3 : find_func(); ◄------------ menuNo 3이면 find_func 함수 호출
    ⑤       break;
    default: ◄------------------------ menuNo 가 1~3이 아닌경우 실행(생략가능)
             printf("함수호출 실패..\n");
}
```

(1) switch문의 규칙

- 정수 표현식(integer-expression)을 **검사한 후 정수 표현식의 값에 해당하는 상수식에 연결된 실행문**으로 점프한다. **break문에 의하여 switch문을 빠져나가** switch문 이후의 명령을 계속하게 한다.

- 만약 **break 분기명령이 없으면 선택된 상수식 아래에 있는 나머지 모든 명령문들이** 실행된다.

- default는 case의 상수식 찾지 못하는 경우 처리하는 실행문이며 **default의 사용은 선택적**이다.

- **switch**는 정수형 상수, **문자상수에 대해서만 조건 검사를** 할 수 있고, 같은 **값의 상수만 판단한다.** 따라서 **다양한 자료형의 데이터, 대/소 비교 등 다양한 조건을** 묻기 위해서는 **if 문을 사용**해야 한다.

예제 이전에 작성한 성적 프로그램을 switch문으로 수정하였다.

switch 1, 5_7

```
1    #include <stdio.h>
2
3    int main()
4    {
5        int score;
6
7        printf("점수 ? ");
8        scanf ("%d", &score);
9
10       switch(score / 10)
11       {
12           case 10 :          실행문이 없으면 아래 실행문을 break를 만날 때 까지 실행
13           case  9 :   printf("A 학점\n");
14                   break;
15           case  8 :   printf("B 학점\n");
16                   break;
```

```
17              case  7 :  printf("C 학점\n");
18                      break;
19          case 6 :  printf("D 학점\n");
20                      break;
21          default :  printf("과락 \n");
22                      printf("당신의  점수: %d   \n", score);
23                      break;     // 생략할  수  있다
24          }
25
26      printf("End. \n");
27
28      return 0 ;
29  }
```

코드분석

10   : switch 의 상수는 오직 일치하는 것만 검사한다. 따라서 대소 비교를 할 수 없으므로 식의 결과가
          비교할 상수가 되며, score를 10을 나눈 상수가 조건이 된다.

12   : 상수의 **값이 10이면 실행문으로 점프**하는데 이때 **":" 이하에 있는 실행문이 없으면**, 아래의 실행문
          을 실행하게 된다. **따라서 13행의 'A 학점'을 출력**하고 **break에 의해 switch는 탈출**된다. 즉 **상수
          의 값이 다르더라도 같은 실행문을 실행** 할 수 있다.

13,15,17,19 : **해당 상수에 해당하는 실행문**을 처리하고 **break에 의해 switch는 탈출**한다.

21   : 조건식에 **해당하는 해당 상수가 없는 경우 실행할 구문**이다. default 문은 선택문이다.

switch 문의 상수를 만족하면 break 를 만나기 전까지 **여러 실행문은** 계속 실행될 수
있다.

실행결과

점수 ? 100 ◄------------ 첫 번째 실행
A 학점
End.
점수 ? 47 ◄------------ 두 번째 실행
과락
당신의 점수: 47
End.

(2) switch를 사용한 메뉴 프로그램

■■■ 예제 switch 문은 다음과 같이 프로그램 **메뉴에 따라 필요한 함수를 호출할 때 주로 사용**된다.

> 1) 입력
> 2) 출력
> 3) 검색
> 4) 종료
>   선택하세요 ?

switch 2, 5_8

```
1    #include <stdio.h>
2
3    void input(void);
4    void output(void);
5    void find(void);
6
7    int main()
8    {
9        char answer ;
10
11       printf("1) 입력  \n");
12       printf("2) 출력  \n");
13       printf("3) 검색  \n");
14       printf("4) 종료  \n");
15       printf("   선택하세요 ? ");
16       scanf("%c%*c", &answer);
17
18       switch(answer)
19       {
20           case '1' :  input();
21                   break;
22           case '2' :  output();
23                   break;
```

```
24          case '3' :  find() ;
25                  break;
26          case '4' :  printf("종료 \n");
27                  break;
28      }
29
30      return 0 ;
31  }//main() end
32
33  void input(void)
34  {
35      printf("입력 함수...\n"); ;
36  }
37
38  void output(void)
39  {
40      printf("출력 함수... \n"); ;
41  }
42
43  void find(void)
44  {
45      printf("검색 함수... \n");
46  }
47
```

실행결과

```
1) 입력 함수
2) 출력 함수
3) 검색 함수
4) 종료
   선택하세요 ? 3
검색 함수 …
```

SECTION 2

반복 제어문

반복문이란 **동일한 명령을 여러 번 실행**하고자 할 때 명령을 여러 번 기술하지 않고, 반복명령에 의해 명령을 **여러 번 호출**하는 것을 말한다.

C 언어는 for, while, do-while 세 가지 반복문을 지원한다.

2.1 for 반복문

for는 C 언어의 3가지 반복문중의 하나이다. **for 문에서는 하나 이상의 문장들이 반복**될 수 있다. 대다수의 C 프로그래머들은 **for문이 가장 융통성**이 있다고 생각한다. for 문은 많은 변형을 가지고 있기 때문이다.

> **형식**
>
> ```
>                초기화①          조건식②          증감식④
> for(initialization  ;  conditional test  ;  increment)
>         statement ; ③ ◄----
>                        조건이 참일 때 반복할 실행문
> ```

> **예**
>
> ```
> for ( i = 1 ; i <= 5 ; i++)
>         printf("안녕하세요. \n");
> ```

(1) for문의 실행구조

- **초기화(initialization) 부분은 반복을 제어하는 변수에 초기값을 설정하는 부분**이다. 초기화 부분은 반복이 시작되기 전에 한번만 실행된다.

- **조건 검사(conditional test) 부분은** 반복조건을 검사하는데, **조건 검사의 결과가 참이면 반복은 계속**되고, **거짓이면 반복은 반복은 멈춘다.** 조건검사는 매 반복 마다 검사한다.

- **증가 연산(increment)은 매 반복문의 끝에서 실행**된다. 증가 연산은 반복제어 값을 특정한 수만큼 증가(감소) 시키기 위한 작업이다.

예제 다음은 1부터 5까지의 수와 문자열을 출력하기 위한 반복문이다.

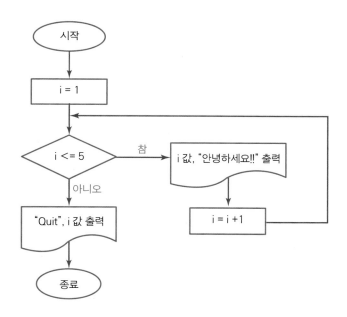

for 1, 5_9

```
1    #include <stdio.h>
2
3    int main()
4    {
5        int i;
6
```

```
7        for(i = 1; i <= 5; i++)
8            printf("%d, 안녕하세요!!! \n", i);
9        printf("종료 => i: %d \n", i);
10
11       return 0;
12   }
```

반복문의 처리단계는 다음과 같다.

1단계	for (i = 1); i < 5 ; i++) printf("%d, 안녕하세요!!! \n", i);	// 초기화, 단 한 번 실행
2단계	for (i = 1 ; i <= 5 ; i++) printf("%d, 안녕하세요!!! \n", i);	// 조건이 참이면
3단계	for (i = 1 ; i <= 5 ; i++) printf("%d, 안녕하세요!!! \n", i);	// 실행문 처리
4단계	for (i = 1 ; i <= 5 ; i++) printf("%d, 안녕하세요!!! \n", i);	// 증감식을 처리
5단계	for (i = 1 ; i <= 5 ; i++) printf("%d, 안녕하세요!!! \n", i);	// 조건이 참이면
6단계	for (i = 1 ; i <= 5 ; i++) printf("%d, 안녕하세요!!! \n", i);	// 실행문 처리
7단계	for (i = 1 ; i <= 5 ; i++) printf("%d, 안녕하세요!!! \n", i);	// 증감식 처리

위와 같이 **조건이 거짓이 될 때**까지 **조건, 실행, 증감을 계속 처리**한다. 조건이 거짓이 되면 **반복은 끝나고** 반복 다음의 명령문을 계속 처리하게 된다.

9행은 **반복이 종료된 후 i 변수의 값**을 출력하여, **반복조건이 거짓이** 될 때 **변수의 값을 확인**할 수 있다.

실행결과

```
1, 안녕하세요!!!
2, 안녕하세요!!!
3, 안녕하세요!!!
4, 안녕하세요!!!
5, 안녕하세요!!!
종료 ⇒ i: 6
```

(2) 반복문 에서 변수 선언

C 언어는 변수 선언을 실행문 이후에 선언할 수 없다. 그러나 컴파일러 버전에 따라 **변수를 사용하기 전에 선언하는 것을 허용**하기도 한다. (C 99 버전)

컴파일러 버전에 따라 다음처럼 실행될 수도 있다.

```
for( int  i = 1; i <= 5; i++ )
    printf("%d, 안녕하세요!!! \n", i);
```

그러나 **변수를 실행문 중에 선언하는 것은 반복문외에는 권장사항이 아니다.** 변수를 함수의 중간에 선언하게 되면, 함수에서 사용한 데이터의 종류와 이름을 개발자가 쉽게 이해할 수 없다는 단점이 있기 때문이다. 따라서 반복문의 제어변수 외에는 사용하지 않는것이 좋다.

(3) for 문의 융통성과 특징

① 조건이 처음부터 거짓이므로 반복은 실행되지 않는다.

```
for( i = 11 ; i <= 10 ;  i++ )
    printf("%d, 안녕하세요!!! \n ", i);
printf("Quit. \n");
```

② 반복 조건이 참이 때 ":"에 의해 NULL 문장이 된다. 즉 참일 때 문장은 실행되지 않고 반복이 종료될 때 이후 명령을 실행한다. 따라서 의도하지 않는 NULL 문장을 포함하는 반복문이 되지 않도록 주의해야 한다.

```
for( i = 1 ; i <= 10 ; i++ )(;) ◄────── null 문장
    printf("%d, 안녕하세요!!! \n ", i);
printf("Quit. \n");
```

③ for문을 구성하는 하나 이상의 내부식이 생략될 수 있다.

```
i =1;
for( ; i <= 10; )
    printf("%d, 안녕하세요!!! \n ", i++);
printf("Quit. \n");
```

④ for문을 이용하여 중단하지 않는 반복 구조를 표현할 수 있다. 이런 반복을 **무한 반복(infinite loop)**이라 한다.

```
for ( ; ; ) ◄────── 조건 검사 부분에 식이 없어 컴파일러는 참을 반환
{
    statement;
    break; ◄───────── 반복문 탈출명령(3절에서 학습)
}
```

▌ 예제 다음은 1 부터 100까지 합을 구하여 출력하는 프로그램이다.

for 2, 5_10

```
1    #include <stdio.h>
2
3    int main()
4    {
5      int i, sum=0;
6
7      for(i = 1; i < 101; i++)
8          sum = sum + i;
9      printf("sum : %d  \n", sum);
10
11     return 0;
12   }
```

코드분석

7   : 반복문에 의해 i 변수는 1 부터 100까지 반복한다.

8   : i 변수의 값을 sum 변수에 누적한다.

9   : 반복문 탈출 후 sum 변수의 값을 출력한다. 즉 1부터 100까지의 합을 출력한다.

실행결과

```
sum : 5050
```

Quiz 사용자에게 하나의 수를 입력 받아, 1부터 입력된 수까지의 합을 구하여 출력하는 프로그램을 작성하자. 다음 빈 곳을 채워보자.

5_10_Quiz.c

```c
1    #include <stdio.h>
2
3    int main()
4    {
5        int i, sum = 0;
6        int num;
7
8        printf("합을 구할 정수 입력 ? ");
9        scanf("%d", &num);
10
11       for(___;___;___)   ←———— 빈 곳을 채워보자
12           sum = sum + i;
13       printf("1부터 %d 까지의 합: %d \n",num, sum);
14
15       return 0;
16   }
```

실행결과

```
합을 구할 정수 입력 ? 50
1 부터 50 까지의 합: 1275
```

(4) for문의 코드 블록

for문의 조건 검사(conditional test) 부분이 **참인 경우 지금까지는 하나의 목표문이** 실행되었다. 하지만 **목표문은 여러 문장**이 될 수 있으며 그런 경우는 **코드 블록으로 하나의 논리적인 단위**로 묶어주면 가능하다.

> **예제**   임의의 정수 5개를 입력 받아 그 수들의 합과 평균을 구하여 출력 하려고 한다.

for문 코드블럭, 5_11

```
1    #include <stdio.h>
2
3    int main()
4    {
5        int i, sum = 0, num;
6
7        for(i = 0; i < 5; i++)
8        {
9            printf("%d, 정수입력 ? ", i+1);
10           scanf("%d", &num);
11           sum = sum + num;
12       }
13       printf("합 : %d, 평균 : %.8f \n", sum, (float)(sum / i));
14
15       return 0;
16   }
```

실행결과

```
1, 정수입력 ? 340
2, 정수입력 ? 21
3, 정수입력 ? 4
4, 정수입력 ? 200
5, 정수입력 ? 57
합 : 622, 평균 : 124.400002
```

2.2 while 반복문

while문은 반복조건(expression)이 참인 경우 목표문(Statement)을 반복 실행하게 된다. 만약 반복조건이 거짓인 경우 반복은 빠져 나오게 되며 반복 다음에 있는 명령문들이 실행된다. while의 목표문은 코드 블록이 될 수 있다.

⊙ 형식

    while(조건식) ◄------------ 조건이 참이면
        명령문1; ◄---------- 반복할 명령

⊙ 예

    num=1;
    while(num<=5) ◄------------- 조건이 참이면 반복실행
        printf("%d , ", num++);

(1) while의 특징

- 반복을 실행하기 전에 반복조건을 검사하므로 처음부터 거짓인 경우 반복은 바로 탈출한다.
- 조건 표현식이 항상 참인 경우 실행되므로, while은 정확한 **반복 횟수가 정해 지지 않은 경우에 유용**하게 사용될 수 있다.

예제 다음 내용은 키보드로부터 한 **문자를 입력 받아 출력**한다. 단 입력된 문자가 **'q'가 되면 그 동안 입력한 문자의 횟수**를 출력하고 프로그램은 종료한다.('q' 문자는 횟수에 포함)

while 1, 5_12

```
1    #include <stdio.h>
2
3    int main()
4    {
5        char count = 0, ch = 0;
```

```
6    while (ch != 'q')      ◄--------- 조건이 참일 때 까지
7    {
8       printf("input character ? ");
9       scanf("%c%*c", &ch);                반복할 문장
10      count++;
11   }
12
13      printf("입력된 문자 Count : %d  \n", count);
14
15      return 0;
16   }
```

코드분석

6   : while 문은 ch 가 0으로 초기화 되었으므로 'q' 가 아니므로 참이다. 7~11행을 실행.

9   : ch 는 임의의 한 문자를 입력 받는다.

10   : 문자 수를 누적하기 위해 count를 누적.

13   : 반복이 끝난 후 누적된 문자 수를 출력한다.

실행결과

```
input character ? a
input character ? p
input character ? x
input character ? y
input character ? t
input character ? q
입력된  문자 Count : 6
```

예제   다음은 while 구조를 이용하여 A 부터 Z까지 출력하는 프로그램이다.

while 2, 5_13

```
1    #include <stdio.h>
2
3    int main()
4    {
5        char ch;
6
7        ch = 'A';
8        while(ch <= 'Z')  ◄----------► 조건이 참이면 한 문장 실행
9            printf("%c ", ch++);
10       printf("\n");
11
12       return 0;
13   }
```

실행결과

```
A B C D E F G H I J K L M N O P Q R S T U V W X Y Z
```

(2) 무한 반복(루프)

while 문을 이용하여 **무한 반복(infinite loop)을 처리**할 수 있다. 다음은 무한 반복의 while구조이다.

```
while ( 1 ) ◄--------------- 반복조건식이 1이므로 조건은 항상 참이다.
                            물론 0이 아닌 값이 와도 항상 참이지만 일반적으로 1을 사용한다.
{
        statements; ◄------- 반복할 실행문들
        break; ◄------------ 반복문 탈출
}
```

2.3 do ··· while 반복문

do 반복문은 식(expression)이 참일 때만 목표문(statement1)을 계속 반복한다. 식이 거짓이면 반복은 멈추게 된다. **do-while문은 조건검사를 제일 마지막에 하므로 반복문 내의 코드를 적어도 한 번은 실행하는 유일한 반복문**이다.

do-while 구조는 while의 구조와 비슷하나 **반복조건을 검사하는 위치**가 다르다. 다음은 do-while 반복의 일반적인 형식이다.

➡ 형식

```
do {
    statement 1;
} while(expression) (;) ◀─────── 반드시 필요
```

➡ 예

```
num=1;
do {
    printf("%d ", num++) ;
} while( num <= 5 )(;)
```

단 하나의 문장이 반복되면 중괄호는 없어도 된다. 하지만 대부분의 프로그래머들은 do-while문의 일부임을 쉽게 인식하기 위해서 중괄호를 사용한다. 그리고 do-while() **조건문 뒤에 반드시 ";"을 두어야** 한다.

memo

예제 'A'부터 'Z'를 출력하기 위해 while과 do-while문으로 표현하였다.

do .. while, 5_14

```
1    #include <stdio.h>
2
3    int main()
4    {
5        char ch;
6
7        ch = 'A';
8        do {
9            printf("%c", ch++);
10       } while(ch <= 'Z');
11       printf("\n");
12
13       return 0;
14   }
```

10행의 조건이 참이면 8행부터 다시 반복

코드분석

8   : **do 문은 조건이 없으므로 반복문 안에 있는 9행을 수행한다.**

9   : **반복안에서 실행할 실행문이다.**

10   : 반복조건이 참이면 8행으로 제어가 이동되어 반복을 계속한다. 만약 거짓이면 반복은 탈출하여 11행을 실행한다.

실행결과

ABCDEFGHIJKLMNOPQRSTUVWXYZ

대문자 그룹을 출력하는 do-while이다. while과 do-while문은 **한가지 차이점**이 있다.

■ do- while 특징

다음처럼 코드를 변경하였다. 7행 ch 변수의 초기 값을 변경하였다.

7. ch = 'a';

9행은 'a' 문자를 출력한 후, **10행** do-while은 거짓이므로 반복을 탈출한다. 일단 반복을 실행한 후 마지막에 조건검사를 하므로 **적어도 한번은 반복을 수행**한다. 그러나 **while은 조건검사를 먼저 하므로** 조건이 거짓이면 반복을 실행하지 않는다.

실행결과

```
a
```

do-while 구조는 **입력된 데이터의 입력 오류를 검증**하기 위해 자주 이용된다. 먼저 값을 입력받고 조건을 나중에 검사하는 구조가 된다.

calc.c에서 연산문자를 입력할 때 'A', 'S', 'M', 'D'가 아니라면 연산식을 처리할 수 없다. 따라서 정확한 입력문자가 입력될 때까지 입력 받기 위해 do-while 사용하였다.

이처럼 **do-while 반복문은 입력된 데이터를 검사하고 안전한 데이터인 경우 다음 실행문 처리하기 위한 문법으로 많이 활용**되고 있다.

이전에 작성한 calc.c를 수정하였다.

do - while, calc2.c

```
1    #include <stdio.h>
2    #include <ctype.h>
3
4    int main()
5    {
6        int num1, num2;
7        char ch;
8
9        do {
10            printf("더하기(A), 빼기(S), 곱하기(M), 나누기(D) \n");
11            printf("연산문자 입력 : ");
12            ch = toupper(getchar());    // 입력문자 대문자 변환
13            getchar();
14            printf("\n")
```

```
15        } while(ch != 'A' && ch != 'S' && ch != 'M' && ch != 'D');
16                                              참이면 9행부터 실행
17        printf("정수 1 :  ");
18        scanf("%d", &num1);
19
20        printf("정수 2 : ");
21        scanf("%d", &num2);        // %*c : 1 문자를 무시
22
23        if(ch == 'A')
24          printf("%d + %d = %d \n", num1, num2, num1 + num2);
25        else if(ch == 'S')
26          printf("%d - %d = %d \n", num1, num2, num1 - num2);
27        else if(ch == 'D')
28          if(num2 != 0)
29              printf("%d / %d = %d \n", num1, num2, num1 / num2);
30          else
31              printf("0으로 나눌 수 없습니다. \n");
32        else if(ch == 'M')
33          printf("%d * %d = %d \n", num1, num2, num1 * num2);
34
35        return 0 ;
36 }
```

코드분석

12   : 소문자가 들어가도 대문자로 변환하도록 한다.

15   : do-while **조건이 참이면, 즉 입력 연산문자가** 'A'. 'S', 'M', 'D' **모두 아니라면 참이며 반복문의 시작인 9행부터 다시 실행된다.**

실행결과

```
더하기(A),  빼기(S),  곱하게(M),  나누기(D)
연산문자 입력 :  p
연산문자 입력 :  x
연산문자 입력 :  a     // 입력된 문자가 A, S, M, D 가 아니면 반복한다
```

실행결과

```
정수 1 : 100
정수 2 : 200

100 + 200 = 300
```

입력 문자가 'A', 'S', 'M'. 'D' 가 아니면 참이다. 따라서 **입력 반복을 계속**하게 된다. 이처럼 do-while 반복은 입력된 데이터를 검사하고 안전한 데이터인 경우 다음 실행문 처리하기 위한 문법으로 많이 활용되고 있다.

2.4 중첩 반복이란?

하나의 반복문 안에 또 하나의 반복문이 있을 때, 두 번째 반복문은 첫 번째 반복문 안에 중첩되었다고 한다. **C의 모든 반복문은 다른 반복문 안에서 중첩될 수 있으며,** ANSI C 표준에서는 적어도 15단계까지 중첩을 허용하고 있다. **반복문이 중첩될 때 반복문의 종료는 항상 안쪽에 있는 반복이 먼저 끝나야, 바깥쪽에 있는 반복이 끝날 수 있다는 것을 기억하자.**

■ **중첩 반목문의 여러 가지 형식**

⬇ 형식

```
for(initialization; conditional test; increment)
    for(initialization; conditional test; increment)
        statement 1;

while(expression1)
    while(expression2)
        statement 1;

while(expression1)
    do {
        statement 1;
    } while(expression2);
```

⊕ 예

```
for(i = 1; i <= 3; i++)
    for(j = 1; j <= 5; j++)
        printf("i:%d, j: %d \n", i, j);
```

예제 다음은 'A' ~ 'Z'을 3번 출력하는 프로그램이다.

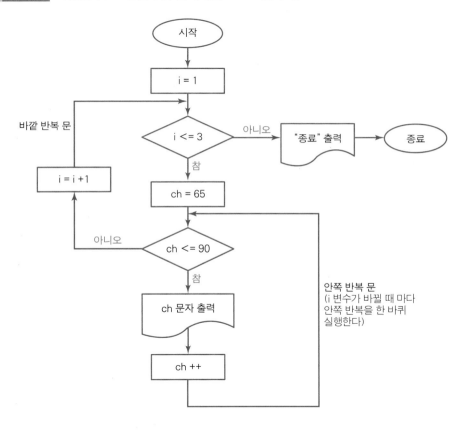

중첩 반복, 5_15

```
1    #include <stdio.h>
2    int main()
3    {
4        int i;
5        char ch;
```

```
 6
 7      for(i = 1; i <= 3; i++)          ① 참이면 코드 블럭 실행
 8      {
 9          for(ch = 65; ch <= 90; ch++)      ② 참이면 10행 호출
10              printf("%c ", ch);
11          printf("\n");
12      }
13      printf("종료. \n");
14
15      return 0 ;
16  }
```

안쪽 반복문을 여러 번 호출해야 할 경우 바깥쪽의 반복문이 원하는 만큼 호출하는 구조이다.

```
              for(i = 1 ; i <= 3 ; i++)              // 바깥의 반복이 먼저 시작한다
  3번 호출한다
              ► for(ch = 65; ch <= 90; ch++)          // 안쪽의 반복이 먼저 끝난다.
       26번 호출한다
                  ► printf("%c ", ch);
```

코드분석

7   : i 변수가 1일때, 9행인 안쪽의 반복문을 호출한다.

9   : ch 변수가 65부터 90까지 10행을 26번 호출하며, 'A' ~ 'Z' 대문자 그룹을 출력한다.

실행결과

```
A B C D E F G H I J K L M N O P Q R S T U V W X Y Z
A B C D E F G H I J K L M N O P Q R S T U V W X Y Z
A B C D E F G H I J K L M N O P Q R S T U V W X Y Z
종료.
```

즉 중첩 반복이란 i 변수가 변경될 때 마다, 안쪽 반복구조가 A~Z까지 출력한다. 이를 i 변수가 3번 반복시킨다.

예제 다음 프로그램은 구구단을 출력하기 위해 중첩 반복을 사용하였다.

중첩 반복, 5_16

```
1    #include <stdio.h>
2
3    int main()
4    {
5        int i, j;
6
7        for(i = 2; i <= 9;i++)  ◄-------------------- 외부 반복 블록
8        {
9            for(j = 1; j <= 9; j++)  ◄----------------- 내부 반복
10               printf("%d*%d=%2d, ", i, j, i * j);
11           printf("\n");
12       }
13
14       return 0 ;
15   }
```

실행결과

```
2*1= 2, 2*2= 4, 2*3= 6, 2*4= 8, 2*5=10, 2*6=12, 2*7=14, 2*8=16, 2*9=18,
3*1= 3, 3*2= 6, 3*3= 9, 3*4=12, 3*5=15, 3*6=18, 3*7=21, 3*8=24, 3*9=27,
4*1= 4, 4*2= 8, 4*3=12, 4*4=16, 4*5=20, 4*6=24, 4*7=28, 4*8=32, 4*9=36,
5*1= 5, 5*2=10, 5*3=15, 5*4=20, 5*5=25, 5*6=30, 5*7=35, 5*8=40, 5*9=45,
6*1= 6, 6*2=12, 6*3=18, 6*4=24, 6*5=30, 6*6=36, 6*7=42, 6*8=48, 6*9=54,
7*1= 7, 7*2=14, 7*3=21, 7*4=28, 7*5=35, 7*6=42, 7*7=49, 7*8=56, 7*9=63,
8*1= 8, 8*2=16, 8*3=24, 8*4=32, 8*5=40, 8*6=48, 8*7=56, 8*8=64, 8*9=72,
9*1= 9, 9*2=18, 9*3=27, 9*4=36, 9*5=45, 9*6=54, 9*7=63, 9*8=72, 9*9=81,
```

Quiz   구구단 출력을 아래와 같이 단을 세로로 출력해보자. 빈 곳을 추가해보자.

5_16_Quiz.c

```
1    #include <stdio.h>
2
3    int main()
4    {
5        int i, j;
6
7        for(_____)  ◄──────── 단의 내역을 가리킬 변수
8        {
9            for(_____)  ◄──────── 단이 먼저 변경 되야 한다
10               printf("%d*%d=%2d, ", i, j, i * j);
11           printf("\n");
12       }
13
14       return 0 ;
15   }
```

실행결과

```
2*1= 2,  3*1= 3,  4*1= 4,  5*1= 5,  6*1= 6,  7*1= 7,  8*1= 8,  9*1= 9,
2*2= 4,  3*2= 6,  4*2= 8,  5*2=10,  6*2=12,  7*2=14,  8*2=16,  9*2=18,
2*3= 6,  3*3= 9,  4*3=12,  5*3=15,  6*3=18,  7*3=21,  8*3=24,  9*3=27,
2*4= 8,  3*4=12,  4*4=16,  5*4=20,  6*4=24,  7*4=28,  8*4=32,  9*4=36,
2*5=10,  3*5=15,  4*5=20,  5*5=25,  6*5=30,  7*5=35,  8*5=40,  9*5=45,
2*6=12,  3*6=18,  4*6=24,  5*6=30,  6*6=36,  7*6=42,  8*6=48,  9*6=54,
2*7=14,  3*7=21,  4*7=28,  5*7=35,  6*7=42,  7*7=49,  8*7=56,  9*7=63,
2*8=16,  3*8=24,  4*8=32,  5*8=40,  6*8=48,  7*8=56,  8*8=64,  9*8=72,
2*9=18,  3*9=27,  4*9=36,  5*9=45,  6*9=54,  7*9=63,  8*9=72,  9*9=81,
```

SECTION 3

기타 제어문

C 프로그램은 **분기문**으로 **break, continue, goto**문을 제공한다. 분기문이란 프로그램의 **제어를 다른 곳으로 점프**(이동)하는 것을 말한다.

3.1 break

break는 switch 문에서 명령문을 수행하다가 블록을 벗어 나야 할 경우에 break 문을 사용한다. 또한 break는 for, while, do-while과 같이 반복문을 탈출하고자 할 때 사용된다. **break 문을 만나면 가장 가까이 연결된 반복문 또는 switch 문의 블록을 빠져 나가게 되며**, 이후에 오는 문장은 계속 수행된다.

반복문안의 break는 반복을 더 이상 수행할 필요가 없을 때 반복을 강제로 탈출하게 한다.

⊖ 형식

```
break ;
```

⊖ 예

```
while(1)
    break ;  ◄--------- 반복문 즉시 탈출
```

다음은 1부터 100가지 출력하는 프로그램이다. 이때 break의 역할은 무엇이겠는가?

반복에서의 break, 5_17

```
1    #include <stdio.h>
2
3    int main()
4    {
5        int i, j;
6
7        for(i = 1; i <= 100; i++)
8        {
9            printf("%d ", i);
10           if(i  % 10 == 0)          ◄-------- 조건이 참이면 break 실행
11               break;      ◄------   반복문 강제 탈출
12       }
13       printf("\n 종료.\n");
14
15       return 0 ;
16   }
```

코드분석

7   : i 변수는 반복이 1부터 100까지 100번 반복 되어야 한다.

10   : i 변수가 10이 될 때 참이 되므로 11행을 호출한다.

11   : break는 반복문의 조건과 관계없이 현재 break가 포함된 반복문을 탈출 한다. 이는 i 변수의 반복
       을 만족하지 못했지만, 반복을 강제로 탈출한다. 즉 13행으로 이동되어 다음 실행을 계속한다.

실행결과

```
1 2 3 4 5 6 7 8 9 10
종료.
```

■ 예제 break 문은 자신이 포함하는 반복문을 빠져나가게 해준다. 다음 프로그램은 'A' 부터 'H'를 세 번 출력할 것이다.

중첩반복에서의 break, 5_18

```c
1    #include <stdio.h>
2
3    int main()
4    {
5        int i;
6        char ch;
7
8        for(i = 1; i <= 3; i++)          outer loop
9        {
10           for(ch = 65; ch <= 90; ch++)   inner loop
11           {
12               printf("%c ",  ch);
13               if(ch == 'H')
14                   break;          자신이 포함된 반복만 탈출, inner loop 탈출
15           }
16           printf("\n");
17       }
18       printf("종료. \n");
19
20       return 0 ;
21   }
```

코드분석

8, 10 : 중첩 반복문이다.

13   : 조건이 참이면 **14행의 break문을 실행**하게 되는데, 이는 포함된 모든 반복을 빠져나가는 것이 아닌, **자신이 포함된 반복 15행을 탈출**하여, 16행을 실행하게 한다. 따라서 break는 8행의 반복문에서 영향을 줄 수 없다.

실행결과

```
A B C D E F G H
A B C D E F G H
A B C D E F G H
종료.
```

3.2 continue

continue문은 항상 for, while, do-while 등의 반복문과 같이 쓰이며, **continue문을
만나면 continue 이후의 명령은 무시되며 반복문의 조건 위치로 이동하여 반복문의 시
작에서부터 수행**하게 된다.

> **예제** 키보드로 입력된 수가 3개일 때 반복은 탈출하여 그 수들의 합을 출력한다. 단 음
> 수가 입력되면 다시 입력 받기 위해 continue 문을 사용하였다.

continu, 5_19

```
1    #include <stdio.h>
2
3    int main()
4    {
5        int num, cn = 0, sum = 0;
6
7        while(1)
8        {
9            printf("input number ? ");
10           scanf("%d", &num);
11
12           if(num < 0)          ◄------------- 입력 값이 음수이면 continue 실행
13               continue;        ◄------------- 반복문의 조건으로 제어가 이동
14           sum += num;
15           cn++;
16
17           if(cn == 3)
18               break;
19       }
20       printf("합 : %d \n", sum);
21
22       return 0 ;
23   }
```

코드분석

12 : 입력 값 num이 0보다 크면 14행을 수행한다. 만약 음수이면 조건이 참이므로 13행의 continue 문을 실행한다.

13 : continue 는 자신이 포함된 반복의 조건으로 점프하여 반복의 계속하게 한다. 즉 **continue는 반복을 계속 진행할 지의 여부를 판단하기 위해 반복의 조건으로 제어를 이동**하는 문법이다.

실행결과

```
input number ? 20
input number ? 50
input number ? -3
input number ? -245
input number ? 100
합 : 170
```

■ break와 continue의 비교

```
while(1)
{
    ...
    break;            반복문 탈출
    ...
}
printf("종료.\n");
```

```
while(1)
{
    ...
    countinue;        반복문
    ...               선두로 이동
}
printf("종료.\n");
```

memo

3.3 goto와 label

C 언어는 **goto라는 무조건 분기 명령**을 제공한다. goto문을 만나면 프로그램의 실행 위치는 **goto문에서 지정하는 레이블이 있는 곳으로 무조건 이동**하게 된다. break문이나 continue문은 프로그램의 실행이 정해진 특정 위치로 옮겨가게 되지만, goto문은 레이블이 있는 곳 어디로든 이동할 수 있다. goto문에서 사용한 **레이블은 프로그램 함수의 어딘가에 반드시 존재**하여야 한다.

> ● 형식
>
> ```
> label1 :     //레이블명
>     ......
>     goto label1;
> ```

> ⊙ 예
>
> ```
> AA : ◄---------------------- 레이블명
>  ▲    scanf("%d", &num);
>  │    if(num < 0)
>  └──── goto AA; ◄--------- 레이블로 이동
> ```

예제 goto문은 지정된 레이블이 있는 곳으로 무조건 분기하게 한다. 따라서 다음 코드는 중첩된 반복을 한번에 빠져나가게 해준다. 다음 프로그램은 'A' 부터 'H'를 한 번만 출력한다.

goto, 5_20

```
1    #include <stdio.h>
2
3    int main()
4    {
5        int i;
6        char ch;
7
```

```
8        for(i = 1; i <= 3; i++)
9        {
10           for(ch = 65; ch <= 90; ch++)
11           {
12               printf("%c ", ch);
13               if(ch == 'H')
14                   goto Move;
15           }
16           printf("\n");
17       }
18   Move: ◄------------------- 레이블
19       printf("종료. \n");
20
21       return 0 ;
22   }
```

코드분석

13   : 출력문자 ch 가 'H' 가 아니면 10행으로, 'H'이면 14행을 수행한다.

14   : goto문에 의해 18행으로 프로그램 제어가 무조건 이동된다. 이동된 이후 명령은 계속된다. 따라서 **여러 번 중첩된 반복을 한번에 빠져나올 때 코드가 단순해지고 효율적**이다.

실행결과

A B C D E F G H 종료.

goto 문은 레이블이 있는 곳으로 무조건 분기하는 명령이다. 따라서 **goto를 남용하게 되면 프로그램의 절차적 흐름을 방해하므로** 프로그램의 흐름이 나빠지게 된다. 따라서 위의 예제처럼 goto를 **사용할 때 코드가 단순해지고 효율적 이라 판단될 때 사용**해야 한다. 그리고 **다른 함수로는 goto는 이동될 수 없다.**

요약정리(Summary)   ◇□◇□◇□◇□◇□◇

1. 제어문이란?

프로그램의 제어문에는 조건제어와 반복제어가 있다. C 언어는 조건제어로 if와 swtich문을 , 반복제어로 for, while, do…while을 사용할 수 있다.

2. if문의 형식은 다음과 같다.

- 형식 1
  ```
  if(식)
      실행문1;
  ```

- 형식 2
  ```
  if(식)
      실행문1;
  else
      실행문2;
  ```

- 형식 3
  ```
  if(식1)
      실행문1;
  else if (식2)
      실행문2;
  …
  else
      실행문n;
  ```

3. 반복문의 형식은 다음과 같다.

- for문
  ```
  for (초기값 ; 조건식 ; 증감식)
      실행문1;
  ```

- while문
  ```
  while(식)
      실행문1;
  ```

- for문
  ```
  for (초기값 ; 조건식 ; 증감식)
      실행문1;
  ```

- while문
  ```
  while(식)
      실행문1;
  ```

- do …while문
  ```
  do{
      실행문1;
  }while(식);
  ```

4, 프로그램의 흐름을 이동시키는 제어문으로 break, continue, goto가 있다.

연습문제 ◇○◇○◇○◇○◇□○◇□◇□◇◇

[5-1] 다음의 물음에 답하라.

1. 조건을 제어하기 위한 제어문으로 (　) 과 (　)이 있다.

2. 반복을 제어하기 위한 제어문으로 (　) , (　), (　)이 있다.

3. 제어문에서 조건이 참일 경우 여러 명령을 수행하기 위해서는 반드시 (　)으로 둘러싸야 한다.

4. 반복문을 중간에 탈출하기 위한 명령은 (　)이다.

5. switch 문의 표현식은 자료형 (　,　)만 사용할 수 있다.

6. switch 문에서의 break 명령은 (　) 탈출한다.

7. 반복문 for 문의 인수는 (　;　;　)이다 .

8. 반복문을 적어도 한번은 수행하게 하는 반복문은 (　) 이다.

9. 중첩 반복문에서의 break 명령은 (현재 반복문, 포함된 모든 반복문)을 탈출한다.

[5-2] 키보드로부터 5개의 수를 입력 받아, 그 수 중 가장 큰 값을 찾아 출력하는 프로그램을 작성하라. 큰 값은 max 변수에 보관하여 출력하며 max는 선언 시 0으로 초기화할 것이다.(입력되는 값은 양의 정수만 입력한다)

```
1, 값  입력  ?  33
2, 값  입력  ?  52
3, 값  입력  ?  720
4, 값  입력  ?  79
5, 값  입력  ?  350
max  :  720
```

연습문제

[5-3] for 반복문을 사용하면 어떤 수가 소수(prime number)인지를 결정하는 프로그램을 작성할 수 있다. (**소수란 1 과 자기 자신으로만 나누어 지는 수**이다.) 다음 프로그램은 사용자에게 하나의 수를 입력 받아 그 수가 소수인지 아닌지를 검사하는 프로그램이다.

다음 프로그램을 완성하라.

```
1    # include <stdio.h>
2
3    int main()
4    {
5        int num, i, prime;
6
7        printf("Enter the number ? ");
8        scanf("%d", &num);
9
10       prime = 1;
11       for(i = 2; i <= num/2; i++)
12
13
14
15
16
17
18       if(prime == 1)
19           printf("The number is prime. \n");
20       else
21           printf("The number is not prime. \n");
22
23       return 0;
24   }
```

◇□◇□◇□◇□◇□◇□◇□◇□◇□◇□□

실행결과

```
Enter the number ? 7 ◄──────── 첫 번째 실행
The number is prime.

Enter the number ? 8 ◄──────── 두 번째 실행
The number is not prime.
```

[5-4]] 다음 중 바른 제어문의 표현은 어느 것인가? 만약 바르지 않다면 이유를 설명하라.

①

```
float f;

scanf("%f", &f);
switch(f)
{
    case 10.5 : printf( "…");
    ……
}
```

②

```
num = 10;
if(num == "C lang")
    printf("A");
else
    printf("B");
```

③

```
num = 10;
if(num == 'A')
    printf("A");
else
    printf("NOT A");
```

연습문제

④
```
j = 1;
if(j <= 10)
{
    if(j % 3 == 0)
        break;
    j = j + 1;
}
```

[5-5] 2g, 3g, 5g의 추가 각각 10개씩 있다. 각 추를 저울에 달아 81g이 되는 모든 경우의 추의 수를 출력하려고 한다. 다음 결과를 보고 프로그램 완성하여 보자.

```
1    #include <stdio.h>
2
3    int main()
4    {
5        int i, j, k, tot, count = 0;
6
7        for(i = 1; i <= 10; i++)
8            for(j = 1; j <= 10; j++)
9                for(k = 1; k <= 10; k++)
10               {
11                   tot= [            ] ;
12                   if(tot == 81)
13                   {
14                       [            ]
15                       printf("2g:%3d, 3g: %3d, 5g:%3d \n", i, j, k);
16                   }
17               }
18        printf("81g 인 경우의 수 : %d \n",  count);
19
20        return 0;
21   }
```

◇□◇□◇□◇□◇□◇□◇□◇

실행결과

```
2g:    2, 3g:    9, 5g:   10
2g:    3, 3g:   10, 5g:    9
2g:    5, 3g:    7, 5g:   10
2g:    6, 3g:    8, 5g:    9
2g:    7, 3g:    9, 5g:    8
2g:    8, 3g:    5, 5g:   10
2g:    8, 3g:   10, 5g:    7
2g:    9, 3g:    6, 5g:    9
2g:   10, 3g:    7, 5g:    8
81g 인 경우의 수 : 9
```

[5-6] 한 문자를 입력 받아 'P'이면 파운드(pound)를 킬로그램(kg)으로, 'K'이면 킬로그램(kg)을 파운드(pound)로 계산하는 프로그램을 작성하려고 한다. (1 파운드는 0. 45359237 킬로그램 이다) 빈 곳을 채워보자.

```
1    #include <stdio.h>
2    int main()
3    {
4        int pound; float kg;
5        char ch;
6
7        printf("P)pound->kg, K)kg ->pound  ? ");
8        ch = getchar();
9        if(ch == 'P' || ch == 'p')
10       {
11
12
13
14
15       }
16       else if(ch == 'K' || ch == 'k')
```

연습문제

```
17      {
18
19
20
21
22      }
23      else
24          printf("unknown command. \n");
25
26      return 0;
27  }
```

실행결과

```
P)pound->kg, K)kg ->pound ? p  ◄----------------- 첫 번째 실행
파운드 입력 ? 35
35 파운드는 15.876 킬로그램이다.


P)pound->kg, K)kg ->pound ? k  ◄----------------- 두 번째 실행
킬로그램 입력 ? 40
40.000 킬로그램은 88.185 파운드이다.


P)pound->kg, K)kg ->pound ? a  ◄----------------- 세 번째 실행
unknown command.
```

◇○◇○◇○◇○◇○◇○◇○◇○

[5-7] 다음을 출력하는 프로그램을 작성 하시오. (A 부터 Z까지 한 문자씩 늘어나면서 26줄 출력한다)

실행결과

```
A
A B
A B C
A B C D
A B C D E
….
A B C D E F G H I J K L M N O P Q R S T U V W X
A B C D E F G H I J K L M N O P Q R S T U V W X Y
A B C D E F G H I J K L M N O P Q R S T U V W X Y Z
```

[5-8] 입력된 년도가 윤년인지 확인하는 프로그램이다. 아래의 "윤년"의 설명에 맞게 프로그램을 작성해
보자.

태양력에서 2월은 28일까지 있는 것이 평년이다. 그러나 2월을 29일로 둔 해를 윤년이라 하여
치윤법에 따라 400년에 97년을 윤년으로 두고 있다. 이것은 1년의 길이가 365일로 실제보다
0.2422일 짧은 것이므로, 점차 계절과 차이가 발생하게 되는 것을 해결하고자 한 것이다.

● 윤년인가 평년인가를 판단하는 법칙

1. 윤년은 4년마다 한번씩 돌아온다.
2. 하지만 100의 배수는 윤년이 아니다. 예) 100년, 1100년, 1200년..
3. 그렇지만 또 400의 배수는 윤년이다. 예) 400년, 2000년, 2400년.
　　// 윤년은 4 로 나누어서 0 이면서 100으로 나누어서 0이 아닌 년이 윤년이다.
　　// 또한 400으로 나누어지면 윤년이다

실행결과

윤년을 확인할 년도를 입력하세요 ? 2016
2016 년은 윤년   !!!

실행결과

윤년을 확인할 년도를 입력하세요 ? 2017
2017 년은 윤년이 아닙니다 !!

C H A P T E R

6

C 언어의 핵심!
함수

C Programming Language

구성

학습목표

- 함수는 무엇이며 함수의 기본개념을 알아본다
- C 에는 함수 호출 시 인수를 전달하는 방법을 알아본다.
- 함수의 리턴 값(return value) 이 무엇인지 알아본다.
- 함수의 원형(Prototype)은 무엇이고, 왜 함수를 호출하기 전에 선언해야 하는지 알아본다
- 순환(재귀) 함수가 무엇인지 알아본다.

SECTION 1

함수(function)는 무엇인가?

C 프로그램은 함수의 집합이다. 일반적인 **응용프로그램은 관련이 있는 함수의 집합**이다.

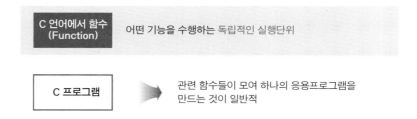

1.1 하나의 함수로 응용프로그램을 만들면 안되나 ?

학생정보를 관리할 응용프로그램은 다양한 기능을 처리해야 한다.

이러한 복잡한 일을 하나의 함수에 모두 구현하려면 다음과 같은 문제가 생길 수 있다.

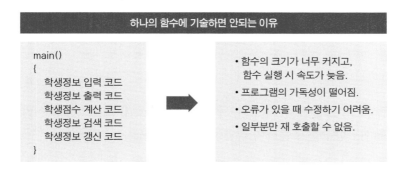

따라서 **여러 가지 기능들을** 처리하기 위해 **하나의 함수에 모든 기능을 기술하지 않고**, 필요한 기능들을 분석하여 **각각을 독립적인 함수에 분리하여 기술**(작성)하게 됨!

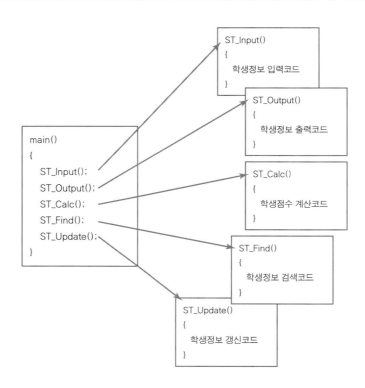

기능별로 함수를 나누어 기술해야 하는 이유

- 함수를 사용해서 논리적으로 독립된 단위로 나누어 구성하므로 함수의 크기가 작음.
- 만들어 놓은 함수(코드)는 기능별로 언제나 재 호출이 가능함.
- 의미 있는 영역(함수)으로 나누어 관리하기 때문에 가독성이 향상됨.
- 가독성이 좋아지기 때문에 유지보수 및 에러 검출이 용이함.

함수는 계층적으로 호출될 수 있으며, **구조적(Structured) 프로그래밍** 이란 함수 단위로 필요할 때마다 **함수를 호출하여** 작업을 처리하는 **구조**를 말한다.

1.2 함수 작성과 호출

C 프로그램은 함수 단위로 실행된다. 이때 함수의 호출관계를 살펴보자.

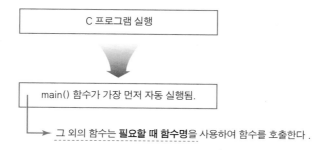

(1) 함수의 호출관계

부모함수의 호출에 자식함수는 실행되며 **자식함수는 자신의 블록을 실행한 후 종료되면 자신을 호출한 부모함수로 복귀**한다. 부모 함수는 자식함수가 **복귀되면 이후 코드를 계속 실행**하게 된다.

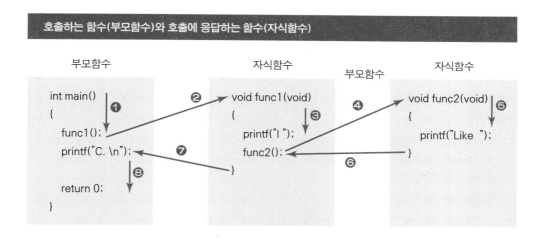

함수의 정의는 다음과 같이 **두 부분**으로 구분할 수 있다.

```
void func1(void)  ◀------- 함수의 헤더(함수의 형태, 원형(프로토타입))
{
        printf("I ");  ◀------- 함수의 바디(함수 실행부)
}
```

예제   함수는 다른 함수를 호출할 수 있다. 다음 내용을 확인해보자.

함수 선언과 정의, 6_1

```
1    #include <stdio.h>
2    void func1(void) ;    ◄---┐
3    void func2(void) ;    ◄---┘  함수 선언
4
5    int main()
6    {
7        func1();    ◄---- 함수호출
8        printf("C !!! \n\n");    ◄
9
10       return 0;
11   }
12
13   void func1(void)
14   {
15       printf("I ");
16       func2();    ◄---- 함수호출
17   }
18
19   void func2(void)
20   {
21       printf("Like ");
22   }
```

① 호출
② 호출
③ 복귀
④ 복귀
함수정의
함수정의

코드분석

2~3 : **함수선언문**이다. 함수는 변수처럼 **사용하기 전에 미리 선언**해야 한다. 함수는 호출하기 전에 선언하며, 선언형식은 함수정의 중 함수헤더를 선언하면 되며, 선언문은 명령이므로 ";"으로 **끝나야** 한다.

7 : main()함수에서 func1()함수를 호출한다. 프로그램의 **제어는 func1() 함수를 실행**하므로 13행으로 이동된다.

15 : printf()에서 "I"를 출력한다.

16 : func1()함수는 func2()함수를 호출한다. 프로그램의 **제어는 func2() 함수를 실행**하므로 19행으로 이동된다.

21 : printf()에서 "Like"를 출력한다.

22   : func2() 함수는 종료되고 자신을 호출한 **부모함수로 복귀**한다. 복귀는 부모함수가 호출한 다음 명령이다. 즉 17행이 된다.

17   : func1() 함수는 종료되고 자신을 **호출한 부모함수로 복귀**한다. 8행이 된다.

8   : printf()에서 "C"를 출력하고 **main() 함수는 종료**된다.

실행결과

```
I Like C !!!
```

main 함수 : 가장 먼저 실행하는 함수로 다른 함수들의 최상위 부모함수!

- main()이 호출하는 함수는 main()의 자식함수가 되며, **자식함수 항상 부모 함수로 복귀**하므로 결국 **가장 마지막에 되돌아오는 함수가 main()이 됨**
- 즉 main()은 가장 먼저 실행되고, 가장 마지막에 종료되는 함수

(2) 다양한 형태의 함수

C 프로그램들은 **많은 함수를 포함**할 수 있으며 다음 형식은 여러 함수를 포함하는 일반적인 형식이다.

하나의 응용프로그램에서 함수는 서로 구별되는 이름을 가짐

이유

함수 사용시 함수이름으로 구별하기 때문

여러 함수의 형식

```
/* 헤더 파일들 기술 */
return-type main(parameter-list)
{
    Statement ...
}
return-type f1(parameter-list)
{
    Statement ...
}
... .
return-type fn(parameter-list)
{
    Statement ...
}
```

함수의 동작원리

- **함수는 전달인자**를 가질 수 있으며, 무엇인가 처리하여 **값을 반환하는** 행위

다음의 Out() 함수는 X, Y를 전달인자 **값**으로 받아들인 뒤, 두 **수의 차인 Z인 반환 값**을 갖는 기능이다.

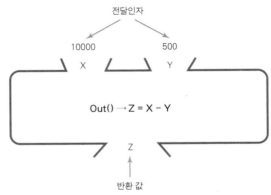

- X, Y는 부모함수로부터 전달받을 전달인자이며, Z는 부모함수에게 반환될 값

2.1 지역(local) 변수란?

함수 안에 선언된 변수는 모두 지역변수이다. 이 변수는 자신이 선언된 함수에서만 사용 가능하다. 즉 다른 함수에서는 사용될 수 없다. 이때 A() 함수에서 선언된 변수의 값을 B() 함수에서 꼭 사용해야만 한다면 어떻게 할까? 이때 함수의 인수(전달인자) 사용에서 가능하게 한다.

전달인자를 갖는 함수, 6_2

```
1    #include <stdio.h>
2
3    void funcA();
4    void funcB(int age);
5
6    int main()
7    {
8        int age = 27; //지역변수 : 자신이 선언된 함수에서만 사용
9
10       printf("main() age : %d \n", age);
11       funcA();
12       funcB(age); //지역변수를 다른 함수에서 사용하려면 실인수 전달
13
14       return 0;
15   }
16
17   void funcA()
18   {
19       //printf("funcA() age : %d \n", age);
20       //다른 함수의 지역변수 사용불가
21   }
22
23   void funcB(int age)   //12행에서 전달한 실인수를 가인수 age에
24                           저장하여 사용가능 하게 한다.
25   {
26       printf("funcB() age : %d \n", age);   //age 변수 사용가능
27   }
```

실행결과

```
main() age : 27
funcB() age : 27
```

다양한 변수의 범위는 Chapter07 기억클래스에서 자세히 다루게 된다.

2.2 함수의 인수 사용

함수는 구현하고자 하는 **함수의 특성에 따라 전달 인자**를 가질 수 있다. 전달인자는 여러 개(약 30개) 전달될 수 있다.

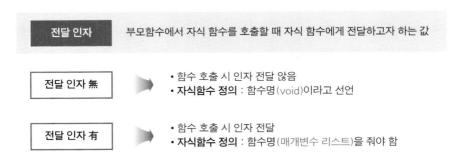

■ 함수의 정의

반환형 **함수명**(데이터형 매개변수1, 데이터형 매개변수2 …); ◀--- 전달인자가 있는 경우

반환형 **함수명**(void); ◀--- 전달인자가 없는 경우

예제 함수 호출 시 부모함수의 실인수는 자식함수의 가인수인 매개변수에 자동 대입된다.

전달인자를 갖는 함수, 6_3

```
1    #include <stdio.h>
2
3    void func1(void);
4    void func2(int sal, int month);
5
6    int main()
7    {
8        int salary = 2700000; ◀---- 지역변수(자신이 선언된 함수에서만 사용)
9
10       func1(); ◀---- 무인수
```

```
11        func2(salary, 12);     ◀ - - - - 실인수(전달인자)
12
13        return 0;
14    }                          ◀ - - - -
                                        실인수는 가인수에 전달
15
16    void func1(void)
17    {
18        printf("성명 : 안재은 \n");
19    }
20
21    void func2(int sal, int month)    ◀ - - - - 가인수(매개변수)
22    {
23        printf("월급 : %d, 연봉 : %d \n", sal, sal * month );
24    }
```

코드분석

8   : **함수 안**에 선언된 변수는 **지역변수로 자신이 선언된 함수에서만 사용할 수 있다. salary 변수를 다른 함수에서 사용**하려면, 함수를 호출할 때 **부모함수가 변수를 전달할 수** 있다.

10 : func1() 함수를 호출한다. 이때 인수를 전달하지 않는다.

16 : 10행에 의해 func1() 이 실행된다. 부모 함수에서 인수를 전달하지 않으므로 **함수명(void)** 가 된다.

19 : func1() 함수가 종료되면 부모함수로 복귀한다.

11 : func2() 함수를 호출한다. 이때 실인수로 정수 2개를 전달한다. **부모함수가 전달하는 값을 실인수**라 한다.

21 : 11행에 의해 func2()가 실행된다. 부모 함수에서 전달한 실인수를 저장하기 위해 **함수명(매개변수)**를 준다. 매개변수(parameter list)는 실인수를 저장할 변수명과 자료형이 된다. **매개변수(parameter list)를 가인수**라 한다.

23 : **월급**을 전달받은 **매개변수를 이용하여 연봉**을 계산한다.

실행결과

```
성명 : 안재은
월급 : 2700000,  연봉 : 32400000
```

⏳ TIP 함수 인자전달 시 주의사항

실인수(전달인자)와 **가인수**(매개변수)는, 인수의 **개수**와 **자료형**이 **반드시 같아야** 한다.

2.3 값을 반환하는 함수

C 언어에서 자식 함수는 그 함수의 호출 부분으로 값을 반환할 수 있다. 함수 작성 시 return 문을 사용해 값을 반환한다.

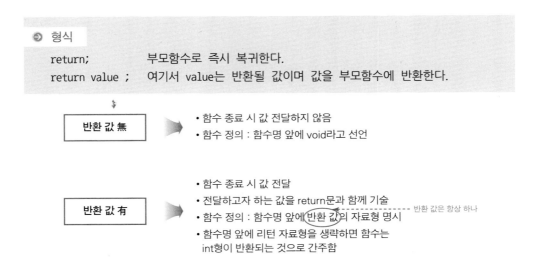

■ 함수 정의

■ return 형식

```
return  100;  ◄-------- 값 반환
return  3 * 5; ◄----- 연산의 결과 반환
return  10> 5; ◄----- 관계연산 결과 반환
return ; ◄----------- 반환 값이 없는 경우
```

| 예제 | func2 () 함수는 부모 함수에 값을 반환한다. 부모함수는 반환된 값을 출력한다.

값을 반환하는 함수, 6_4

```
1    #include <stdio.h>
2
3    void func1(void);
4    int func2(int salary);
5
6    int main()
7    {
8        int salary=5700000, result;
9
10       func1();
11
12       result=func2(salary);
13       printf("이번달 수령액: %d \n", result);
14
15       return 0;
16   }
17
18   void func1(void)  ◀---------- 반환 값이 없는 함수
19   {
20       char ch;
21
22       printf("성명 : 지드래곤 \n");
23
24       return ;   //func1() 즉시 종료하고 부모함수로 복귀(생략가능)
25   }
26                    ┌---------------- 반환 자료형
27   int func2(int salary)  ◀---------- 값을 반환하는 함수
28   {
29       return (salary + 250000);  ◀---------- 반환 값
30
31
32
33   }
```

코드분석

10　　　: func1() 함수를 호출한다.

18　　　: 10행에 의해 func1()이 실행된다.

22~24　: 성명을 출력한 뒤 **인자가 없는 return문은 호출한 부모함수로 즉시 복귀**한다.

12　　　: func2() 함수를 호출한다.

result = func2(salary);

↑　　　　↑
　　　　　└-- 함수 먼저 수행

함수가 반환하는 값은 함수가 복귀된 후 return value를 저장한다.

29　　　: func2() 함수는 **return 문과 함께 하나의 값을 반환**할 수 있는데 이를 **return value**라고 한다.

result (salary + 50000;◀---- 반환 값

27　　　: 자식함수는 부모함수에게 **반환할 자료형을 함수명 앞에 반드시 명시**해야 한다.

　　　　　　　　　　　　　　　　반환 자료형
　　　　　　↓
int func2(int salary) ◀---- 값을 반환함수

12　　　: func2()에서 반환된 값(salary+250000)을 result 변수에 저장하여 13행에서 출력한다.

실행결과

성명 ： 지드래곤
이번 달 수령액: 5950000

⧖ **TIP** main() 함수의 return 값!!

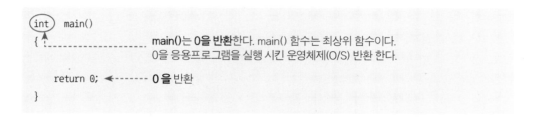

(int)　main()
{　↑
　└------------------ main()는 **0을 반환**한다. main() 함수는 최상위 함수이다.
　　　　　　　　　　　　0을 응용프로그램을 실행 시킨 운영체제(O/S) 반환 한다.

　return 0; ◀------- **0을** 반환

}

SECTION 3

함수는 호출하기 전에 왜 선언 하는가?

함수는 호출하기 전에 함수 선언을 통해 함수의 원형(Prototype)을 컴파일러에게 알린다. 이유를 알아보자.

3.1 함수 선언과 정의

함수 정의는 함수를 생성(함수의 실행 몸체)하는 것이고, **함수의 선언**은 컴파일러에게 함수의 형식을 알리는 것이다.

■ 함수 선언과 정의
- **선언(Declaration)** : 함수의 원형(형식)을 명시
- **정의(Definition)** : 함수를 실행하기 위한 실행부

함수는 정의하면 필요할 때 마다 호출하게 되는데, **함수를 호출하기 전** 함수의 원형(형식)을 선언하여 **컴파일러에게 함수의 형식을 알려주어야 한다.** 함수를 선언하는 이유를 알아보자.

memo

3.2 main() 함수가 자식 함수보다 먼저 정의 되는 경우

대부분의 프로그램을 보면 main() 함수가 먼저 정의되고 자식 함수들은 이후에 정의된다.

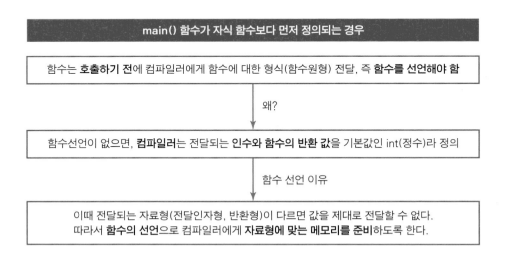

즉 함수를 **호출하기 전 컴파일러**에게 함수가 어떤 인수를 가지고 호출되며, 반환 형이무엇인지에 대한 정보를 미리 알려주어야 한다. 즉 **함수를 선언**해야 한다.

예제 함수를 선언해야 하는 경우

함수선언(필요한 경우), 6_5

```
1    #include <stdio.h>
2
3    float func1(int salary);  ◄---------- 함수 선언
4
5    int main()
6    {
7        int salary = 2700000;
8
9        printf("월급: %d, 세금: %.2f, 실 수령액: %.2f \n",
```

```
10                        salary, func1(salary) ,  salary - func1(salary) );
11                            ①        ②         ③          ④
12       return 0;
13   }
14   ┌---- 반환될 자료형
15   float  func1(int salary)
16   {
17       return  salary * 0.037567;  ◄-------- 반환 값
18   }
```

코드분석

3   : 함수를 호출하기 전에 함수 호출 정보를 컴파일러에게 전달하기 위해 **함수를 선언**한다.

10   : func1() 함수를 호출한다.

15   : 10행에 의해 func1() 이 호출된다.

17   : 계산 된 세금을 반환한다. 이때 반환 자료형이 실수이다. 따라서 함수명 앞에 반환 자료형인 float 를 명시한다.

10   : 자식함수로부터 반환 받은 세금을 출력한다.

실행결과

> 월급: 2700000, 세금: 101430.90, 실 수령액: 2598569.00

만약 위 예제에서 **3행**인 함수의 **선언문이 생략**된다면 결과는?

```
3   // float func1(int salary);   ◄---------- 함수 선언 주석
```

코드분석

3   : 함수 선언을 생략하고 프로그램을 실행해 보자.

17   : 함수는 실수형 결과를 계산하였지만 함수선언이 없어 컴파일러는 정수 값을 기다리는 구조가 된 다. 따라서 **함수 전달인자 자료형 불일치로 인해 결과는 제대로 전달될 수 없게** 된다. **정수가 아닌 값이 정확하게 부모함수에게 전달 되어야 할 경우 이는 중요한 오류가** 된다.

실행결과

> 월급: 2700000, 세금: 0.00, 실 수령액: 0.00 ◄---------- 값은 제대로 반환될 수 없다.

3.3 자식 함수가 main() 함수보다 먼저 정의 되는 경우

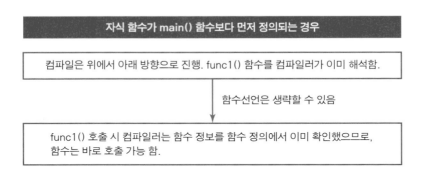

즉, 함수를 **호출하기 전에 정의된다면**, **컴파일러**는 함수가 어떤 인수를 가지고 호출되며, 반환 형이 무엇인지에 대한 정보를 이미 해석하게 된다. 따라서 **함수의 선언은 생략될 수 있다.**

▌ 예제 ▌ 함수 선언이 생략되는 경우

함수선언(생략가능), 6_6

```
1    #include <stdio.h>
2
3    float func1(int salary)
4    {
5        return salary * 0.037567 ;          반환 값
6    }
7                    ①      ②      ③      ④
8    int main()
9    {
10       int salary = 2700000;
11
12       printf("월급: %d, 세금: %.2f, 실 수령액: %.2f \n",
13           salary, func1(salary), salary - func1(salary) );
14
15       return 0;
16   }
```

코드분석

3~6   : func1() 함수를 정의한다.

13   : func1() 함수를 호출한다. 함수를 호출하기 전 함수 정의로 컴파일러는 func1() 의 반환 값이 실수
        형임을 확인하게 되므로, 함수는 선언될 필요가 없다.

실행결과

월급: 2700000, 세금: 101430.90, 실 수령액: 2598569.00

TIP 함수의 원형은 무엇이며, 함수의 원형을 사용할 때 좋은 점은 무엇인가?

함수의 원형	함수와 관련된 3가지 성질을 선언하는 것 • 함수의 반환형 • 매개변수의 수 • 매개변수의 형
함수 원형의 형식	type function_name(type para1, type para1, ⋯ , type paraN);

■ 함수의 원형 및 사용시 좋은 점

• 원형은 컴파일러에게 함수의 반환형을 알려줌.

• 컴파일러는 원형을 이용해 함수 호출에 사용되는 인수의 형과 매개변수의 형이 일치하는지 확인가능

• 컴파일러는 함수에 전달될 인수의 수가 매개변수의 수가 같은지 확인가능

함수 원형은 꼭 필요한 것은 아니지만 원형을 사용함으로써 프로그램이 실행되기 전, 컴파일 과정에서 함수 원형에 위배되는 내용의 에러를 찾을 수 있고 방지할 수 있음.

물론 함수 원형이 선언되지 않았다면 프로그램이 실행될 때 오류가 발생하거나 인수와 매개변수 사이의 자료형의 불일치로 인하여 잘못된 실행이 될 수 있다는 것임. 이러한 불확실한 프로그램의 실행보다는 함수의 원형을 선언함으로써 컴파일 과정에서 오류를 미연에 방지할 수 있다는 점임.

즉, **함수의 원형은 더욱 안전하고 신뢰성 있는 프로그램을 작성**하도록 도와주는 역할을 하며, 현재의 함수 원형의 사용은 의무사항은 아니지만 **ANSI C의 미래의 표준안에서는 의무화**할 예정임.

3.4 표준 라이브러리 함수 호출 시 헤더파일은 왜 선언하나?

일반적으로 **시스템 헤더파일(~.h)**은 호출할 **함수에 대한 선언**이 들어있고, **함수에 대한 정의는 라이브러리**로 구현해 놓은 것이 일반적인 관례이다. 따라서 **라이브러리 함수를 사용(호출)**하려면 함수를 선언해야만 하는데 바로 호출할 함수 원형이 헤더파일에 들어있다.

표준 라이브러리 함수 호출시 헤더파일은 왜 선언하나?

시스템 헤더파일(~.h) : **호출 할 함수에 대한 선언 포함**

함수에 대한 정의 : 라이브러리로 구현

라이브러리 함수 사용시 **함수 선언 필요**

따라서 **사용자가 라이브러리 함수를 사용 시 그 함수의 원형이 선언된 헤더파일을 삽입**해야 한다.

헤더파일을 선언하지 않아 생기는 라이브러리 함수 호출이 예를 보자. **sqrt()** 라이브러리 함수는 **인자의 제곱근을 구하여 반환**하는 함수이다. 반환 값은 double형이다.

> **예제**   라이브러리 함수 호출 시 헤더파일 선언

라이브러리 함수 호출, 6_7

```
1    #include <stdio.h>
2    #include <math.h>   ◀---------- 수학함수의 원형이 선언되어 있는 헤더파일
3
4    int main()
5    {
6        int num;
```

```
7         double result;

8

9         printf("input number ? ");

10        scanf("%d", &num);

11        result = sqrt((double)num);  ◄---------- 라이브러리 함수(제곱근을 반환)

12        printf("%d의 제곱근 : % lf \n", num, result );

13

14        return 0;

15   }
```

코드분석

2   : sqrt() 함수를 호출하기 위해 수학함수의 원형이 선언되어 있는 〈math.h〉 헤더파일을 선언한다.

11   : sqrt() 함수를 호출한다. 인자의 제곱근을 구하여 result에 반환한다.

12   : 반환한 제곱근을 출력한다.

실행결과

```
input number ? 10
10의 제곱근 :   3.162278
```

만약 2행의 〈math.h〉 헤더파일을 선언하지 않으면 결과는?

```
// #include 〈math.h〉  ◄---------- 주석처리
```

코드분석

2   : 〈math.h〉 헤더파일을 선언을 주석 처리한다. 즉 **함수의 선언문이 생략된 것**과 같다.

11   : sqrt() 함수를 호출한다. 인자의 제곱근을 구하여 result에 반환한다. 이때 컴파일러는 함수의 원형을 알지 못하므로 **컴파일러가 기대하는 자료형(int)과 함수가 반환하는 자료형(double)의 불 일치**가 일어나게 된다. 따라서 반환 값은 보장받을 수 없다.

12   : **오류가 있는 제곱근을 출력**한다. 따라서 **라이브러리 함수를 호출하기 전에 반드시 함수의 원형이 포함된 헤더파일을 선언**해야 한다.

실행결과 ◄----------- 헤더파일을 선언하지 않을 때 발생하는 문제(실행결과 보장받지 못함)

```
input number ? 10
10의 제곱근 :   1076101759.000000
```

순환(재귀) 함수

C 프로그램에서 함수는 또 다른 함수를 호출할 수 있다. 이때 호출할 함수가 자신이 아닌 다른 함수를 호출하는 것이 일반적이지만 C 언어는 **자신의 함수도 재 호출할 수 있다.** 이를 **순환(recursion) 함수**라 부른다. 즉, **순환이란 함수가 자기 자신을 호출하는 것**을 말한다.

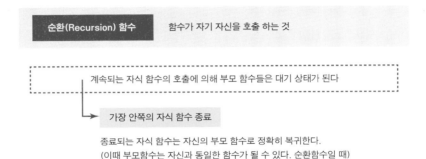

순환(Recursion) 함수 · 함수가 자기 자신을 호출 하는 것

계속되는 자식 함수의 호출에 의해 부모 함수들은 대기 상태가 된다

가장 안쪽의 자식 함수 종료

종료되는 자식 함수는 자신의 부모 함수로 정확히 복귀한다.
(이때 부모함수는 자신과 동일한 함수가 될 수 있다. 순환함수일 때)

예제 순환함수를 이해하기 위해 다음 프로그램을 보자. 다음 프로그램의 결과는 무엇을 출력 하겠는가?

재귀함수, 6_8

```
1    #include <stdio.h>
2    void recurse(int i);
3
4    int main()
5    {
6        recurse(1);
7        printf("main() Terminating.. \n");
8
9        return 0 ;
```

```
10    }
11
12    void recurse(int i)
13    {
14        if(i <= 3)
15        {
16            recurse(i + 1);          자신의 함수를 되 부름
17            printf ("i : %d \n", i);
18        }
19        else
20            printf("함수 탈출 시작. \n");
21    }
```

코드분석

6   : recurse() 함수를 실인수 1과 함께 호출한다.

12   : recurse() 함수 실행된다. 변수 i 는 실인수를 저장한다.

14   : i 변수가 3보다 작거나 같으면 16행에서 i+1과 함께 자신의 함수를 다시 부른다. 이를 순환 함수라
         한다. i는 4가 될 때 부모함수로 복귀를 시작한다.

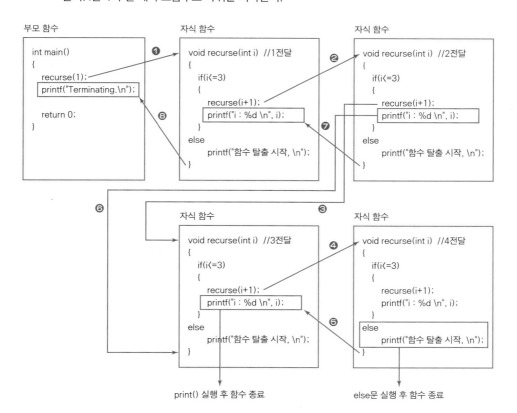

실행결과

```
함수 탈출 시작.
i : 3
i : 2
i : 1
main() Terminating..
```

Quiz 1부터 5까지의 합을 구하는 프로그램을 재귀 함수로 작성하려고 한다. 빈 곳을 채워보자.

6_8_Quiz.c

```
1    #include <stdio.h>
2    int sum_func(int count);
3
4    int main()
5    {
6        printf("1 부터 5까지의 합: %d \n", sum_func(1));
7
8        return 0 ;
9    }
10
11   int sum_func(int count)
12   {
13       if(_____)  ◄---------- 재귀함수를 호출할 조건
14           return count +  _____ ;  ◄---------- 재귀함수 호출
15       else
16           return count;
17   }
```

코드분석

6   : 합을 구할 **sum_func ()** 함수를 실인수 1과 함께 호출한다.

11   : **sum_func ()** 함수 실행된다. 변수 count 는 실인수를 저장한다.

13   : count 변수가 5보다 작으면 14행을 실행한다.

14   : count 값을 반환해야 하지만 연산식에 의해, 자신의 함수를 count+1과 함께 호출한다. 이렇게 계
        속되는 호출은 count가 4가 될 때까지 계속된다.

16   : count가 5 될 때 이전의 return 값과 5을 함께 반환하게 된다.

실행결과

1 부터 5까지의 합: 15

sum_func()의 호출과정이다.

요약정리(Summary) ◇◇◇◇◇◇◇◇◇◇◇◇◇

함수란

- C 프로그램은 함수의 집합임(함수(function)는 어떤 기능을 수행하는 독립적인 단위).

- 함수 사용시 함수이름으로 구별하기 때문에 C 프로그램들은 많은 함수를 포함할 수 있음.

- **함수 작성과 호출**
  - C 프로그램을 실행하면 main() 함수는 가장 먼저 자동 실행됨.
  - 그러나 그 외 함수는 함수명으로 호출할 때 실행됨.
  - C 의 모든 함수는 호출하는 함수(부모함수)와 호출에 응답하는(자식함수) 함수들이 위의 규칙에 따라 실행됨.

함수의 동작 원리

- 함수 : 입력 값을 가질 수 있으며 무엇인가 처리해 출력 값을 가지는 행위임.

- **함수의 인수 사용**
  - 함수는 구현하고자 하는 함수의 특성에 따라 전달 인자를 가질 수 있음.
  - 이는 부모함수에서 자식함수를 호출할 때 자식함수에게 전달하고자 하는 값임.
  - 인자는 여러 개(약 30개)를 전달할 수 있음.

전달인자 無	함수 호출 시 인자를 전달하지 않으며, 이때 자식 함수 정의는 함수명(void)이라 선언
전달인자 有	함수 호출 시 인자를 전달하며, 자식 함수 정의는 함수명을 줘야 함.

순환(재귀) 함수

- C 프로그램에서 함수는 또 다른 함수를 호출가능

- 이때 호출할 함수가 자신이 아닌 다른 함수를 호출하는 것이 일반적이지만 C 언어는 자신의 함수도 재 호출가능하며 이를 순환(Recursion) 함수라 함.

- 즉 순환이란 함수가 자기 자신을 호출하는 것을 말함.

연습문제   ◇○□◇○□◇○□◇○□◇

[6-1] 다음의 물음에 답하라.

1.   부모함수에 반환 값이 없다면 함수명 앞에 (   )을 주어야 한다.

2.   부모함수가 자식함수를 호출할 때 전달하는 값을 (   ) 라 하며, 약 30개 까지 전달할 수 있다.

3.   자식함수가 부모함수에게 반환하는 값은 (   )개 이다. 이를 return value라 한다.

4.   함수는 호출하기 전에 (   ) 해야 한다. 이는 자료형의 불일치로 인해 함수의 오류를 막기 위함이다.

5.   함수 내부에서 자신의 함수를 호출하는 것을 (   ) 함수라 한다.

6.   return value 를 부모함수에게 전달하려면, 함수정의부의 함수명 앞에 return value 자료형을 명시해야 한다.
     (O , X)

7.   부모에게 전달되는 실인수를 자식함수에서 사용하기 위해 함수명(매개변수리스트)을 사용하여 값을 복사
     받는다. (O , X)

8.   C 언어는 함수 내부에서 자신의 함수를 호출할 수 없다. (O , X)

[6-2] 다음 프로그램의 실행결과는 무엇인가?

```
float func(int a, int b);
int main()
{
        int a = 10, b = 3;
        printf("%.2f \n", func(a, b));
}
float func(int a, int b)
{
        return (float)a / b ;
}
```

① 3.33   ② 3

③ 3.00   ④ 3.333333

연습문제

[6-3] 다음과 같은 리턴 값을 반환 할 때 함수 원형이 바르지 않은 것은 무엇인가?

① int f1(void); ⟨- return 10;

② void f2(void); ⟨- return ;

③ double f3(int); ⟨- return 10.0/3;

④ void f4(float); ⟨- return 10;

[6-4] 다음 프로그램에서 main() 함수의 age 변수는 10을 출력하려고 한다. 잘못된 곳이 어디인가?
(모두 선택)

```
1    #include <stdio.h>
2    int main()
3    {
4       int age;
5
6       age = myfunc();
7       printf("age : %d \n", age );
8
9       return 0 ;
10   }
11
12   void  myfunc()
13   {
14       int my_age;
15       my_age = 10;
16   }
```

① main()과 myfunc() 함수명에 선언된 변수명은 달라도 된다.

② myfunc() 함수 정의가 잘못되었다.

③ myfunc() 함수에서 값을 반환하지 않는다.

④ 6행은 문법적으로 바르지 않다.

◇□◇□◇□◇□◇□◇□◇□◇□

[6-5] 1부터 입력된 수 num 까지의 합을 구하는 함수를 재귀함수로 만들어 다음과 같이 출력하는 프로그램을 작성하라.

실행결과

```
합을 구할 값 ? 15
1 부터 15까지의 합: 120
```

[6-6] 어떤 컵에 8온스(ounce)가 들어간다. 온스를 컵의 단위로 바꾸는 프로그램을 작성하라. 이때 온스는 main() 에서 ounce 정수형 변수에 입력 받고, 그 값을 to_cup() 함수로 전달한다. to_cup() 함수에서 컵의 단위로 계산하여 출력하라. 이때 컵에 채워지지 않는 용량은 1컵으로 처리한다.

실행결과

```
50 온스는 7 컵이다      ◀--------- 첫 번째 실행
48 온스는 6 컵이다      ◀--------- 두 번째 실행
```

[6-7] 다음 프로그램은 어떤 수의 순열(factorial)을 구하는 프로그램이다. 어떤 수의 순열은 그 수보다 작으며 1보다 큰 정수들을 모두 그 수와 곱함으로써 얻어진다. 예를 들어 7의 순열은 7*6*5*4*3*2*1 이다. 하나의 수를 입력 받아 그 수의 순열을 구하는 fact() 함수를 순환 함수로 작성하였다. 빈 곳을 채워 완성하자.

```c
#include <stdio.h>
int fact(int i);

int main()
{
    int num, result;

    printf("input number ? ");
    scanf("%d", &num);
```

연습문제

```
        result = fact(num);
        printf("fact() -> %d! : %d \n", num , result);


    return 0;
}


int fact(int i)
{
```

◀----------- 순환함수로 구현

```
}
```

실행결과

```
input number ? 5
fact() -> 5! : 120
```

[6-8] 원의 넓이와 둘레를 계산하여 출력하는 프로그램을 작성하려고 한다. 빈 곳을 채워 완성하자.

[조건]

- main() 함수에서 반지름은 입력한다. PI는 매크로 상수로 선언한다.
- 원의 넓이는 area1() 함수에서 구하여 main() 에서 출력한다.
- 원의 둘레는 area2() 함수에서 구하여 main() 에서 출력한다.

[소스코드]

```
#include <stdio.h>

#define PI 3.14159

double area1(int r);
double area2(int r);
```

◇□◇□◇□◇□◇□◇□◇

```
int main()
{
    int radius;

    printf("반지름 ? ");
    scanf("%d", &radius);

    printf("원의 넓이 : %lf \n", [                    ]  //함수호출
    printf("원의 둘레 : %lf \n", [                    ]  //함수호출

    return 0;
}


//원의 넓이 함수 구현




//원의 둘레 함수 구현
```

실행결과

```
반지름 ? 7
원의 넓이 : 153.937910
원의 둘레 : 43.982260
```

C Programming Language

C H A P T E R

7

기억 클래스

C Programming Language

구성

학습목표

- 변수의 범위와 메모리 할당구조를 알아본다
- 전역 변수와 지역 변수의 차이점을 알아본다
- static 수정자와 exterm 수정자에 대한 개념과 필요성을 알아본다.

SECTION 1

변수와 메모리 저장위치

실행파일을 실행 시키면 파일은 운영체제에 의해 필요한 영역을 할당 받게 된다. **프로그램이 실행되는 동안을 프로세스라 하며** 프로세스는 메모리의 영역을 할당 받아 실행되다가 프로그램이 종료되면 그 영역은 운영체제에게 제어권이 넘어가게 된다.

실행파일을 실행 시 파일은 운영체제에 의해 필요한 영역을 할당 받음!

프로세스	메모리 영역 할당 후 실행

다음은 **프로세스 실행 시 메모리의 서로 다른 영역에 데이터를 저장**함을 보여준다.

프로세스의 구조

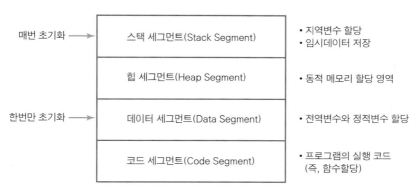

프로그램에 선언된 변수 중 **전역변수와 정적변수는 데이터 세그먼트**에, **지역변수는 스택 세그먼트**에 할당 받는다. 메모리에 할당된 **변수의 주소를 확인하기 위해 "&"인 주소연산자**를 사용할 수 있다.

스택 세그먼트	➡	• 재활용되는 공간 • 지역변수는 생성과 소멸 반복 • 변수가 할당된 영역은 0을 보장 받지 못함. • 재활용 공간이므로 어떤 값이 남아 있을지 모름.
데이터 세그먼트	➡	• 한 번 변수가 할당되면 프로세스가 종료될 때까지 변수 영역은 소멸되지 않음. • 프로그램이 종료될 때 까지 변수는 값 유지 가능 • 변수가 할당된 영역은 항상 0부터 시작함.

■ 변수의 범위(Scope)와 생존시간(Life Time)

범위(Scope)란 변수를 접근할 수 있는 영역, 즉 변수를 사용 가능한 영역을 말한다. 이를 가시성(Visibility) 이라고도 한다. **생존시간(Life Time)**은 변수가 메모리에 얼마나 오랫동안 남아있는지를 뜻한다.

변수의 범위와 생존시간은 선언위치, 변수 선언 시 형 수정자에 따라 달라진다. **변수의 종류는 지역변수, 전역변수, 정적변수**가 있다.

SECTION 2

지역(local) 변수

프로그램에서 가장 많이 사용되는 변수로 함수 안에서 선언되고 함수 내에서 참조된다. 지역변수는 **함수가 호출될 때 생성**되고, **함수가 종료될 때 소멸**된다.

⊕ 예문1

```
void  func1()
{
    int count = 100;  ◀------ 지역변수 선언(함수 호출 시 할당)
    printf("count : %d \n", count);
}  ◀------ 함수 종료 시 지역변수는 소멸된다.
```

⊕ 예문2

```
void  func1 ( int count )  ◀------ 매개변수는 지역변수이다
{
    printf("count : %d \n", count);
}  ◀------ 함수 종료 시 지역변수는 소멸된다.
```

실인수를 전달받는 매개변수 **역시 자식함수에서 사용되는 지역변수**이다. 부모함수의 값을 전달 받지만 자식함수가 종료될 때 소멸된다

지역변수의 특징	**1** 다른 함수에서 선언한 지역변수에 접근할 수 없음
	2 다른 함수에서 동일한 변수명 사용 가능(하지만 서로 다른 변수)
	3 부모함수에서 선언된 지역변수를 자식함수에서 사용하기 위해 부모함수가 실인수 전달
	(함수의 매개변수 : 함수 내에서만 사용하는 지역변수)

(1) 함수 내부에 선언되며, 다른 함수에서 선언한 지역변수에 접근할 수 없다.

예제   지역변수는 변수가 선언된 함수 안에서만 사용할 수 있다.

지역변수1, 7_1

```
1    #include <stdio.h>
2    void func1(void);
3
4    int main()
5    {
6        int count = 50;   ◄------ 지역변수
7
8        printf("main() count:%d, %p \n", count, &count);
9        func1();
10
11       return 0;
12   }
13
14   void func1(void)                          오류, 다른 함수의 지역변수를 사용할 수 없다
15   {                                                      ⋮
16       printf("\nfunc1() count:%d, %p \n", count, &count);
17   }
```

코드분석

6   : main()함수에서 count는 지역변수로 선언되며 50이 저장된다.

8   : main() 함수에 선언된 지역변수 count의 값과 주소를 출력한다.

9   : func1()을 호출한다.

16   : 오류이다. 다른 함수에서 선언된 지역변수를 사용할 수 없다.

■ 컴파일시 오류

1)c:\users\김원선\desktop\연두에디션_c\source\ch07\7_01.c(16): error C2065: 'count' : 선언되지 않은 식별자입니다.

(2) 다른 함수에서 동일한 변수명을 사용할 수 있다.

예제 지역변수는 같은 이름이라도 함수가 다르면 **다른 변수**이다.

지역변수2, 7_2

```
1   #include <stdio.h>
2   void func2(void);
3
4   int main()
5   {
6       int count = 50;  ◀------ 지역변수
7
8       printf("main() count:%d, %p \n", count, &count  );
9       func2();
10
11      return 0;
12  }
13
14  void func2(void)
15  {
16      int count = 150;  ◀------ 지역변수
17
18      printf("\nfunc2() count:%d, %p \n", count, &count );
19  }
```

서로 다른 주소의 변수

코드분석

6   : main()함수에서 count는 지역변수로 선언된다.

8   : main() 함수에 선언된 지역변수 count의 값과 주소를 출력한다.

9   : func2()을 호출한다.

16   : func2() 함수에서 **count변수가 지역변수로 선언**된다. **함수가 다른 경우 변수명이 같아도 서로 다른 변수**이다. 즉 변수가 저장되는 메모리 주소가 다르다.

18   : func2() 함수의 지역변수 count를 출력한다. 이때 **main()의 count 변수와 주소가 다름을 확인**하자. **이 변수는 func2() 함수가 종료될 때 소멸**된다.

```
main() count:50, 00B9FD70
func2() count:150, 00B9FC90
```

(3) 지역변수를 다른 함수에서 사용할 수 있다.

부모함수에서 선언된 지역변수를 자식함수에서 사용하기 위해 함수 호출 시 **실인수를 전달**한다. **자식함수는 매개변수**를 두어 실인수를 저장한다. 매개변수는 함수 내에서만 사용하는 지역변수이다.

예제 함수의 매개변수는 지역변수이다.

지역변수3, 7_3

```
1    #include <stdio.h>
2    void func3(int count);
3
4    int main()
5    {
6        int count = 50;  ◄------ 지역변수
7
8        printf("main() count:%d, %p \n", count, &count );
9        func3 ( count );  ◄------ 실인수 전달
10       printf("\nmain() count:%d, %p \n", count, &count);
11
12       return 0;
13   }                      ┊ 값 전달
14
15   void func3(int count)  ◄------ 매개변수(매개변수는 지역변수)
16   {
17       printf("\nfunc3() count:%d, %p \n", count, &count );
18       count = 1000;  ◄------ 부모함수의 실인수에 영향을 주지 않음
19   }
```

서로 다른 주소의 변수

코드분석

6 : main()함수에서 count는 지역변수로 선언된다.

8 : main() 함수에 선언된 지역변수 count의 값과 주소를 출력한다.

9 : func3()을 호출한다. **count 값을 실인수로 전달**한다.

15 : 실인수 값 50을 가인수인 **매개변수 count에 저장**된다. 가인수는 func3()에서만 사용하는 지역변수로 메모리 할당을 받으며, 이 **변수는 func3() 함수가 종료될 때 소멸**된다. **실인수의 주소와 다름**을 확인한다.

> *가인수의 이름은 실인수의 변수명과 다를 수 있으며, 코드의 가독성을 위해 같은 이름을 쓰는 경우가 많다.*

18 : **가인수의 값을 변경**한다. 이 값의 변화는 **부모함수 실인수에 영향을 줄 수 없다.**

10 : main() 함수는 자신의 함수에서 선언된 지역변수를 출력한다.

실행결과

```
main() count:50, 00CFFDB8
func3() count:50, 00CFFCE4
main() count:50, 00CFFDB8
```

함수 내에서 선언되는 지역변수는 블록의 시작부분에서 선언된다. 주로 함수를 정의하는 블록의 시작부분에 선언하지만 반드시 그래야 하는 것은 아니다. 즉, **하나의 함수 안에서도 블록 안과 블록 밖을 구분할 수 있다**는 점이다.

예제 블록 내에 선언된 변수와 블록밖에 선언된 변수를 구분하여보자.

블록 내에 선언된 변수, 7_4

```
1   #include <stdio.h>
2
3   int main()
4   {
5       int a = 100, b = 200;   ◄------ 지역변수(함수 안에서 사용)
6
7       printf("outer block : %d, %d \n", a, b);
8       {
```

```
9              int a = 300;  ◄------ 지역변수(block 안에서만 사용)

10

11          b = 400;  ◄------ 5행의 지역변수 사용

12          printf("inner block : %d, %d \n", a, b);

13      }

14      printf("outer block : %d, %d \n", a, b);

15

16      return 0;

17  }
```

코드분석

5 : 지역변수 a, b를 선언한다.

9 : 지역변수 a 가 선언된다. 이때 5행의 a 변수와는 서로 다른 주소에 할당되는 변수가 된다. 이 변수
는 **8행의 block으로 인하여 13행을 벗어나지 않는 범위에서만 사용한다.** 13행을 빠져나오면 9행
의 a변수는 소멸된다.

11 : 5행에 선언된 변수 b를 사용한다.

14 : 5행에 선언된 변수 a, b를 사용한다.

실행결과

```
outer block : 100, 200
inner block : 300, 400
outer block : 100, 400
```

memo

SECTION 3

전역(Global) 변수

전역변수는 함수 외부에 선언되며, 프로그램 전체에 걸쳐 유효하고 프로그램 어디에서나 전역변수를 사용할 수 있다. **전역변수**는 프로세스 영역 중 **Data Segment에 저장**되며 이 영역은 **프로세스가 종료될 때**까지 할당된 **데이터는 소멸되지 않는 영역**이다.

| 전역변수의 특징 | **1** 프로그램이 종료될 때까지 값을 지우지 않음 |
| | **2** 하나의 변수를 모든 함수가 공유 |

예제   하나의 변수를 공유하는 전역변수를 확인해 보자.

전역변수 1, 7_5

```
1    #include <stdio.h>
2    void func1(void);
3
4    int salary = 2700000;  ◀------ 전역변수 선언
5
6    int main()
7    {
8        printf("main() salary:%d, %p \n", salary, &salary);  ◀------ 전역변수 접근
9        func1();
10       printf("\nmain() salary:%d, %p \n", salary, &salary);  ◀------ 전역변수 접근
11
12       return 0;
13   }
14
```

```
15  void func1(void)
16  {
17      printf("\nfunc1() salary:%d, %p \n", salary, &salary);  ◄------- 전역변수 접근
18      salary=salary+50000;  ◄-----------------------------------┘
19  }
```

코드분석

4   : **전역변수 salary를 선언**하고 값(2700000)을 저장한다.

8   : main()함수에 salary는 선언되지 않았다. **컴파일 해보면 오류가 발생하지 않는다.** 변수는 **자신의 함수 블록에 선언된 변수가** 아니라면, **데이터영역**(Data Segment)의 전역변수를 찾는다. **전역변수 salary가 선언되었으므로 전역변수를 사용**한다.

9   : func1()을 호출한다.

17 : **전역변수 salary에 접근**한다. **전역변수는 여러 함수가 하나의 변수를 접근**할 수 있게 한다. 이때 main()의 salary 변수와 func1()의 salary **변수의 주소가 같다.** 즉 **같은 변수를 공유함**을 알 수 있다.

18 : 전역변수 salary를 증가시킨다.

10 : main() 으로 복귀하여 salary를 출력한다. **변수는 마지막 값을 저장**하므로 func1()에서 증가한 값**을 출력**하게 된다.

실행결과

```
main() salary:2700000, 01027000
func1() salary:2700000, 01027000
main() salary:2750000, 01027000
```

| 전역변수의 특징 | ❸ 전역변수명과 지역변수명이 **같을 수 있으나 메모리에** 저장되는 영역이 다름 |

전역변수와 지역변수의 변수명은 반드시 달라야 하는가?

전역변수 2, 7_6

```
1    #include <stdio.h>
2
3    void func2(void);
4
5    int salary = 2700000;  ◀------ 전역변수
6    int main()
7    {
8        printf("main() salary:%d, %p \n", salary, &salary);  ◀------ 전역변수 사용
9        func2();
10       printf("\nmain() salary:%d, %p \n", salary, &salary);  ◀------ 전역변수 사용
11
12       return 0;
13   }
14
15   void func2(void)
16   {
17       int salary = 3300000;  ◀------ 지역변수
18
19       printf("\nfunc2() salary:%d, %p \n", salary, &salary);  ◀------ 지역변수 사용
20   }
```

코드분석

5 : **전역변수 salary**는 2700000원으로, 선언과 동시에 초기화된다.

8 : main()함수에서 **전역변수 salary를 출력**한다.

9 : func2()을 호출한다.

17 : **func2() 함수에서 salary가 지역변수**로 선언된다. **전역변수와 지역변수는 이름이 같아도 된다.** 메모리에 **할당된 영역이 다르다.** 변수명이 같아도 **서로 다른 변수이다.** 이때 **func2()가 사용하는 salary는 지역변수에 접근**하게 된다. 이유는 **자신의 block에 선언된 변수가 우선순위가 높기** 때문이다.

10 : main() 함수는 전역변수 salary에 접근한다.

실행결과

```
main() salary:2700000, 00E37000
func2() salary:3300000, 006FF818
main() salary:2700000, 00E37000
```

■ **전역변수와 지역변수 명은 다르게 선언 하는 것이 좋다.**

지역변수와 전역변수가 같더라도 컴파일러는 전혀 문제를 일으키지 않는다. **지역변수와 전역변수가 같은 것은 문제가 없지만, 변수명을 다르게 구분하여 프로그램을 작성하는 것이** 프로그램의 가독성을 높여줄 것이다.

SECTION 4

접근 수정자

C 언어는 변수가 어디에 저장될 것인가에 영향을 주는 다음과 같은 형수정자를 정의하고 있다.

auto 수정자는 지역변수를 선언할 때 사용되는 수정자이며, 이것은 C 언어의 전신인 B 언어와의 호환성을 갖기 위해 제공되나 현재는 거의 사용되지 않는다.

⊙ 예

```
auto int num;   //지역변수 선언
```

register 수정자는 변수를 메모리가 아닌 CPU 내의 register에 저장함을 의미한다. 따라서 변수를 메모리에 두는 것보다 CPU 내의 register에 두는 것은 더 빠른 접근과 연산을 보장 받게 된다. 그러나 CPU 내의 register의 수는 제한 되므로 프로그래머에게 임의대로 원하는 만큼 사용될 수는 없다. 예전에는 CPU 내의 register의 수를 2개로 제한 했으나, 현재는 대부분 컴파일 과정에서 최적화 과정을 거치게 되는데 이때 옵티마이저(optimizer)에 의해 결정된다고 보는 것이 좋을 것이다. ANSI 표준에서는 선언된 register 변수는 가장 빠른 접근 속도를 제공하는 방법으로 규정하고 있다.

⊙ 예

```
register int num;
```

4.1 static 수정자

static 수정자는 정적변수를 선언할 때 사용한다. **함수 안에 선언된 정적변수**는 데이터 세그먼트 영역(Data Segment)에 저장되며 이는 함수의 호출에서 값을 보존할 수 있다는 의미가 된다. **데이터 세그먼트** 저장된 **값은 프로세스가 끝날 때 소멸된다.**

정적변수의 특징	❶ 데이터 세그먼트(Data Segment)에 저장, 프로그램이 종료 시까지 할당한 영역의 값 유지가능 ❷ 함수안에 선언된 정적변수는 다른 함수에서 정적변수 사용 불가능 ❸ 하나의 함수를 여러 번 호출 시 변수의 마지막 값을 지속적으로 사용가능

예제   함수 내의 static 수정자는 정적변수로 함수의 호출 사이에서 값을 **보존**하여 사용하고자 할 때 사용된다.

정적변수, 7_7

```
1    #include <stdio.h>
2    void hap(int n);
3
4    int main()
5    {
6        int i;
7
8        for(i = 1; i <= 5; i++)
9            hap(i);
10
11       return 0;
12   }
13
14   void hap(int n)
15   {
```

```
16        int sum1 = 0;  ◄------ 지역변수, 매번 초기화
17        static int sum2 = 0;  ◄------ 정적변수, 한번만 초기화
18
19        sum1 = sum1 + n;
20        sum2 = sum2 + n;
21        printf("sum1: %d, sum2: %d \n",  sum1 ,  sum2 );
22      }-------------------► 함수 종료 시   소멸,    소멸되지 않음
```

코드분석

9   : hap() 함수를 5번 호출한다. 이때 실인수로 1,2,3,4,5를 차례로 전달한다.

14   : hap() 함수가 실행된다. 가인수 n은 실인수 1,2,3,4,5를 차례로 대입 받는다.

16   : **지역변수 sum1은 선언과 동시에 0**이 된다. 지역변수는 hap() 함수가 종료될 때 소멸되므로 **함수가 호출될 때 마다 0**이 된다. 이를 **매번 초기화**라 한다.

17   : static과 함께 선언된 sum2는 정적변수가 된다. 이 변수는 **데이터영역에 할당** 받으며 **함수가 종료되어도 소멸되지 않고** 남아있다. 따라서 함수가 재 호출될 때 변수는 마지막 값을 사용하게 된다. 이를 **한번만 초기화**라 한다.

19   : sum1은 항상 0과 n 변수를 더한다.

20   : sum2는 처음 생성될 때만 0이 되고(한번만 초기화), 다음의 호출에서는 이전 sum2 변수와 n 변수를 더한다. 즉 누적된다.

21   : sum1과 sum2를 출력한다. sum2는 소멸되지 않으므로 누적된 값을 출력한다.

실행결과

```
sum1: 1,  sum2: 1
sum1: 2,  sum2: 3
sum1: 3,  sum2: 6
sum1: 4,  sum2: 10
sum1: 5,  sum2: 15
```

4.2 extern 수정자

프로그램을 작성하다 보면 여러 개의 프로그램 파일을 함께 다루어 컴파일 할 일이 자주 발생하게 된다. 이때 변수와 관련되어 알아두어야 할 사항이 있다. 바로 전역변수이며, 전역변수는 관련된 여러 개의 파일에서 하나의 변수를 공유한다. 따라서 **구성하는 여러 파일에서 전역변수는 한번만 선언** 해야 한다.

그러나 프로그램을 구성하는 두 개 이상의 파일에서 이미 선언된 전역변수를 바로 사용할 수 없다. 컴파일 과정에서 오류가 생기는데 이 문제의 해결은 **형 수정자 extern**에게 있다.

여러 개의 파일로 구성된 프로그램의 예를 확인해보자.

(1) 헤더파일 작성(7_file.h) ◀------ 여러 파일에서 공통적으로 사용할 내용을 헤더파일에 담는다.

```
1    #define NAME  "까꿍이"
2    #define AGE   27
3    #define SUDANG   250000
```

■ **헤더파일 및 C언어 소스파일을 추가하는 방법**

헤더파일 폴더에서 오른쪽 클릭을 하여 "추가"를 선택하고 "새 항목"을 선택한다.

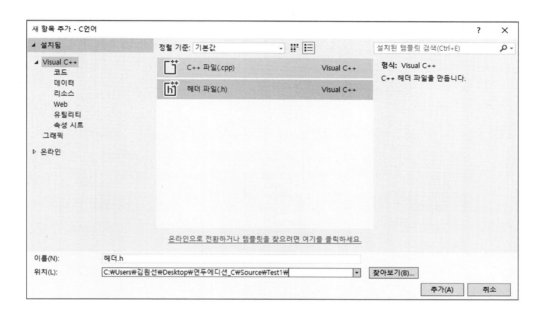

헤더파일명(7_file.h)을 입력한 후 "추가" 버튼을 누른다. 이때 헤더파일의 확장자는
~.h 로 한다.

■ 헤더파일을 include 하는 두 가지 방법

#include 〈시스템 헤더파일〉

- 헤더파일을 읽을 때 **시스템에서 제공하는 시스템 디렉토리에서 파일을 찾아 삽입시킨다.**

#include "사용자 헤더파일"

- 헤더파일을 읽을 때 응용프로그램의 작업대상 디렉토리에서 파일을 찾아 삽입시키라는 의미이다.

- 또한 작업대상 디렉토리에 파일을 찾지 못할 경우 자동적으로 시스템 디렉토리를 검색한다.

---

(2) 첫 번째 파일 (7_file1.c)

```
7_file1

1    #include <stdio.h>
2    #include "7_file.h"   ◄------ 사용자 정의 헤더파일 삽입
3
4    void myName(void);
5    void myAge(void);
6
7    int main()
8    {
9        myName();
10       myAge();
11       return 0;
12   }
13
14   void myName(void)
15   {
16       printf("성명 : %s \n", NAME);
17   }
```

코드분석

2   : 사용자 정의 헤더파일을 사용하기 위해 헤더파일을 삽입한다.

9   : myName() 함수를 호출한다. 함수는 성명을 출력한다.

10   : myAge()함수를 호출한다. myAge()함수는 7_file2.c에 작성되어 있다.

memo

(3) 두 번째 파일 (7_file2.c)

7_file2

```
1    #include <stdio.h>
2    #include "7_file.h"   ◀------ 사용자 정의 헤더파일 삽입
3
4    void myAge(void)
5    {
6        printf("나이 : %d \n", AGE);
7    }
```

코드분석

2   : 컴파일 과정은 소스파일 마다 각각 처리하므로 **헤더파일은 소스파일마다 각각 삽입**해야 한다.

4   : myAge()함수가 실행되면 나이를 출력한다.

실행결과

```
성명 : 까꿍이
나이 : 27
```

(4) 첫 번째 파일 수정 (7_file1.c)   ◀------ 전역변수를 추가하여 보자.

7_file1 수정

```
1    #include <stdio.h>
2    #include "7_file.h"
3
4    void myName(void);
5    void myAge(void);
6    void mySalary(void);
7
8    int salary = 2700000;   ◀------ 전역변수 선언
9
10   int main()
11   {
12       myName();
```

```
13        myAge();
14        mySalary();  ◄---------------------- 추가된 코드
15
16        printf("수령액 : %d \n", salary ); ◄---┐
17
18        return 0;
19  }
20
21  void myName(void)
22  {
23        printf("성명 : %s \n", NAME);
24  }
```

코드분석

8   : 전역변수 salary를 선언한다. 전역변수는 관련된 소스코드에서 공유해야 한다.

14   : mySalary()함수를 호출한다. mySalary ()함수는 7_file2.c에 작성되어 있다.

16   : salary 변수를 출력한다(mySalary() 함수에서 수정된 변수 값 출력)

(5) 두 번째 파일 (7_file2.c) ◄------ mySalary() 함수를 추가한다.

7_file2 수정

```
1   #include <stdio.h>
2   #include "7_file.h"
3
4   void myAge(void)
5   {
6       printf("나이 : %d \n", AGE);
7   }
8
9   void mySalary(void)
10  {
11      salary  +=  SUDANG;
12  }        └---- 오류 (다른 소스파일에서 전역변수를 바로 이해할 수 없음)
```

코드분석

11 ： my_Salary ()함수가 실행되면 전역변수에 매크로 상수 SUDANG을 누적한다. 즉 **salary에 수당을 누적**하여 전역변수를 **모든 함수가 공유한다는 것을 확인**하려고 한다.

■ 컴파일 오류(7_file2.c)

> 1>c:\users\김원선\desktop\연두에디션_c\source\ch07\7_file2.c(13): error C2065: 'salary'
> : 선언되지 않은 식별자입니다

■ 오류 이유

• 컴파일 과정은 소스파일 마다 각각 처리한다. 컴파일러는 컴파일 시 모든 변수(배열)의 자료형과 크기를 알아야 한다. 즉 메모리 할당크기를 알아야 하기 때문이다.

• 7_file1.c에 선언한 전역변수를 7_file2.c를 컴파일 할 때(mySalary() 함수) salary를 확인할 수 없다. 컴파일은 소스파일 마다 별개로 해석하기 때문이다.

■ 해결방법

extern　　다른 파일에서 선언된 전역변수를 현재 파일에서 사용하려고 할 때 컴파일 과정에서 생기는 문제를 해결하기 위한 방법

extern과 함께 선언한 변수는 **컴파일러에게 변수의 존재와 자료형을 알린다.** 즉 컴파일 시 오류가 발생하지 않게 함.

(6) 두 번째 파일 (7_file2.c)

7_file2 수정

```
1    #include <stdio.h>
2    #include "7_file.h"
3    extern int salary;   ◄------ 외부에서 선언된 전역변수임을 선언
4
```

```
5    void myAge(void)
6    {
7        printf("나이 : %d \n", AGE);
8    }
9
10   void mySalary(void)
11   {
12       salary = salary + SUDANG;
13   }
```

코드분석

3   : **extern**과 함께 선언된 변수는 메모리 할당을 받지 않으며, 이는 컴파일과정에서 생기는 문법오류
         를 해결하기 위해 컴파일러에게 변수의 자료형을 알린다.

실행결과

성명 : 까꿍이
나이 : 27
수령액 : 2950000

memo

■ 문제

다음 예제는 전역변수를 사용하여 은행에서 입금, 출금, 잔액을 조회하는 기능을 함수로 작성하여 호출하고 있다. 각 기능은 여러 번 실행할 수 있기 때문에 main() 에서 메뉴를 구성하여 필요할 때마다 반복적으로 함수를 호출하기로 한다.

- main() 함수: 입금, 출금, 잔고를 호출하기 위해 메뉴를 추력 후 해당 함수를 호출한다.
- void deposit (); ◄------ 입금액을 입력 받아 새로운 잔고 계산한다.
- void whitdraw(); ◄------ 출금액을 입력 받아 새로운 잔고 계산한다.
- void balanceOutput(); ◄------ 잔고를 출력한다.

Bank.c

```c
1    #include <stdio.h>
2    #include <stdlib.h>
3
4    void deposit();
5    void whitdraw();
6    void balanceOutput();
7
8    int balance = 0;   ◄------ 전역변수
9
10   int main()
11   {
12       int choice;
13       while(1)
14       {
15           printf("\n1) 입금 \n");
16           printf("2) 출금 \n");
17           printf("3) 잔고조회 \n");
18           printf("4) 종료 \n");
19
20           do{
21               printf("    선택하세요 ?(1~4) ");
22               scanf("%d", &choice);
23           }while(choice < 1 || choice > 4);
24
```

```
25          switch(choice)
26          {
27           case 1 :  deposit();
28                  break;
29           case 2 :  whitdraw();
30                  break;
31           case 3 :  balanceOutput();
32                  break;
33           case 4 : printf("프로그램을 종료합니다. \n ");
34                  exit(0);    ◀------ 프로그램 즉시종료 함수
35           }
36       }
37
38       return 0;
39  }
40
41  void deposit()
42  {
43       int money;
44
45       printf("\n입금할 금액은 ?  ");
46       scanf("%d", &money);
47       balance += money;
48  }
49
50  void whitdraw()
51  {
52       int money;
53
54       printf("\n출금할 금액은 ?  ");
55       scanf("%d", &money);
56
57       if(money > balance )
58           printf("잔고 부족 \n");
59       else
60           balance -= money;
61  }
62
```

```
63   void balanceOutput()
64   {
65       printf("현재 잔고는 : %d 입니다. \n", balance);
66   }
```

실행(입금과 출금)

1) 입금
2) 출금
3) 잔고조회
4) 종료
    선택하세요 ?(1~4) 1

입금할 금액은 ? 30000

1) 입금
2) 출금
3) 잔고조회
4) 종료
    선택하세요 ?(1~4) 2

출금할 금액은 ? 13000

1) 입금
2) 출금
3) 잔고조회
4) 종료
    선택하세요 ?(1~4) 3
현재 잔고는 : 17000 입니다.

1) 입금
2) 출금
3) 잔고조회
4) 종료
    선택하세요 ?(1~4) 4

위 프로그램은 **balance**를 전역변수로 선언하였다. 전역변수는 여러 함수가 공유한다. 따라서 전역변수는 함수 호출 시 실인수로 전달할 필요가 없다. 전역변수는 모든 함수에서 사용할 수 있기 때문이다.

■ 문제 수정

이 프로그램을 **잔고를 저장하는 balance** 변수를 **지역변수로 선언**하려고 한다.

지역변수는 선언된 함수에서만 사용가능 하다. 따라서 **다른 함수에서 사용**하려면 **부모함수가 함수를 호출**할 때 실인수를 전달하고, **자식함수는 가인수로** 받아 사용할 수 있다.

다음처럼 **balance**가 지역변수로 선언되었을 때 **동일한 실행**을 할 수 있도록 **소스코드를 수정**하자.

Bank_지역변수.c

```
1    #include <stdio.h>
2    #include <stdlib.h>
3
4                            ◀------ 함수원형 수정하여 선언
5
6    int main()
7    {
8        int balance = 0;  ◀------ 지역변수로 선언
9        int choice;
10
11       while(1)
12       {
13           printf("\n1) 입금 \n");
14           printf("2) 출금 \n");
15           printf("3) 잔고조회 \n");
16           printf("4) 종료 \n");
17
18           do{
19               printf("    선택하세요 ?(1~4) ");
20               scanf("%d", &choice);
21           }while(choice < 1 || choice > 4);
22
23           switch(choice)
24           {
```

```
25                        ←------ 내용수정
26        }
27      }
28
29      return 0;
30  }
31
32                        ←------ 각 함수들도 수정하여 실행하라.
```

memo

요약정리(Summary)　◇◇◇◇◇◇◇◇◇◇◇◇◇

변수의 범위(Scope)와 생존시간(Life Time)

- **범위(Scope)** : 변수를 접근할 수 있는 영역, 즉 변수를 사용 가능한 영역을 말함

- **생존시간(Life Time)** : 변수가 메모리에 얼마나 오랫동안 남아있는지를 뜻함.

- 변수의 범위와 생존시간은 선언위치, 변수 선언 시 형 수정자에 따라 달라지며 변수의 종류는 지역변수, 전역변수, 정적변수가 있음.

지역(Local) 변수

- 지역변수는 함수가 처음 실행될 때 생성되었다가 함수가 종료될 때 소멸되기 때문에 다른 함수의 지역변수에 접근할 수 없음.

- 지역변수는 자신의 함수 이외에서는 유효하지 않으므로 다른 함수에서 동일한 변수명을 사용할 수 있음.

- 지역변수는 다른 함수에서 사용할 수 없기 때문에 부모함수에서 선언된 지역변수를 자식함수에서 사용할 수 있도록 하기 위해 부모함수는 실인수를 전달하게 됨.

전역(Global) 변수

- 전역변수는 데이터 세그먼트(Data Segment)에 저장되며 이 영역은 프로그램이 종료되기 전까지 값을 그대로 유지하는 영역(즉 프로그램이 종료될 때까지 값을 지우지 않음.)

- 다른 함수에서 전역변수에 접근할 수 있음(즉 하나의 변수 공유).

- 전역변수 명과 지역변수 명은 같은 수 있지만 같은 변수는 아니며 메모리에 저장되는 영역이 다름.

static 수정자

- 정적변수는 함수가 종료되어도 변수를 소멸시키지 않으므로, 하나의 함수를 여러 번 호출할 때 변수의 마지막 값을 지속적으로 사용할 수 있음.

extern 수정자

- extern은 다른 파일에서 선언된 전역변수를 현재 파일에서 사용하려고 할 때 컴파일 과정에서 생기는 문제를 해결하기 위한 방법

- extern과 함께 선언한 변수는 컴파일러에게 변수의 존재와 자료형을 알려줘 컴파일 시 오류가 발생하지 않게 함.

연습문제 ◇◇◇◇◇◇◇◇◇◇◇◇

[7-1] 다음의 물음에 답하라.

1. 지역변수는 (   )안에 선언된 변수를 말한다.

2. 지역변수는 (   ) 안에서만 사용 가능하다.

3. 지역변수는 다른 함수에서 (사용할 수 없다 , 사용할 수 있다)

4. 지역변수는 다른 함수에서 동일한 이름의 지역변수명을 (사용할 수 있다, 사용할 수 없다)

5. 함수의 매개변수는 부모함수에서 전달하는 실인수를 저장하는 변수이다. 매개변수는 (지역변수, 정적변수, 전역변수)로 사용된다.

6. 정적변수는 변수 선언시 키워드(   )과 함께 선언하는 변수이다.

7. 함수 안에 선언된 정적변수는 다른 함수에서 (사용할 수 없다, 사용할 수 있다)

8. 함수 안에 선언된 정적변수는 함수를 여러 번 호출 시 값을 보존 (한다, 안 한다)

9. 전역변수는 (   )밖에 선언된 변수를 말한다.

10. 정적변수와 전역변수는 메모리 (   ) 영역에 할당되며, 이 영역은 프로세스가 종료될 때 까지 값을 보존하는 영역이다.

11. 전역변수는 선언되면 다른 함수에서 변수를 공유(사용)할 수 (있다, 없다)

12. 전역변수를 관련된 다른 *.c 파일에서 사용하기 위해 컴파일러에게 외부에서 선언된 전역변수의 자료형을 알려주기 위해 형 수정자 (   )이 필요하다.

연습문제

[7-2] 다음 프로그램의 실행결과는 무엇인가?

```c
int main()
{
        int a = 10, b = 3;
        func(a, b);
        printf("a: %d , b: %d \n", a, b);
        return 0;
}
void func(int a, int b)
{
        a = a + b
        b = b + a;
}
```

① a: 10 , b: 3   ② a: 13 , b: 16
③ a: 13 , b: 3   ④ a: 10 , b: 16

[7-3] 변수에 대한 설명으로 바르지 않은 것은 무엇인가?

① 함수 안에 선언한 정적변수는 함수의 호출에서 값을 보존한다.
② 지역변수는 함수 안에 선언하며 다른 함수에서 지역변수를 사용할 수 있다.
③ 전역변수는 함수 밖에 선언하며 다른 함수에서 전역변수를 사용할 수 있다.
④ 함수의 매개변수 리스트는 항상 지역변수이다.

[7-4] 다음 문장 중 오류가 있는 것은 무엇인가 ?

```c
#include <stdio.h>
#define MAX 5
int main()
{
    int a = 5;
    int b = MAX;  <--------- 선언문
    int c = a;    <--------- 선언문
    {
        int d = 10;

        printf("%d, %d, %d, %d \n", a, b, c, d);
        int e = MAX+2;
        printf("%d, %d, %d, %d, %d \n", a, b, c, d, e);  <---------- 실행문
    }
    printf("%d, %d, %d, %d, %d \n", a, b, c, d, e);  <------------- 실행문

    return 0;
}
```

① int b = MAX;

② int c = a;

③ printf("%d, %d, %d, %d, %d \n", a, b, c, d, e);

④ printf("%d, %d, %d, %d, %d \n", a, b, c, d, e);

연습문제

[7-5] 함수 자신이 몇 번 호출되었는지를 부모 함수에게 반환하여 출력하려고 한다. 이때 전역변수를 사용하지 않고 정적변수를 사용한다. 코드를 완성하라.

```c
#include <stdio.h>
#include <stdlib.h>
#include <time.h>
int func();

int main()
{
        int i, count, func_call;

        srand(time(NULL));    //난수 초기화
        func_call = (rand() % 10 + 1);   // 난수 발생(1~10 사이)

        for (i = 0; i < func_call; i++)   //func_call 값 만큼 함수호출
        {
            [            ]  ◀------ 함수호출 및 반환
            printf("함수 func()을 %d번째 호출.\n", count);
        }

        printf("\n함수 func()가 모두%3d번 호출 됨.\n", count);
}

int func(void)
{
        static int cn = 0;
        [            ]  ◀------ 몇 번째 호출인지 반환
}
```

- **결과** (실행할 때 마다 함수호출 횟수가 다르다)

실행결과

```
함수  func()을  1번째  호출.
함수  func()을  2번째  호출.
함수  func()을  3번째  호출.

함수  func()가  모두   3번  호출  됨.
```

[7-6] 이 프로그램의 경우 어떤 수의 거듭제곱을 계산하여 출력하고 있다. 그러나 power() 함수는 호출 시 변수의 m과 e의 값이 결정되지 않은 경우는 호출이 불가능하다. 이 경우 power() 함수를 좀 더 다양하게 호출하게 하기 위해서는 함수의 매개 변수를 사용하면 좀 더 융통성이 있는 프로그램이 작성될 수 있다.
소스코드를 완성하여라.

```c
#include <stdio.h>
int power(int m, int e);


int main()
{
        int result;
        int m, e;


        m = 3, e = 5;
        result = power(m, e);
        printf("%d의%d승 : %d \n", m, e, result);
        printf("%d의%d승 : %d \n", 2, 3, power(2,3));
        printf("%d의%d승 : %d \n", 4, 3, power(4,3));


        return 0;
```

연습문제

```
}

int power(int m, int e)
{
        int tmp;


        tmp = 1;
        for(; e > 0; e--)
```

┌─────────────┐
│   │ ◄------ 거듭제곱을 구하는 식
└─────────────┘

┌─────────────┐
│   │ ◄------ 거듭제곱 결과 반환
└─────────────┘

```
}
```

실행결과

```
3의5승 : 243
2의3승 : 8
4의3승 : 64
```

[7-7] 다음 프로그램을 입력하여 결과를 확인하여 보자. 사용자로부터 임의의 수를 입력하여 그 수까지 피보나치 수열을 출력하는 프로그램이다. fibo_func()는 피보나치 수열을 출력하는 함수로 사용된다. 코드를 입력하며 함수의 역할에 대해 생각해보자.

피보나치(Fibonacci) 수열 알고리즘은 자연수를 입력 받아 그 수보다 작은 수(혹은 같은 수)까지의 피보나치 수열을 구한다.

피보나치 수열의 정의는 F(1)=0, F(2)=1, F(n)=F(n-1)+F(n-2) (n>=3)이다.

- 피보나치 수열 : 0, 1, 1, 2, 3, 5, 8, 13, 21, 34,…

◇□◇□◇□◇□◇□◇□◇

```c
#include <stdio.h>

void fibo_func(int num);

int main()
{
    int num;

    printf("출력할 피보나치 수 입력 ?(0보다 큰값) ");
    do{
        scanf("%d", &num);
    }while(num < 1);

    fibo_func(num);

    return 0;
}

void fibo_func(int num)
{
    int n1 = 0, n2 = 1, n3, i;

    if(num == 1)
        printf("%4d,", n2);
    else
        printf("%4d,%4d,", n1, n2);

    for(i = 2; i <= num;i++)
    {
        n3 = n1 + n2;
        printf("%4d,", n3);
        n1 = n2;
        n2 = n3;
    }
        printf("\n");
}
```

C H A P T E R

8

배열과 문자열

C Programming Language

구성

학습목표

- 배열의 개념과 구조를 이해하고 다량의 데이터를 다루는 배열개념을 알아본다.
- 1차원 정수형 배열의 구조를 이해하고, 정수형 배열을 활용해 보자.
- 문자열 처리와 배열과의 관계를 알아본다.
- 문자열 입출력 함수를 활용해 보자.

배열

배열(Array)이란 하나의 이름으로 참조되는 같은 자료형을 갖은 메모리의 연속적인 공간을 말한다.

변수란 **임의의 값**을 담아 프로그램에서 사용하기 위한 목적으로 사용된다. 하나의 프로그램에서 **너무 많은 변수**를 사용하다 보면 **변수이름을 일일이 기억하여 사용한다는 것에 한계**를 느끼게 된다.

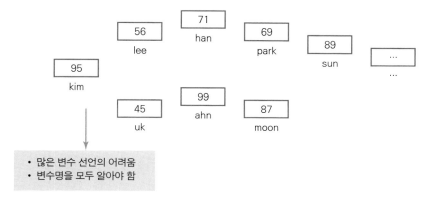

그림 8-1 학생들의 점수를 저장하기 위한 변수들

위와 같은 이유로 인해 배열의 구조가 필요하게 된다.

> **배열(Array)**   하나의 이름으로 참조되는 같은 자료형을 갖는 데이터의 집합

즉 하나의 이름으로 여러 개의 값을 저장하고 관리할 수 있도록 하는 것이 배열이다.

	4byte	4byte	4byte	4byte	4byte	4byte	4byte	4byte	4byte	4byte
score										

그림 8-2 학생들의 점수를 저장하기 위한 배열

1.1 1차원 배열

배열은 자료형이 모두 같고, 하나의 이름으로 참조되는 데이터들의 집합이다. 1차원 배열(one-dimensional array)은 배열 변수명 뒤에 대괄호가 하나 선언된 구조를 말한다. 이때 대괄호[ ] 안에 원소의 수를 주게 된다. **배열은 선언되면 원소의 수만큼 메모리에 할당을 받게 되는데** 배열 내에 있는 각 원소를 **배열 원소(array element)**라 부른다.

1차원 배열의 일반적인 형식은 다음과 같다.

> ⊘ 형식
>
> ```
> type   var-name[size];
> ```

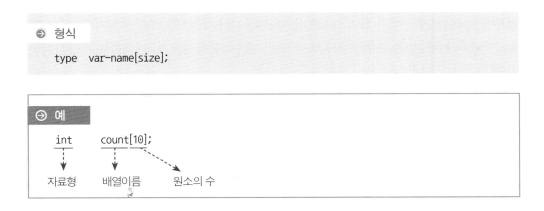

■ 배열의 메모리 할당

배열은 원소들이 **연속된 기억장소에 할당**하게 된다. 위 선언문의 메모리 구조는 다음과 같다. 할당된 각 원소의 위치를 **열**이라고 한다. **1차원 배열**은 **열의 집합**이다.

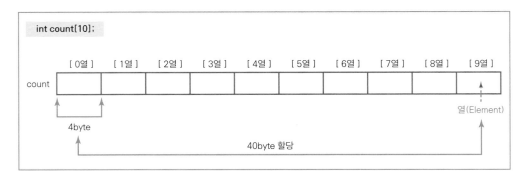

그림 8-3 차원 정수형 배열의 메모리 할당

즉 배열은 하나의 이름으로 10개의 원소를 대표하는 구조로 각 **원소는 위치를 갖는 열**을 갖는다. 배열 원소를 사용하려면 몇 번째 열인지 확인하여 배열변수와 함께 위치 지정을 할 수 있다.

1.2 배열 원소 접근

배열명은 여러 개의 원소를 대표하는 이름이므로 배열명으로 바로 값을 대입할 수 없다. 따라서 **배열의 원소를 가리키는 첨자(subscript)를 주어 해당 원소의 위치에 값을 대입**할 수 있다. 따라서 배열변수명 뒤에 첨자(subscript) 혹은 인덱스(index)를 주어 몇 번째 위치인지 반드시 지정해야 한다.

C 에서 모든 배열은 0부터 시작한다. 이것은 배열에서 첫 번째 원소에 접근하기 위해서는 첨자 0을 사용해야 한다는 것을 의미한다.

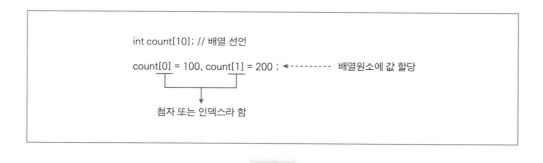

열의 번호를 첨자(Subscript)로 배열원소 참조

그림 8-4 count 배열에 값이 할당된 구조

| 예제 | 1차원 정수형 배열을 사용하여 배열에 값을 대입하고 출력해 보자.

1차원 정수형 배열, 8_1

```
1   #include <stdio.h>
2
3   int main()
4   {
5       int count[5];   ◄------ 정수형 1차원 배열
6       int i;
7
8       printf("배열의 전체크기:%d, 하나의 원소크기: %d\n",
9                           sizeof(count), sizeof(count[0]));
10
11      count[0] = 100;   ◄------ 각각의 원소에 값을 할당
12      count[1] = 200;
13      count[2] = 300;
14      count[3] = 400;
15      count[4] = 500;
16
17      printf("\n%d, %d, %d, %d, %d \n", count[0], count[1], count[2], count[3],
                                                               count[4]);
18
19      for(i = 0;i < 5;i++)
20          printf("%d, ", count[i]);   ◄------ i 변수가 변경될 때 마다 각 배열 원소를 가리킴
21
22      printf("\n");
23
24      return 0 ;
25  }
```

코드분석

5   : 정수형 배열 count를 선언한다. 배열 원소의 수는 5이다.

9   : **배열 변수명의 크기는** 메모리에 할당된 **배열의 전체크기**이다. **첨자와 함께 지정된** 배열원소의 크기는 **첨자가 가리키는 하나의 원소크기가** 된다.

11~15 : 각 원소에 값을 할당한다. count 배열에 값을 할당한 구조이다.

	[0]	[1]	[2]	[3]	[4]
count	100	200	300	400	500

17   : 배열의 첨자위치에 해당하는 각 원소의 값을 출력함수를 이용하여 출력한다.

19~20 : **배열**은 여러 개의 **원소의 집합**임으로 **반복문을 이용하여 각 원소를 출력**할 수 있다. 첨자위치가 for 문의 **i 변수**가 되므로 반복될 때 마다 배열의 **다음 원소위치**를 가리키게 된다. 즉 **배열 원소를 모두 참조**하게 된다.

	[0]	[1]	[2]	[3]	[4]
count	100	200	300	400	500

i 변수 =   0   ,   1   , 2   ,3   4

실행결과

```
배열의 전체크기:20, 하나의 원소크기: 4
100, 200, 300, 400, 500
100, 200, 300, 400, 500
```

■ 배열을 선언과 동시에 초기화 하기

배열은 선언만으로는 값을 갖지 않는다. 따라서 선언 후 값을 할당 받아도 되지만 **배열을 선언과 동시에 값을 초기화** 시킬 수 있다. 초기화 값은 배열 메모리 내에 **순서대로** 저장된다.

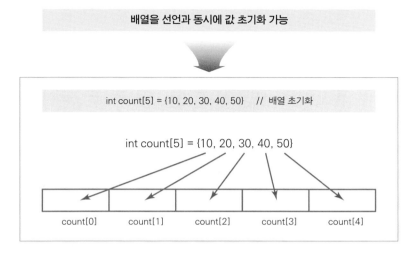

그림 8-5 1차원 정수형 배열의 초기화

1.3 배열 원소의 값과 주소를 출력해 보자

배열은 메모리에 연속적으로 할당 받는다. 배열도 각 원소의 값뿐만 아니라 주소도 출력할 수 있다.

- 변수의 값과 변수가 할당된 메모리의 시작 주소 출력 가능
- 각 원소의 값뿐만 아니라 주소도 출력 가능

원소의 값을 사용하려면 **배열변수[첨자]**를 사용하고, 원소의 **주소**는 **&배열변수[첨자]**를 사용하면 해당 원소의 주소를 반환한다.

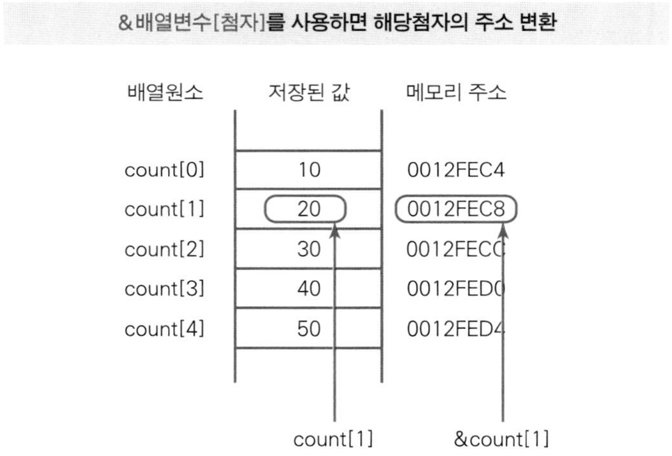

&배열변수[첨자]를 사용하면 해당첨자의 주소 변환

배열원소	저장된 값	메모리 주소
count[0]	10	0012FEC4
count[1]	20	0012FEC8
count[2]	30	0012FECC
count[3]	40	0012FED0
count[4]	50	0012FED4

count[1]   &count[1]

그림 8-6 1차원 정수형 배열의 메모리 할당과 주소

예제 배열 원소의 값과 원소가 할당된 메모리 주소를 출력해 보자.

배열원소의 주소, 8_2

```
1    #include <stdio.h>
2
3    int main()
4    {
5        int count[5] = {10, 20, 30, 40, 50};  ◀------ 배열 초기화
```

```
6        int i;

7

8        for(i = 0; i < 5; i++)
9            printf("%d, %p \n",  count[i],   &count[i] );
10
11       return 0 ;
12   }
```

원소의값,   원소의 시작주소

코드분석

5   : count 배열을 선언과 동시에 초기화 한다.

9   : 배열 첨자위치에 해당하는 각 원소의 값과 주소를 출력한다.

실행결과

```
10, 0093FB48

20, 0093FB4C

30, 0093FB50

40, 0093FB54

50, 0093FB58
```

■ **배열 사용시 주의사항 !!**

하나, 배열 선언 시 배열의 크기는 반드시 상수로 선언한다. 변수나 배열은 컴파일 시 크기를 알아야 한다. 이때 자료형과 크기를 컴파일러가 알 수 없다면 오류이다.

```
#define MAX 5
int a[5];    ◄------ 성공
int b[MAX] ;  ◄------ 성공
int c = 5 ;
int d = [c] ;   ◄------ 컴파일 오류(변수는 실행 시 값을 할당. 컴파일 시 배열의 크기 인식 못함)
int e[] ;   ◄------ 컴파일 오류(배열의 크기가 없다)
```

둘, 배열 첨자의 유효범위는 [0]~[배열크기−1]이다. 이때 배열의 크기를 넘는 원소에 접근하지 말아야 한다. 이는 **잘못된 메모리 접근**으로 실행 시 로직 오류를 발생하게 된다.

```
int count[5];
count[6] = 500;    ◀------ 배열 범위를 넘는 첨자 사용하지 말아야 한다
```

1.4 배열에 데이터를 입력하자

count 배열에 사용자가 **원하는 값**을 입력할 수 있도록 **라이브러리함수**를 사용하여 입력하려고 한다. **정수형 배열**이므로 scanf() 함수를 사용할 수 있다. scanf()는 **첫 번째** 인자인 **형식 지정자에 대한 데이터**를 표준 입력으로부터 입력하여, **두 번째** 인자인 **메모리 주소에 할당**한다.

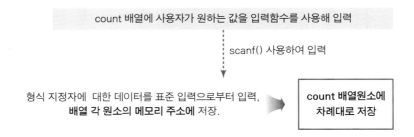

▌ 예제 ▌ scanf() 함수를 이용하여 **count배열에 데이터를 입력**하자.

배열데이터 입력, 8_3

```
1    #include <stdio.h>
2
3    int main()
4    {
5        int count[5];  ◀------ 배열 선언
6        int i;
7
8        for(i = 0; i < 5; i++)
9        {
```

```
10          printf("%d, input number ? ", i+1);
11          scanf( "%d" , &count[i] );
12
13              입력 자료형지정자,    저장될 메모리 시작주소
14      }
15      printf("\n");
16      for(i = 0; i < 5; i++)
17          printf("%d, ", count[i]);
18      printf("\n");
19
20      return 0 ;
21  }
```

코드분석

8   : i 변수는 0~4까지 반복한다. 즉 9~14행 호출한다.

11   : scanf() 함수는 **표준입력**으로부터 **정수를 입력** 받아, 배열 **첨자의 주소**에 해당하는 메모리에 값
        을 저장한다. 이때 제어변수 i 가 변경될 때마다 주소는 달라진다.

변환입력되기 전

배열원소	저장된 값	메모리 주소
count[0]		0012FEC4 == &count[0]
count[1]		0012FEC8 == &count[1]
count[2]		0012FECC == &count[2]
count[3]		0012FED0 == &count[3]
count[4]		0012FED4 == &count[4]

입력된 메모리 구조

배열원소	저장된 값	메모리 주소
count[0]	10	0012FEC4 == &count[0]
count[1]	20	0012FEC8 == &count[1]
count[2]	30	0012FECC == &count[2]
count[3]	40	0012FED0 == &count[3]
count[4]	50	0012FED4 == &count[4]

실행결과

```
1, input number ? 10
2, input number ? 20
3, input number ? 30
4, input number ? 40
5, input number ? 50

10, 20, 30, 40, 50,
```

1.5 배열 전체를 다른 배열로 치환할 수 없다

C 에서 **배열 전체를 다른 배열로 한번에 치환할 수 없다.** 배열의 구조가 같더라도 대입 문으로 한번에 대입 받을 수 없다. 다음 문장은 잘못된 것이다.

```
int x[10] = {1, 2, 3, 4, 5, 6, 7, 8, 9, 10},  y[10];
y = x;     /* 잘못된 문장 */
```

따라서 하나의 배열에 있는 모든 원소를 **다른 배열로 복사**하기 위해서는 **각각의 원소를 하나하나 대입**해 주어야 한다.

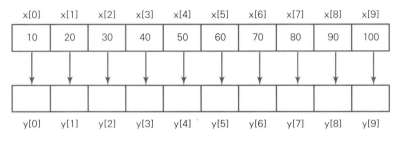

그림 8-7 배열은 원소 대 원소로 대입(복사)

| **예제** | 배열을 다른 배열로 복사해보자.

배열복사, 8_4

```
1    #include <stdio.h>
2
3    int main()
4    {
5        int  x[10] = {10, 20, 30, 40, 50, 60, 70, 80, 90, 100};
6        int  y[10], i;
7
8        for(i = 0; i < 10; i++)
9            y[i] = x[i];    ◀------ i 변수가 각 배열 요소를 가리킨다
10
```

```
11        printf("y 배열 출력 \n");
12        for(i = 0; i < 10; i++)
13            printf("%d, ", y[i]);
14        printf("\n");
15
16        return 0 ;
17  }
```

코드분석

5   : x 배열은 선언과 동시에 초기화 된다.

6   : y 배열은 선언된다. y 배열에 x 배열 원소와 동일한 값을 저장하려고 한다.

8~9   : 반복문에 의해 x[i] 배열 원소를 y[i]에 대입한다. i는 0부터 9까지 반복한다.

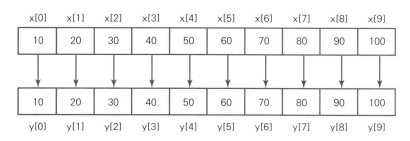

13   : y 배열을 출력한다. 이때 x 배열 원소의 값과 동일한 값을 출력한다.

실행결과

y 배열 출력
10, 20, 30, 40, 50, 60, 70, 80, 90, 100,

memo

1.6 배열 초기화에서 알아야 할 것

배열 초기화란 선언과 동시에 배열에 값을 할당하는 것으로, 다음은 초기화를 하는 방식을 나타낸 것이다.

```
int arr[5] = {1, 2, 3, 4, 5};   ◀------ 1차원 숫자 배열 초기화
char str[5] = {'k', 'i ', 'n', 'g' };   ◀------ 1차원 문자 배열 초기화(문자상수)
char str[5] = "king";   ◀------ 1차원 문자 배열 초기화(문자열)
```

(1) 배열의 크기와 초기화는 인수의 수가 항상 같아야 하나?

배열은 선언하고 **초기화하지 않으면**, 스택 영역에 할당된 배열은 쓰레기 값을 저장하고 있다. 따라서 선언과 동시에 원하는 값을 배열에 저장할 수 있다.

다음 배열 초기화를 보자.

```
int arr[5] = {1, 2, 3};
```

배열은 **크기는 5**인데 **초기화 인수는 3개**를 정의하였다. 초기화 값은 배열의 첫 번째 원소부터 **차례대로 할당**을 받게 된다. C 언어의 배열은 배열의 **초기화 값을 저장한 나머지 영역은 항상 0을 보장** 받는다.

위 배열의 메모리 할당은 다음과 같다.

	[0]	[1]	[2]	[3]	[4]
arr	1	2	3	0	0

따라서 배열 초기화를 할 때 원소의 수보다 적은 인수를 사용하는 경우 **나머지 영역은 항상 0이라는 사실**을 기억해야 한다.

(2) 언사이즈드 배열(Unsized Array)이란?

1차원 배열을 **초기화** 할 때는 **배열의 크기를 지정할 필요가 없다.** 즉 대괄호 안이 비워 있어도 된다. **크기를 지정하지 않으면,** 컴파일러는 **초기화 상수의 개수**를 세어 그 개수를 배열의 크기로 사용한다. 다음과 같이 선언해 보자.

```
int arr[] = {10, 20, 30, 40, 50};
```

위 배열의 메모리 할당은 다음과 같다.

	[0]	[1]	[2]	[3]	[4]
arr	10	20	30	40	50

컴파일러는 초기화된 배열을 5개 원소의 크기로 생성하게 된다. **크기가 지정되지 않은** 배열을 **언사이즈드 배열(unsized array)**이라고 한다.

예제 위의 개념들의 정리하는 예제를 다루어 보자.

언사이즈드 배열, 8_5

```
1    #include <stdio.h>
2    #define MAX 5
3
4    int main()
5    {
6        int arr1[5], arr2[MAX] = {100, 200, 300}, arr3[] = {10, 20, 30, 40, 50};
7        int i;
8
9        printf("각 배열의 크기 : %d, %d, %d \n\n", sizeof(arr1), sizeof(arr2),
                                                    sizeof(arr3));
10       printf("Array1 output \n");
11       for(i = 0; i < 5; i++)
```

```
12            printf("%d,   ", arr1[i]);  ◀------ 임의의 값(가베지) 출력
13        printf("\n\n");
14
15        printf("Array2 output \n");
16        for(i = 0; i < 5; i++)
17            printf("%d,   ", arr2[i]);  ◀------ 초기화된 값출력
18        printf("\n\n");
19
20        printf("Array3 output \n");
21        for(i = 0; i < 5; i++)
22            printf("%d,   ", arr3[i]);  ◀------ 언사이즈드 배열
23        printf("\n\n");
24
25        return 0 ;
26    }
```

코드분석

6   : arr1 배열은 원소의 수만큼 할당된다. 배열에 어떤 값이 있을지 알 수 없다.

arr2 배열은 선언과 동시에 초기화 되며, 초기화 상수가 배열 크기보다 작다. 매크로 상수를 사용하여 배열의 크기를 줄 수 있다.

arr3 배열은 언사이즈드 배열이다. 상수의 초기화 상수의 개수를 이용하여 배열 크기를 사용한다.

9   : 각 배열이 메모리에 할당된 크기를 출력한다. 모두 20 바이트 할당이다.

11~12 : arr1 배열은 선언하고 값을 채우지 않아 쓰레기(Garbage) 값이 출력된다.

16~17 : arr2 배열은 배열이 초기화될 때 값이 채워지지 않은 영역은 0을 보장 받는다.

21~22 : arr3 배열은 언사이즈드 배열이다. 초기화된 상수를 출력한다.

실행결과

```
각 배열의 크기 : 20, 20, 20
Array1 output
-858993460,  -858993460,  -858993460,  -858993460,  -858993460,
Array2 output
100,  200,  300,  0,  0,
Array3 output
10,  20,  30,  40,  50,
```

1.7 정렬 알고리즘

정수형 배열의 데이터를 정렬하여 보자. 정렬은 특정한 key 값을 비교하여 차례대로 나열하는 것을 말한다. 정렬에는 오름차순과 내림차순이 있다.

오름차순(Ascending sort)	순서가 작은 것에서 큰 순으로 배열하는 것을 말한다.
내림차순(Descending sort)	순서가 큰 것에서 작은 순으로 배열하는 것을 말한다.

■ 버블 정렬(Bubble Sort)

배열의 가장 처음 요소에서부터 **인접해 있는 두 요소끼리** 비교를 해서 **자리를 맞바꾸는** 방식으로 정렬을 한다.

예제   정수형 배열을 오름차순으로 정렬하는 알고리즘이다.

버블정렬, 8_6

```
1    #include <stdio.h>
2
3    int main()
4    {
5        int data[5] = {94, 9, 67, 120, 1};
6        int i, j, tmp;
7
8        for(i = 0; i < 5; i++)
9            printf("%-8d", data[i]);
10       printf("\n");
11
12       for(i = 0; i < 4; i++)
13           for(j = 0; j < 4 - i; j++)
```

```
14            if(data[j]  >  data[j + 1])  ◄------ 앞의 데이터가 뒤 데이터보다 크면 17행
15                             └---► 오름차순 정렬
16                        // if(data[j]  <  data[j+1])
17            {                         └---- 내림차순 정렬
18                tmp = data[j];
19                data[j] = data[j + 1];     ◄------ 인접한 데이터 교환
20                data[j + 1] = tmp;
21            }
22
23        printf("\nsort result. \n");  ◄------ 개행 한 칸 삭제
24        for(j = 0; j < 5; j++)
25            printf("%-8d",data[j]);  ◄------ 정렬된 데이터 출력
26        printf("\n");
27
28        return 0 ;
29    }
```

코드분석

12   : i 변수가 변경될 때 마다 13행의 j 변수를 반복시킨다. 다음 그림을 참고한다.

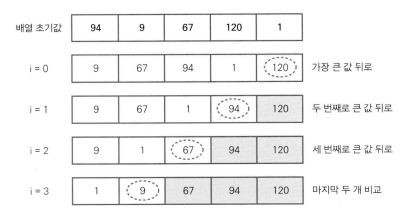

※ 뒤로 보낸 큰 값은 다음 반복에서는 비교하지 않는다.
  큰 값이 이미 결정되었으므로 비교하지 않음

그림 8-8 버블 정렬되는 배열의 흐름

실행결과

```
94        9       67      120        1
sort result .
1         9       67       94       120
```

만약 **내림차순 정렬**하려면 다음과 같이 조건을 변경한다.

```
if(data[j] < data[j + 1])   // 앞이 뒤보다 작나?
```

memo

SECTION 2

문자열의 사용

C 언어에서 **1차원 배열**을 **가장 많이 사용**하는 것이 **문자열**이다. 다른 컴퓨터 언어와는 다르게, C 언어는 내부에 **문자열 자료형이 없다.** 따라서 **1차원 문자 배열을 사용하여 문자열을 지원**한다. 문자열 상수는 컴파일러에 의해서 자동적으로 NULL로 종료된다. '₩0'는 NULL과 같다.

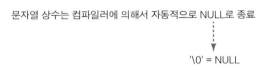

1차원 문자배열**을 사용해** 문자열 지원!

문자열 상수는 컴파일러에 의해서 자동적으로 NULL로 종료

'\0' = NULL

문자열 : NULL 종료 문자배열(Null-terminated Character Array)로 정의

C 에서 NULL은 0

2.1 문자 배열

C 언어는 **1차원 문자배열을 이용하여 문자열을 저장**한다. 1차원 문자배열은 하나의 문자열을 저장하기 위한 용도로 사용된다.

char ch;
문자변수 선언 ▶ 1 문자를 저장하는 구조

char str[10];
문자배열 선언 ▶ 문자열을 저장하는 구조

다음과 같은 방법으로 문자배열은 선언되고 초기화 될 수 있다.

```
char str[10];                            // 문자배열, 10 바이트로 10문자 저장가능
char str[10] = { 'm', 'u', 'l', 't', 'i'} ;   // 문자배열에 문자 상수 초기화
char str[10] = "multi";                  // 문자배열에 문자열 초기화
```

다음은 "multi"을 저장한 str 배열의 구조이다.

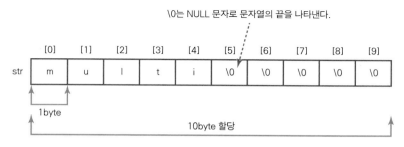

그림 8-9 문자열 할당 구조

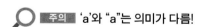 **주의** 'a'와 "a"는 의미가 다름!

'a'	▪ 문자상수 ▪ ASCII값 97을 의미하고 메모리에 1 바이트만 할당 받음.
"a"	▪ 문자열 상수 ▪ ASCII값 97(a)과 '\0'인 0으로 이루어진 문자열 ▪ 메모리 할당이 "a"는 NULL문자때문에 2byte가 필요함. – 문자열 상수는 컴파일러에 의해서 자동적으로 NULL로 종료되기 때문.

예제 문자배열을 선언하여 문자열을 다루어 보자.

문자배열 구조확인, 8_7

```
1   #include <stdio.h>
2
3   int main()
4   {
5       char str[10] = "multi";   ◀------ 문자배열 선언
6       int i;
7
8       printf("배열의 전체크기:%d, 하나의 원소크기: %d\n", sizeof(str),
                                                  sizeof(str[0]));
9
10      for(i = 0; i < 10; i++)
11          printf("%c, %p \n", str[i], &str[i]);
12      printf("\n");
13
14      return 0 ;
15  }
```

코드분석

5   : **str** 배열을 선언하였다. **10바이트를 할당**하고 5문자가 저장되면 초기화의 규칙에 의해 데이터가 저장된 나머지 공간은 0이 된다.

8   : **배열 전체의 크기**와 하나의 원소크기를 출력한다. char 형이므로 하나의 **원소 크기는 1 바이트**다.

10~11 : str 배열의 원소 값과 원소의 메모리 주소를 출력한다. 배열은 연속적인 메모리 할당을 보장하므로 1 바이트씩 주소가 커지는 것을 알 수 있다.

실행결과

```
배열의 전체크기:10, 하나의 원소크기: 1
m, 00FEFEFC
u, 00FEFEFD
l, 00FEFEFE
t, 00FEFEFF
i, 00FEFF00
 , 00FEFF01
```

실행결과

```
,  00FEFF02
,  00FEFF03
,  00FEFF04
,  00FEFF05
```

2.2 배열 변수는 배열의 시작주소를 갖는 주소(포인터) 상수

C 언어에서의 배열변수는 배열의 값이 아닌, 배열이 할당된 메모리의 시작주소를 갖는다.

> **배열 변수명**   배열이 시작하는 메모리의 시작번지를 갖는 메모리 주소(포인터)이다.

예제 배열변수를 이용하여 **배열의 주소를** 확인해보자.

문자배열 출력, 8_8

```c
1    #include <stdio.h>
2
3    int main()
4    {
5        char str[10]="multi";    //문자배열 선언
6
7        printf("배열의 시작주소: %p, 첫 번째 원소의 시작주소 :%p \n", str,
                                                              &str[0]);
8                    첨자가 없는 배열변수는 그 배열이 할당된 메모리의 시작주소
9
10       printf("\nstr : %s \n", str);
11
12       return 0 ;
13   }
```

5   : 문자배열에 저장된 문자열은 **문자열의 마지막에 널(null) 바이트가 추가**된다. 널(null)은 0 이다.

7   : 첨자가 없는 배열변수는 그 배열이 할당된 메모리의 시작주소이다. 배열변수는 포인터 상수이다. 따라서 **배열 변수의 시작 주소**와 **첫 번째 원소의 시작주소는 같다.**

10   : 문자배열에 저장된 문자열을 출력하려면 printf() 함수의 "%s" 지정자를 사용할 수 있다. "%s" 지정자에 출력할 **문자열의** 시작주소를 전달**하면 "%s" 지정자는** 전달받은 주소로부터 널(null) 바이트를 만날 때까지 **문자열로 한번에** 출력하게 된다.

실행결과

```
배열의 시작주소: 00AFFDE8, 첫 번째 원소의 시작주소 :00AFFDE8
str : multi
```

memo

SECTION 3

문자열 입력 함수

키보드로부터 문자열을 입력 하기 위해 C 표준 라이브러리 함수인 **gets() 함수**를 사용해보자. 이 함수들은 〈stdio.h〉 헤더파일를 사용한다.

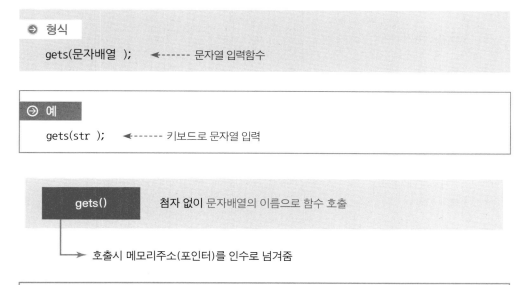

> ◉ 형식
>
> gets(문자배열);   ◀------ 문자열 입력함수

> ◉ 예
>
> gets(str);   ◀------ 키보드로 문자열 입력

> **gets()**   **첨자 없이** 문자배열의 이름으로 함수 호출
>
> ↳→ 호출시 메모리주소(포인터)를 인수로 넘겨줌

[Enter]가 입력할 때까지 문자 읽음. 이때 문자열은 **배열이 가리키는 메모리 주소로 저장** [Enter]는 저장되지 않고 대신 **문자열의 끝에 null**이 저장됨.

예제 성명과 전화번호, 주소를 문자열로 입력, 출력해 보자.

문자배열 입력, 8_9

```
1    #include <stdio.h>
2
3    int main()
4    {
5        char name[20];        ◄------ 성명 저장
6        char telno[15];       ◄------ 전화번호 저장
7        char comAddr[50];     ◄------ 주소 저장
8
9        printf("배열의 시작주소 : %p, %p, %p \n\n", (name, telno, comAddr));
10                                        ┊--► 배열이 할당된 시작주소를 출력
11       printf("성명   ? ");
12       gets(name);    ◄------ 성명을 name 배열이 할당된 시작주소에 저장
13       printf("전화번호  ? ");
14       gets(telno);   ◄------ 전화번호를 telno 배열이 할당된 시작주소에 저장
15       printf("회사주소   ? ");
16       gets(comAddr); ◄------ 회사주소를 comAddr 배열이 할당된 시작주소에 저장
17
18       printf("\n성명: %s, 전화번호: %s, 주소: %s \n", name, telno, comAddr);
19
20       return 0 ;
21   }
```

코드분석

5~7   : 성명, 전화번호, 주소를 저장할 배열을 선언한다. 다음과 같이 할당된다.

name [   ]   20바이트 할당
0012FEC4

telno [   ]   15바이트 할당
0012FEAC

comAddr [   ]   50바이트 할당
0012FE70

9   : 첨자가 없는 배열 변수명은 그 배열의 시작주소이다. 각 배열의 시작주소를 출력한다.

12   : gets() 함수는 표준 입력으로부터 성명을 입력 받아 name 이 할당된 메모리 주소에 문자열을 저장한다. **이때 시작주소부터 차례대로 할당된다.**

14   : 전화번호를 입력받아 telno가 할당된 메모리 주소에 문자열을 저장한다.

16   : 회사주소를 입력받아 comAddr가 할당된 메모리 주소에 문자열을 저장한다.

        다음 그림은 배열에 문자열이 저장된 구조이다.

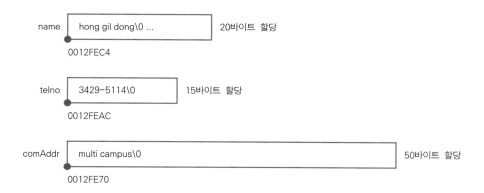

18   : 문자열을 출력한다. **"%s" 지정자**에 문자열의 시작주소인 **배열 변수**를 주어 **시작주소로부터 '\0'(null byte) 까지 출력**하도록 한다.

실행결과

```
배열의 시작주소 : 00CFF828, 00CFF810, 00CFF7D4
성명   ? hong gil dong
전화번호   ? 3429-5114
회사주소   ? multi campus

성명: hong gil dong, 전화번호: 3429-5114, 주소: multi campus
```

다음은 문자열 입출력 시 사용되는 함수들의 특징이다.

표 8-1 문자열 입출력함수 정리

입출력 함수	설명
gets(str);	문자열을 읽어 배열 str에 저장한다. 공백문자를 포함할 수 있으며 공백, 탭, Enter로 문자열을 구분하여 저장한다. 예) hong gil dong 입력 시 hong gil dong 저장
scanf("%s", str); ↓ str은 배열변수이므로 배열의 시작주소다, "&" 사용하지 않는다.	문자열을 읽어 배열 str에 저장한다. 공백문자를 포함할 수 없으며 공백, 탭, Enter로 문자열을 구분하여 저장한다. 예) hong gil dong 입력 시 hong만 저장
puts(str);	배열 str 에 저장된 문자열을 출력한다. 자동 개행 한다.
printf("%s", str);	배열 str 에 저장된 문자열을 출력한다. 자동 개행 하지 않는다.

⧗ **TIP** **배열의 크기를 넘는 문자열을 저장하지 말자**

gets() 함수를 사용할 때 주의할 점이 있다. **gets() 함수는 배열의 경계를 검사하지 않기 때문에** gets()과 함께 사용된 배열이 저장할 수 있는 문자보다 더 많은 문자를 입력하는 경우 이 문자들이 메모리에 저장되는 것을 방지할 수 있는 장치가 없다.

즉 이름을 입력 받기 위해 메모리에 10 바이트를 할당 받은 경우 키보드 입력버퍼로부터 **들어오는 문자열이 10 문자를 넘는 경우 이를 제어할 만한 장치가 없다**는 것이다. 이럴 경우 컴파일러에 따라 다를 수 있지만 **대부분 할당된 선두번지를 기준으로 저장을 연속적으로 하게 된다. 이때 자신이 할당된 주소 영역을 넘게 되므로 큰 문제가 발생할 수 있다는 점을 반드시 인식하여야 한다. 따라서 문자배열의 크기는 저장될 문자열의 크기보다 1 바이트 큰 메모리를 할당** 받아야 한다.

memo

⧗ **TIP** scanf_s(), gets_s()

C언어에서 문자 또는 문자열을 입력 받기 위해서 scanf()와 gets()를 사용해왔다. 하지만 기존의 입력 함수 (scanf(), gets())는 문자열 입력 시 배열의 크기를 넘어가는 경우 **배열의 경계를 검사할 수 없다는 단점**을 갖는다.

그래서 기존 입력 함수의 업그레이드 버전인 **scanf_s()와 gets_()s가 최신 컴파일러에 적용**됐다. 헤더파일은 〈conio.h〉를 사용하며 MS-DOS용 C컴파일러에 포함되어 있는 헤더파일로, 표준 C 라이브러리에는 포함되지 않고 있다. 따라서 Unix 계열의 컴파일러에서는 사용될 수 없다.

➲ **형식**

```
scanf_s("%c", &변수명,  1 );                        문자 입력 받을 때
scanf_s("%s", &변수명, 입력 받을  문자열크기);        문자열 입력 받을 때
gets_s(변수명, 입력 받을  문자열크기);
```

▋ **예제** gets_s()를 사용해 보자.

---

scanf_s(), gets_s(), 8_10

```
1    #include <stdio.h>
2    #include <conio.h>
3
4    int main()
5    {
6        char name[20];      //성명 저장
7        char telno[15];     //전화번호 저장
8        char comAddr[50];   //주소 저장
9
10       printf("성명  ?  ");
11       gets_s(name, 20);
12       printf("전화번호  ?  ");
13       gets_s(telno, 15);
14       printf("회사주소  ?  ");
15       gets_s(comAddr, 50);
16
```

```
17      printf( "\n성명: %s, 전화번호: %s, 주소: %s \n", name, telno, comAddr );
18      return 0 ;
19   }
```

코드분석

11,13,15 : gets_s() 함수는 키보드로부터 문자열을 두 번째 인수의 수만큼 읽어, 첫 번째 인자인 메모리주
소에 저장한다. 만약 입력문자열의 크기가 넘치면 대부분 컴파일러는 오류 창을 출력한 뒤 프로세
스는 종료된다.

실행결과 (문자열 정상입력)

> 성명   ? 하니와보니
> 전화번호   ? 02-3429-5114
> 회사주소 ? 멀티 캠퍼스
> 성명: 하니와보니, 전화번호: 02-3429-5114, 주소: 멀티 캠퍼스

실행결과 (문자열 오버플로우)

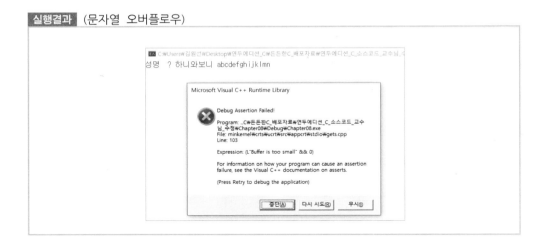

위와 같이 메모리 오버플로우 를 발생할 것을 예상하여, 문자배열에 저장하지 않고 프
로세스를 종료시킨다. 따라서 **표준 라이브러 함수 gets()** 을 권장하며 gets() 함수의 오
버플로우 해결하기 위한 문제는 Chapter09에서 해결한다.

Visual Studio 개발 툴에서 함수명_s()로 끝나는 Secure 함수 **컴파일 오류**는 다음과 같
은 세 가지 방법 중 하나를 선택하여 표준라이브러리 함수로 컴파일 할 수 있다.

① 프로젝트 속성 창을 다음과 같이 설정한다.

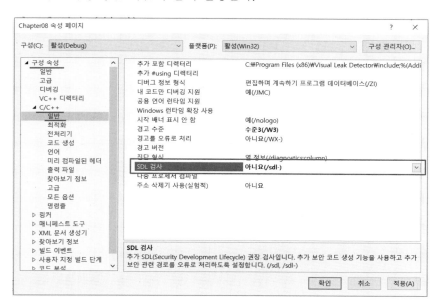

② 프로젝트 속성 창의 전처리 정의를 다음과 같이 입력한다.

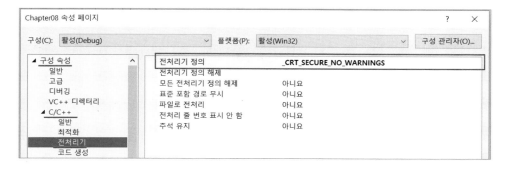

③ 소스코드 가장 위 줄에 다음과 같이 입력한다.

```
#include <stdio.h>

#pragma warning(disable:4996)

int main()
{
    ...
}
```

요약정리(Summary)

배열

배열(Array) : 하나의 이름으로 참조되는 같은 자료형을 갖은 메모리의 연속적인 공간

1차원 배열(One-dimensional Array)

- 배열은 자료형이 모두 같고, 하나의 이름으로 참조 되는 변수들의 집합

- 1 차원 배열은 배열 변수명 뒤에 대괄호가 하나 선언된 구조를 말함.

- 배열은 선언되면 원소의 수만큼 메모리에 할당을 받게 되는데 배열 내에 있는 각 원소를 배열 원소(Array Element)라 부름.

> ➔ 형식

```
type var-name[size];
```

배열 원소 접근

- 배열명은 여러 개의 원소를 대표하는 이름이므로 배열명으로 바로 값을 대입 불가능

- 배열의 원소를 가리키는 첨자를 주어 해당 원소의 열 위치에 값 대입 가능

- 배열변수명 뒤에 첨자(Subscript) 혹은 인덱스를 주어 몇 번째 열의 위치인지 지정해야 함.

문자열

- C 언어에서 1차원 배열을 가장 많이 사용하는 것이 문자열임.

- 다른 컴퓨터 언어와는 다르게, C 언어는 내부에 문자열 자료형이 없음.

- 따라서 1차원 문자 배열을 사용해 문자열을 지원함.

- 문자열 상수는 컴파일러에 의해서 자동적으로 null로 종료됨.

문자열 입력 함수

- gets()는 첨자 없이 문자 배열의 이름으로 함수 호출

- gets 함수는 호출할 때 문자열을 저장하기 위하여 메모리 주소(포인터)를 인수로 넘겨 줌.

- gets() 함수는 사용자가 〈Enter〉 키를 입력할 때까지 문자들을 읽으며, 이 문자들은 배열이 가리키는 메모리 주소에 저장됨.

> ● 형식

  gets(문자배열);   //문자열 입력함수

연습문제

[8-1] 다음의 물음에 답하라.

1. 배열은 하나의 이름으로 참조되는 동일한 (　　　　　)의 집합으로 메모리에 연속적으로 할당된다.

2. 1차원 배열은 열의 구조를 갖고 배열변수 뒤에 대괄호 (하나 , 둘)로 선언되는 구조이다.

3. 1차원 배열이 n으로 선언되면 이 배열에서 사용할 배열의 첨자는 (　　　　　) 부터 (　　　　　) 까지이다.

4. 배열은 선언과 동시에 초기화 할 수 있는데 초기화는 중괄호({ })를 이용하며 반드시 배열의 원소 수와 초기화 상수의 수는 (일치해야 한다, 부족해도 된다)

5. 배열 선언 시 초기화 할 때 배열의 크기를 지정하지 않는 것을 언사이즈드 배열이라 한다. 이때 컴파일러는 (　　　　　) 수를 세어 배열의 크기를 할당한다.

6. 문자배열에 문자열을 입력하기 위해 사용하는 가장 일반적인 함수는 (　　　　　) 함수이다.

7. 문자배열의 문자열을 출력하기 위해 printf() 함수 외에 (　　　　　) 함수를 사용할 수 있다.

8. 배열의 첫 번째 원소를 가리키기 위해 첨자 (　　　　　) 부터 사용한다.

9. 배열원소가 할당된 주소를 출력하기 위해 주소연산자 (　　　　　) 을 사용할 수 있다.

◇□◇□◇□◇□◇◇□◇□◇

[8-2] 다음 프로그램의 실행결과는 무엇인가?

```c
#include <stdio.h>
int main()
{
    int num[6] = {-600, -300, 90, 75, 930, 70};
    short int i, index = 0;

    for(i = 0; i < 6; i++)
      if(num[index] > num[i])
          index = i;

    printf("%d, %d\n", index, num[index]);
    return 0;
}
```

① 0 , -600   ② 4, 930

③ 6, 930   ④ 4, -600

[8-3] 다음 선언 중 메모리 할당이 다른 것은 무엇인가?

① char str[] = "king";

② char str[10] = "king";

③ char str[5] = "king";

④ char str[5] = {'k', 'i', 'n', 'g'};

[8-4] 다음 선언문에 오류가 있는 것은 무엇인가?

① char a[10]="campus";

② char b[]="multi campus";

③ char c[10]={'m','u','l',116,105};

④ cahr d[10]='a';

연습문제

[8-5] 다음 단락 중 바른 것은 무엇인가?

① int num1[5] = {1, 2, 3, 4, 5};

    int num2[5];

    num2 = num1;

② int count[10], i;

    for(i = 0; i < 50; i++)

        count[i] = i;

③ char str1[15];

    printf("input string ?");

    gets(str[0]);

④ char str1[15] = "king", str2[15] = "";

    for(i = 0; str1[i]; i++)

        str2[i] = str1[i];

[8-6] 다음과 같은 문자 배열에 문자열이 초기화 되어 있다. 이 배열의 문자열을 꺼꾸로 출력하기 위한 프로그램을 작성하라(힌트는 문자 수를 세어서 활용한다).

```
char str[20] = "kingdom";
```

실행결과

```
modgnik
```

[8-7] 배열이 다음과 같이 선언되어 있다. 배열의 내용 중 최대값이 저장된 첨자의 위치를 찾아, 그 값과 첨자를 출력하라.

```
int num[6] = {-600, -3, 90, 75, 930, 70}
```

실행결과

```
value : 930, index : 4
```

◇○◇○◇○◇○◇○◇○

[8-8] 5명의 학생 점수를 표준입력으로 부터 입력하여 score 배열에 저장하려고 한다. 입력이 끝나면 평균점수, 최대점수, 최소점수를 구하여 출력한다. 또한 점수는 0~100 사이만 입력 받는다.
소스코드를 완성하여라.

```
int score[5];      //성적을 저장할 배열
```

① max, min에 첫 번째 원소의 값을 저장한다.

② 1 부터 4열 까지 반복하면서 값을 비교한다.

③ max는 자신의 값과 다른 배열원소를 비교하여 큰 값을 찾아 max에 저장한다.

④ min는 자신의 값과 다른 배열원소를 비교하여 작은 값을 찾아 min에 저장한다.

소스코드

```
include <stdio.h>
#define MAX 5

int main()
{
        int   score[MAX], count, sum=0, max, min;
        int i;

        for(i=0;i<MAX;i++)         //점수입력 및 점수범위 확인, 누적
        {




        }

        max=min=score[0];
        for(i = 1; i < MAX; i++)
```

연습문제   ◇□◇□◇□◇□◇□◇

```
        {
                //최대 값


                //최소 값


        }

        printf("\n");
        for(i = 0; i < MAX; i++)
            printf("%d, ", score[i]);
        printf(" , 평균 점수 : %.2f \n", (float)sum/MAX);
        printf("최고 점수: %d, 최저 점수 : %d \n", max, min);


    return 0 ;
}
```

실행결과

```
1, 학생 점수(0~100) ? 56
2, 학생 점수(0~100) ? 90
3, 학생 점수(0~100) ? 75
4, 학생 점수(0~100) ? 100
5, 학생 점수(0~100) ? 4444 ◄--------- 다시입력
5, 학생 점수(0~100) ? 68

56, 90, 75, 100, 68,   , 평균 점수 : 77.80
최고 점수: 100, 최저 점수 : 56
```

C Programming Language

C H A P T E R

9

문자열 처리함수와
다차원 배열

C Programming Language

구성

학습목표

- 문자열을 활용하기 위한 문자열 처리함수를 알아본다.
- 다차원 배열의 구조를 이해하고 배열을 활용해 보자
- 여러 문자열을 다루기 위해 문자열 배열의 구조를 알아본다.

SECTION 1

문자열 처리함수

문자열을 사용하다 보면 두 문자열을 비교하거나, 두 문자열을 복사, 추가할 작업들이 빈번하게 발생된다. C 언어는 **문자열을 처리하기 위한 다양한 라이브러리 함수를 제공**해준다.

C 언어는 문자 처리를 위한 다양한 라이브러리 함수 제공

개발자가 작성할 필요 없이 호출해서 사용 가능

문자열 처리 함수 : 〈string.h〉 헤더파일 필요

문자열을 다룰 수 있는 함수들 중에서 자주 사용되는 함수의 형식은 다음과 같다.

표 9-1 문자열 처리함수

함수	내용
strcpy(to, from)	from의 문자열이 to에 복사된다. 배열의 경계를 검사하지 않는다.
strcat(to, from)	문자열을 결합시켜 준다. 즉 from의 문자열이 to에 추가된다. 배열의 경계를 검사하지 않는다.
strlen(str)	문자열의 길이, 즉 문자 수를 반환한다. NULL문자는 포함되지 않는다.
strcmp(str1,str2)	두 문자열을 비교하여 다음 중 하나의 **Return value**를 반환한다. 0 : str1,str2 두 문자열이 같다. 양수 : str1이 str2 보다 크다. 음수 : str1이 str2 보다 작다.

1.1 문자배열 구조 확인

다음과 같은 두 문자배열이 선언되어 있다. 이 배열을 이용하여 문자열 처리함수를 확인해 보자.

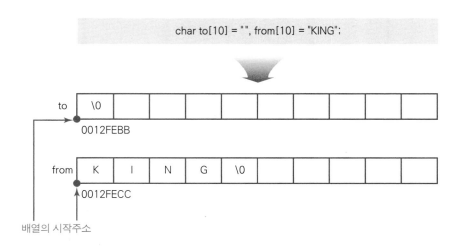

예제 │ 배열의 주소와 문자열을 출력해 보자.

strlen(), 9_1

```
1    #include <stdio.h>
2    #include <string.h>  ◄------ 문자열 처리함수를 사용하기 위한 헤더파일 선언
3
4    int main()
5    {
6        char from[10] = "KING", to[10] = "";
7
8        printf("배열의 크기:%d, 문자열의 길이: %d \n", sizeof(from), strlen(from) );
9
10       printf("from : %p,  to: %p \n", from, to);
11       printf("from : %s,  to: %s \n", from, to);
12
13       return 0 ;
14   }
```

문자열의 길이

코드분석

2   : 문자열 처리함수를 사용하기 위해 헤더파일 선언한다.

6   : 문자배열 from과 to가 선언된다. 두 배열은 10바이트 할당된다.

8   : **strlen()** 함수는 인자인 배열에 저장된 **문자열의 길이를** 구한다.

10   : to와 form은 첨자가 없는 배열변수이므로 **배열의 시작주소**이다. "%p" 지정자는 주소를 출력한다.

11   : to와 from은 배열의 시작주소이다. **"%s" 지정자는 주소로부터 NULL을 만날 때까지 문자열** 출력
       한다. to는 처음부터 NULL이므로 아무것도 출력하지 않는다.

실행결과

```
배열의 크기:10,  문자열의 길이: 4
from : 0098FEF8,  to: 0098FEE4
from : KING,  to:
```

1.2 문자열 복사와 추가

배열	• 구조가 같더라도 한 번에 대입 불가능 • 반복문을 이용해 원소 대 원소로 하나씩 대입

그러나

문자 배열	문자배열의 문자열은 문자열 처리함수를 사용하면 한번에 가능

예제 두 문자열을 복사하고, 문자열을 추가하는 함수를 알아보자.

strcpy(),srtcat(), 9_2

```
1    #include <stdio.h>
2    #include <string.h>
3
4    int main()
5    {
```

```
6          char from[10] = "KING", to[10] = "";

7

8          printf("from : %s, to: %s \n", from, to);

9

10         strcpy (to, from);      ◀------ from의 문자열이 to에 복사
11         printf("from : %s, to: %s \n", from, to);

12

13         strcat (to, "DOM");     ◀------ "DOM" 문자열이 to 마지막에 추가
14         printf("to : %s \n\n", to);

15

16         if(strlen(to) + strlen("princess") >= sizeof(to))
17             printf("KING+princess는 배열의 경계를 넘어갑니다. 추가 실패\n");
18         else
19         {
20             strcat(to, "princess");
21             printf("to : %s \n", to);
22         }

23

24         return 0 ;
25     }
```

코드분석

10   : from 배열의 문자열이 **to 배열에 복사**된다.

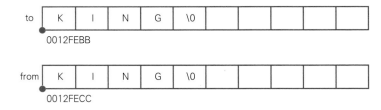

13   : "DOM" 문자열이 to 배열의 문자열 **마지막에 추가**된다.

16   : strcat()이나 strcpy() 는 실행 시 **to 배열의 경계를 검사**하지 않는다. 이 뜻은 from의 문자열이 to 배열의 메모리 할당보다 크면 **to 는 자신이 수용할 수 있는 범위를 넘어가게 된다.** 따라서 strcat() 함수는 두 문자열을 결합하므로 **to 배열의 경계를 검사하여 수용할 수 있는 범위일 때 문자열 추가**를 하는 것이 바람직 하다.

■ 해결

두 배열의 문자길이를 더한 것이 to 배열의 메모리 할당보다 작아야 한다. 크면 당연히 안되고, 같은 경우도 NULL 바이트가 저장될 공간이 없으므로 안 된다. 따라서 16행은 범위를 넘기 때문에 오류 메시지를 출력하고 문자열 추가는 실행하지 않는다.

■ 실행결과

```
from : KING, to:

from : KING, to: KING

to : KINGDOM


KING+princess는 배열의 경계를 넘어갑니다.  추가 실패
```

1.3 문자열 비교

문자배열은 **배열변수명으로 바로 문자열을 비교할 수 없다.** 이유는 배열변수는 문자열이 아니라 문자열이 저장된 배열의 시작주소이기 때문이다. **배열변수명의 비교는 문자열이 아닌 배열의 시작주소를** 비교한다. 따라서 배열에 저장된 문자열 비교하기 위해 라이브러리 **함수인 strcmp()를 사용하여 두 문자열을 비교**한다.

이 함수는 비교한 결과를 다음과 같이 반환한다. **앞이 크면 양수(0보다 큰 값), 뒤가 크면 음수(0보다 작은 값), 같으면 0** 이다.

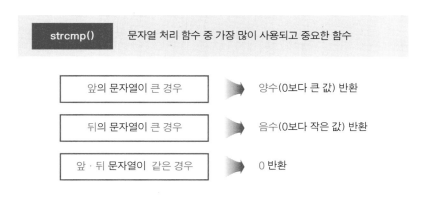

예제   아래의 두 문자열을 비교해 보자.

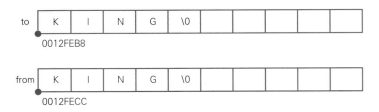

strcmp(), 9_3

```
1    #include <stdio.h>
2    #include <string.h>
3
4    int main()
5    {
6        char from[10] = "KING", to[10] = "KING";
7
8        printf("from : %s, to: %s \n\n", from, to);
9
10       if(from == to)
11          printf("%s, %s => 두 문자열은 같다. \n", from, to);
12       else
13          printf("%s, %s => 두 문자열은 같지 않다. \n", from, to);
14
15       if(strcmp(from, to) == 0)
16          printf("%s, %s => 두 문자열은 같다. \n", from, to);
17       else
18          printf("%s, %s => 두 문자열은 같지 않다. \n", from, to);
19
20       return 0 ;
21   }
```

코드분석

6   : 문자배열 from과 to가 선언된다. **두 배열은 동일한 문자열이 저장**된다.

10   : **from과 to 배열이 같은지 확인**하는 조건이다. 이 **조건은 거짓을 반환**한다. 첨자가 없는 배열변수는 그 배열의 문자열이 아니고, 배열의 시작주소이다. 따라서 **두 문자열 비교가 아닌 주소를 비교**하게 된다. **두 문자배열의 주소는 다르므로 참이 될 수 없다.**

15   : **strcmp() 함수**는 두 인자인 **to와 form의 주소를 참조**하여 주소에 저장된 **문자열을 비교**한다. 문자열의 시작번지부터 비교되며 NULL이 될 때까지 **같으면 0이 반환**된다.

실행결과

```
from : KING, to: KING


KING, KING ⇒ 두 문자열은 같지 않다.
KING, KING ⇒ 두 문자열은 같다.
```

1.4 gets() 함수의 문자배열 오버플로우 문제해결

문자배열에 문자열을 입력할 때 *배열의 크기를 넘는 경우* 다른 메모리 영역을 건드리게 되므로 **프로세스를 강제로 중지시키는 상황**이 발생하게 된다. 하여 gets_s() 를 권장하기도 하는데 이 함수는 표준라이브러리 가 아니기 때문에 **이식성에 문제가 발생**하기도 한다. 따라서 **표준 라이브러 함수로 문자열 오버플로우를 제어하는 방법**을 살펴보자.

문자배열 오버플로우 제어, 9_4.c

```c
1    #include <stdio.h>
2    #include <string.h>
3
4    int main()
5    {
6        char name[20];
7        char comAddr[50];
8        char tmp[100];
9
```

```
10      do {
11          printf("성명 ?  ");
12          gets(tmp);
13      } while (strlen(tmp) >= sizeof(name));
14      strcpy(name, tmp);
15
16      do {
17          printf("근무지 주소 ?  ");
18          gets(tmp);
19      } while (strlen(tmp) >= sizeof(comAddr));
20      strcpy(comAddr, tmp);
21
22      printf("성명: %s, 회사주소: %s \n", name, comAddr);
23
24      return 0;
25  }
```

코드분석

8   : 문자열을 임시로 입력받기 위한 tmp 배열을 100바이트 할당으로 선언한다.

10~13 : 성명을 임시배열 tmp에 입력받는다. tmp는 크기가 충분하므로 오버플로우가 발생하지 않는다. tmp 배열의 문자열 크기가 name 배열에 저장하기 위해, tmp 배열의 문자열 길이가 name배열의 메모리 할당보다 크면 다시 입력을 받기 위해 do{..}while 문으로 반복구조를 사용한다. do{..}while 문은 tmp 배열의 문자열 길이가 name 배열의 메모리 할당보다 작을 때 탈출한다.

14   : tmp 문자열을 name배열에 strcpy() 를 사용하여 복사한다.

실행결과 (문자열 정상입력)

> 성명 ? 마마무
> 근무자 주소 ? 서울시 강남구 선능 멀티캠퍼스
> 성명: 마마무, 회사주소: 서울시 강남구 선능 멀티캠퍼스

실행결과 (문자열 오버플로우 일때)

SECTION 2

다차원 배열

다차원 배열(Multidimensional Array)은 배열의 요소 자체가 또 다른 배열이 되는 경우(Array of Array)를 말한다. 2차원 이상을 다차원 배열이라 한다.

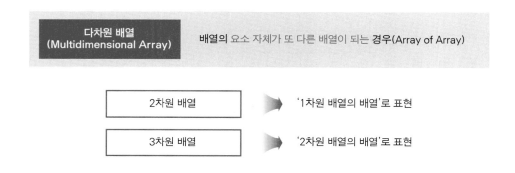

2.1 2차원 정수형 배열

다차원 배열 중에서 가장 일반적인 형태인 2차원 배열(Two-Dimensional Array)이다. 2차원 배열은 [행의 크기][열의 크기]로 표현된다.

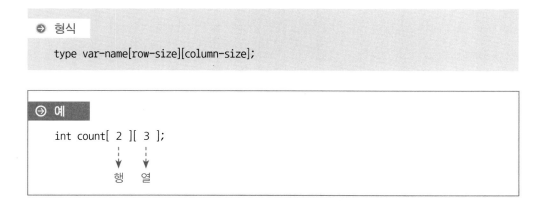

2차원 배열은 행(Row)과 열(Column)로 구성되는 행렬(Matrix)로 생각할 수 있다. 즉 1차원 배열 구조가 아래로 여러 개 나열된 구조라고 생각할 수 있다.

(1) 2차원 배열의 구조

2차원 배열의 각 원소를 접근하는 규칙이 있다. **세로줄**의 항목은 **열**이며, **가로줄**은 **행**이다.

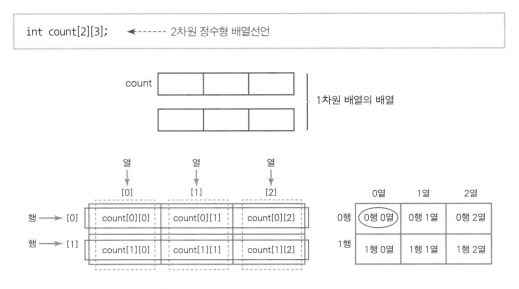

그림 9-1 2차원 정수형 배열의 구조

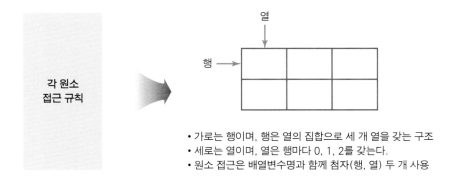

예제　count 배열 데이터를 대입하고, 값과 주소를 출력해 보자.

2차원 정수형배열, 9_5

```
1    #include <stdio.h>
2
3    int main()
4    {
5        int  i,  j,  N = 1;
6        int count[2][3];  ◄------ 2차원 정수형 배열 선언
7
8        for(i = 0;  i < 2;  i++)  ◄------ 행 제어
9            for(j = 0;  j < 3;  j++)  ◄------ 열 제어
10           {
11                count[i][j] = N++;  ◄------ 배열원소에 값 저장
12                printf("%d, %p \n",  count[i][j],  &count[i][j]);
13
14           }
                              원소의 값,      원소의 주소
15
16       return 0 ;
17   }
```

코드분석

6　　: 2차원 정수형 배열 count가 선언된다

8~14　: **2차원 배열 원소**를 사용하기 위해서는 **첨자가 두 개**가 필요하다. 배열 원소는 첨자가 규칙적이므로 **중첩 반복문을 이용하여 배열전체**를 가리킬 수 있다.

　　　 i => 0 일 때, j 는 0, 1, 2가 되면서 **0행에 있는 열의 원소**를,

　　　 i => 1 일 때, j 는 0, 1, 2가 되면서 **1행에 있는 열의 원소**를 가리킨다.

11　　: 배열이 가리키는 첨자의 **원소에 N 변수의 값을 저장**하고, N은 1 증가된다.

12　　: **count[0][0]은 원소의 값**이고, **&count[0][0]은 원소의 주소**이다.

실행결과

```
1, 00F3F750
2, 00F3F754
3, 00F3F758
4, 00F3F75C
5, 00F3F760
6, 00F3F764
```

---

(2) 배열 초기화

2차원 배열은 다음과 같은 방법으로 초기화될 수 있다.

```
int count[2][3] = {10, 20, 30, 40, 50, 60};
int count[2][3] = { {10,20,30} , {40,50,60} };
```
───────▶ 안쪽 중괄호는 행 단위 데이터를 구분하기 위해 사용

```
int count [ ][3] = {10, 20, 30, 40, 50, 60};
```
┄┄▶ 2차배열은 언사이즈드 배열로 선언하려면 가장 안쪽 차원만 생략할 수 있다.

```
int count[2][3] = {10, 20, 30, 40};
```
┄┄▶ 초기상수는 차례대로 저장되며, 남은 공간은 0으로 초기화 된다.

(3) 2차원 배열의 주소 개념

첨자가 없는 배열변수는 데이터가 아닌 그 **배열의 시작주소**이다. 또한 2차원 **배열에서 배열 변수명과 첨자를 하나만 사용**하는 것은 **배열의 행을 의미**한다. 행은 데이터가 아닌 각 행이 시작되는 메모리의 주소이다.

■ 행은 그 행의 값이 아닌, 행이 시작되는 메모리 시작주소

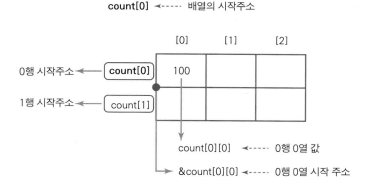

예제   2차원 배열의 행 단위 개념을 알아보자.

2차원 배열의 주소개념, 9_6

```
1    #include <stdio.h>
2
3    int main()
4    {
5        int i, j;
6        int count[2][3] = {10, 20, 30, 40, 50, 60};
7
8        printf("배열 전체의 크기: %d, 한 행의 크기 : %d, 하나의 원소의 크기: %d \n\n",
9                        sizeof(count), sizeof(count[0]), sizeof(count[0][0]));
10
11       for(i = 0; i < 2; i++)
12       {
13           for(j = 0; j < 3; j++)
14               printf("%d, ", count[i][j]);
15           printf("\n");
16       }
17
18       printf("\n배열의 시작주소: %p ,  0행의 시작주소:  %p, 1행의시작주소: %p \n",
19                      count, count[0], count[1]);
```

```
20
21      return 0 ;
22  }
```

코드분석

6   : 2차원 정수형 배열 count가 선언된다. 배열은 선언 시 값을 할당 받는다.

8~9   : **첨자가 없는 배열의 크기는** 배열 **전체크기**이다.

           2차원 배열에서 배열변수명과 함께 **첨자를 하나만 사용하면 행**을 나타낸다. 행은 열의 집합이다.
           따라서 **행의 크기**를 구한다. 2차원 배열에서 **첨자를 두 개 사용**하면 하나의 원소인 열이다. 즉 **열의 크기**를 구한다.

11~16   : 2차원 배열 원소의 값을 행 단위로 출력하고 줄 바꿈 한다.

18   : 2차원 배열에서 배열 변수명과 첨자를 하나만 사용하는 것은 배열의 행을 의미한다. **행은 그 행의 값이 아닌, 행이 시작되는 메모리 시작주소**라는 사실을 기억해야 한다.

실행결과

```
배열 전체의 크기: 24, 한 행의 크기 : 12, 하나의 원소의 크기: 4
10, 20, 30,
40, 50, 60,

배열의 시작주소: 00AFF81C, 0행의 시작주소: 00AFF81C, 1행의시작주소: 00AFF828
```

⏳ **TIP** 2차원 배열 어디에 사용하면 좋을까?

희망 중학교 1학년 1반 1번 학생이 중간고사 시험을 12과목 보았다. 선생님은 12개의 점수와 총점, 평균, 석차를 저장하기 위해 다음과 같이 선언하였다.

```
int    student[15];   ◄------ 1번 점수 저장
```

그런데 1반은 50명이다. 그렇다면 위의 1차원 배열을 50개 선언하란 말인가? 그래서 선생님은 다음과 같이 선언하였다.

```
int    student [50] [15];   ◄------ 50명 점수 저장
                 ↓    ↓
                 행    열
```

즉 관련이 있는 열의 집합을 행 단위로 여러 개 두어 사용하고자 할 때 2차원 배열은 사용된다.

즉, 행 마다 학생점수를 구별하여 저장한다.

memo

문자열 배열

문자열을 다루기 위해 1차원 문자배열을 사용하였다. 그러나 여러 개의 문자열을 다루어야 한다면 1차원 배열이 여러 개가 필요할 것이다. 이때 2차원 문자배열을 사용하여 여러 문자열을 관리할 수 있다.

문자열 테이블은 2차원 배열로 선언된다. 다음은 문자열 테이블이다.

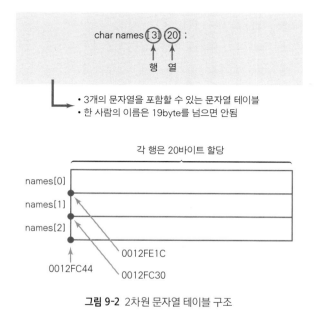

그림 9-2 2차원 문자열 테이블 구조

2차원 배열에서 문자열 입출력은 **문자열을 저장할 행의 시작주소를 기준**하며, 각 행의 **시작주소인 names[0], names[1], names[2]를 사용하여 문자열을 제어**할 수 있다.

2차원 배열에서 첨자를 하나만 사용하면 행의 시작주소 → names[0]

[0]행의 시작주소(포인터 상수)를 가짐

예제   3명의 성명을 입력 받아 문자 배열에 저장한 후 출력시켜 보자.

문자열 테이블, 9_7

```
1    #include <stdio.h>
2
3    int main()
4    {
5        char names[3][20];      ◄------ 2차원 문자배열 선언
6        int i;
7
8        for(i = 0; i < 3; i++)
9        {
10           printf("%d, 성명 ? ", i + 1);
11           gets(names[i]);       ◄------ 문자열 입력
12       }
13
14       printf("\n");
15       for(i = 0; i < 3; i++)
16           printf(" %s , %p \n", names[i], names[i]);
17
18
19       return 0 ;
20   }
```

행 주소 출력

행 주소에 저장된 문자열 출력

5   : 2차원 문자배열 선언 names가 선언된다. 이는 **3명의 성명을 저장**할 수 있는 구조이다.

11   : **gets() 함수**는 표준입력으로부터 **성명**을 입력 받아 **names 배열의 i 행이 가리키는 주소에 저장**
       한다.

16   : names[0], names[1], names[2]는 각 **행의 시작주소**이다. 이 주소를 "**%s**"로 출력하면 NULL을
       만날 때까지 문자열을 출력하고, **%p**"로 출력하면 자신의 주소를 출력하게 된다.

```
1,  성명 ? 슈가
2,  성명 ? 뷔
3,  성명 ? 지민


슈가,  0116F788
뷔,  0116F79C
지민,  0116F7B0
```

문자열을 다룰 때 **유용하게** 사용될 **문자열 처리함수**를 좀 더 살펴보자.

표 9-2 다양한 문자열 처리함수

함수	내용
strstr(str1, str2);	str1 문자열 안에서 str2 문자열을 찾는다. 찾으면 str1에서찾은 문자열의 시작주소가 반환된다.
strupr(문자배열)	문자열을 모두 대문자로 변환하여 배열에 저장한다.
strlwr(문자배열)	문자열을 모두 소문자로 변환하여 배열에 저장한다.
toupper(한문자)	한 문자를 대문자로 변환한다.
tolower(한문자)	한 문자를 소문자로 변환한다.

예제 2차원 문자배열에 여러 컬러를 저장하고, 컬러를 조회는 프로그램이다.

```
char color[5][10] = {"Red", "Green", "Yellow", "Blue", "Black"};
```

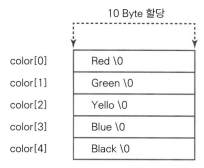

10 Byte 할당

color[0]	Red \0
color[1]	Green \0
color[2]	Yello \0
color[3]	Blue \0
color[4]	Black \0

문자열 검색, 9_8

```c
1   #include <stdio.h>
2   #include <string.h>
3
4   int main()
5   {
6       char color[5][10] = {"Red", "Green", "Yellow", "Blue", "Black"};
7       char str[10], tmp[10], answer;
8       int i;
9
10      while(1)
11      {
12          printf("\n색상입력 ? ");
13          gets(str);
14
15          for(i = 0; i < 5; i++)
16          {
17              if(strcmp(color[i], str) == 0)
18              {
19                  printf("color[%d] 행에서 검색: %s \n", i, color[i]);
```

```
20              break;
21            }
22          }
23
24        if(i == 5)
25            printf("%s 색상은 color 배열에 포함되어 있지 않습니다. \n", str);
26
27        printf("\n계속할까요 ? (y/n) ");
28        answer = getchar();
29
30        if(answer == 'N' || answer == 'n')
31            break;
32
33        while (getchar() != '\n');
34    }// while(1) end
35
36    return 0 ;
37 }
```

코드분석

6   : color 배열을 선언과 동시에 초기화 한다.

13   : 비교할 문자열을 str 배열에 입력한다.

15~22 : 컬러비교를 위해 5번 반복문을 실행한다.

17   : 문자열 비교를 위해 strcmp() 함수를 사용한다. 참이면 검색된 것이며 검색된 color 배열의 i 행을 출력한다.

24   : color 검색을 실패한 경우 출력할 조건문이다.

27~31 : 계속 검색할지 결정한다. answer 변수가 "n"/"N" 가 아니면 즉, "Y" 이면 33행이 실행된다.

31   : answer 변수에 "n"/"N"이 입력되면 반복 loop를 탈출한다.

33   : answer 변수가 "Y"/"y"일 때 입력버퍼에 남겨있는 모든 값을 버리고 10행 while 반복문의 시작으로 이동된다.

실행결과

```
색상입력 ? Green
color[1] 행에서 검색: Green
계속할까요 ? (y/n) y


색상입력 ? Yellow
color[2] 행에서 검색: Yellow
계속할까요 ? (y/n) y


색상입력 ? magenta
magenta 색상은 color 배열에 포함되어 있지 않습니다.
계속할까요 ? (y/n) n
```

Quiz 위 프로그램은 소문자로 색상을 입력하면 검색되지 않는다. 따라서 문자열 비교 시 대소문자를 구분하지 않고 비교하려고 한다. 즉 "black", "BLACK"을 입력하여 도 color 배열의 Black은 검색되어야 한다. 단 color 배열의 문자열은 변경되어서 는 안 된다.

프로그램으로 수정하여 다음과 같이 실행되도록 하라.

실행결과

```
색상입력 ? red
color[0] 행에서 검색: Red
계속할까요 ? (y/n) y


색상입력 ? black
color[4] 행에서 검색: Black
계속할까요 ? (y/n) y


색상입력 ? purple
PURPLE 색상은 color 배열에 포함되어 있지 않습니다.
계속할까요 ? (y/n) n
```

힌트

• strupr() 함수를 이용하여 입력된 str 배열의 문자열을 모두 대문자로 변경한다.

TIP 3차원 배열

3차원배열은 **2차원 배열의 배열**이다. 즉 2차원 배열이 연속적으로 여러 개 모인 것과 같다. 3차원 이상도 가능하지만 일반적인 프로그램에서 잘 사용되는 개념은 아니므로 3차원 배열의 구조와 개념을 간단히 이해하여 보자.

다음은 3차원배열의 선언문이다.

3차원 배열은 대괄호가 3개 필요하다. 이때 **마지막 대괄호는 항상 열이다.** 그 앞의 대괄호는 **행**이며, 그 앞의 대괄호는 **면**이다.

항상 배열 선언의 구조는 마지막 대괄호부터 구조를 그린다. 즉 열을 표현하고, 행을 표현하다. 그리고 면을 표현하면 3차원 배열구조가 된다. 즉 2차원 배열이 뒤로 여러 개 있는 구조이다.

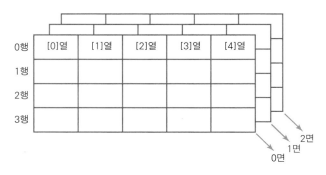

다음은 면을 하나씩 펼쳐보인 구조이다.

count [0]면

	[0]	[1]	[2]	[3]	[4]
0행					
1행					
2행					
3행					

count [1]면

	[0]	[1]	[2]	[3]	[4]
0행					
1행					
2행					
3행					

count [2]면

	[0]	[1]	[2]	[3]	[4]
0행					
1행					
2행					
3행					

이처럼 2차원 구조를 여러 개 사용할 경우 3차원 배열을 사용한다.

언제 3차원 배열을 사용하면 좋을까?

1학년 1반 50 명의 학생점수를 저장하기 위해서는 다음과 같이 2차원 정수형 배열을 사용하였다.

```
int student[50][15];
```

그런데 **1학년이 10반** 까지이다. 그렇다면 위의 2차원배열이 10개 필요하다는 뜻이 된다. 따라서 선생님은 배열을 다음과 같이 선언하였다.

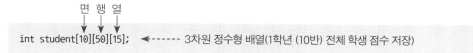

즉 면 마다 "각 반"의 점수가 구분되어 저장된다.

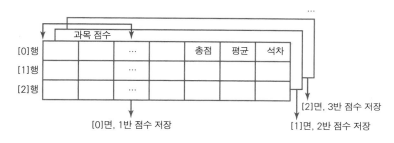

memo

요약정리(Summary) ◇□◇□◇□◇□◇□◇□◇

문자열 처리함수

함수	내용
strcpy(to, from)	▪ from의 문자열이 **to**에 복사됨. ▪ 배열의 경계를 검사하지 않음.
strcat(to, from)	▪ 문자열을 결합시켜 줌. ▪ 즉 from의 문자열이 **to 끝에 추가됨.** ▪ 배열의 경계를 검사하지 않음.
strlen(str)	▪ 문자열의 길이, 즉 문자 수를 반환함. ▪ NULL문자는 포함되지 않음.
strcmp(str1,str2)	두 문자열을 비교해 다음 중 하나의 **Return value**를 반환함. ▪ 0 : str1.str2 두 문자열이 같다. ▪ 양수 : **str1**이 **str2** 보다 크다. ▪ 음수 : **str1**이 **str2** 보다 작다.

- 배열의 요소 자체가 또 다른 배열이 되는 경우(Array of Array)를 말함.

- 2차원 배열은 1차원 배열의 배열로 표현할 수 있음.

- 3차원 배열은 바로 2차원 배열에 대한 배열로 구성될 수 있음.

문자열 배열

- 여러 문자열을 다루기 위해 2차원 문자배열을 사용 함.

```
char names [3] [20];
```

- 위 선언문은 3개의 문자열을 포함할 수 있는 문자열 테이블임.

- 각 문자열은 NULL 종료문자를 포함하여 20문자를 가짐.

- 즉 한 사람의 이름은 20 byte를 넘으면 안됨(Null 문자포함).

연습문제 ◇□◇□◇□◇□◇□◇□◇

[9-1] 다음의 물음에 답하라.

1. 문자열 복사 함수는 (   ) 이다.

2. 문자열 추가 함수는 (   ) 이다.

3. 문자열 비교 함수는 (   ) 이다.

4. 첫 번째 문자열 중 두 번째 문자열이 포함되어 있는지 확인할 수 있는 함수는 (   ) 이다.

5. 2차원 배열을 선언하고 배열변수명과 첨자를 하나만 지정하면 행이 되며, 행은 할당된 메모리의 (   ) 이다.

6. 2차원 배열의 원소에 접근하려면 반드시 첨자를 (   )개 주어 행과 열을 가리켜야 한다.

7. strcmp() 함수가 반환하는 값 중 두 문자열이 같은 경우 (   )을 반환한다.

[9-2] 다음 프로그램의 실행결과는 무엇인가?

```c
#include <stdio.h>
#include <string.h>

int main()
{
        char str[20] = "kingdom";
        int i;

        for(i = strlen(str) - 1 ; i >= 0; i-=2)
            printf("%c ", str[i]);

        printf("\n");

        return 0 ;
}
```

결과 (   )

연습문제

[9-3] 문자열 처리 함수의 설명으로 바르지 않은 것은 무엇인가?

① strcpy(to, from) : from의 문자열이 to에 복사된다.

② strcmp(str1,str2) : 두 문자열을 비교하며, 같으면 0을 반환한다.

③ strstr(str1, str2) : str1 문자열 안에서 str2 문자열을 찾는다. 이때 대소문자는 구분한다.

④ strupr(str) : 문자열을 모두 소문자로 변환하여 배열에 저장한다

[9-4] 다음 선언문에 오류가 있는 것은 무엇인가?

① char a[2][10] = {"campus", "milti", "advanced"};

② char b[3]{10} = {"multi"};

③ int c[2][3] = {10, 20, 30, 40, 50};

④ int d[2][3] = {{10}, {20}};

[9-5] 키보드로부터 0에서 9까지의 정수 중에서 10개의 수를 입력 받아 가장 많이 입력 받은 수는 무엇이고, 몇 번인지 출력하는 프로그램을 작성하라.

실행결과

```
1, 값 입력 ? (0~ 9) 4
2, 값 입력 ? (0~ 9) 8
3, 값 입력 ? (0~ 9) 7
4, 값 입력 ? (0~ 9) 2
5, 값 입력 ? (0~ 9) 9
6, 값 입력 ? (0~ 9) 7
7, 값 입력 ? (0~ 9) 3
8, 값 입력 ? (0~ 9) 7
9, 값 입력 ? (0~ 9) 1
10, 값 입력 ? (0~ 9) 7

가장 많이 입력한 수 : 7, 횟수 :4
```

[9-6] 전치행렬은 행렬의 열 요소와 행 요소를 상호 교환하는 것이다. 아래의 표는 A 배열의 구조를 B 배열에 전치행렬로 저장한 구조이다.

A[3][3]

13	4	30
34	2	5
7	15	27

B[3][3]

13	34	7
4	2	15
30	5	27

배열 A 는 선언과 동시에 값을 초기화 하고, 이를 B 배열에 열 요소와 행 요소를 상호 교환하여 저장한 값을 출력하는 프로그램을 작성하라.

실행결과

```
A 배열 리스트
    13     4    30
    34     2     5
     7    15    27

전치행렬 B 배열 리스트
    13    34     7
     4     2    15
    30     5    27
```

[9-7] 다음과 같이 정수형 배열을 선언하고 그 배열을 1부터 49까지 다음과 같이 값을 채워라.

```
int  num[7][7] ;
```

1						
8	9					
15	16	17				
22	23	24	25			
29	30	31	32	33		
36	37	38	39	40	41	
43	44	45	46	47	48	49

연습문제

데이터가 저장되지 않은 원소는 출력하지 말아야 한다. 공통점을 찾아 중첩 반복을 제어하라.

실행결과

```
 1
 8    9
15   16   17
22   23   24   25
29   30   31   32   33
36   37   38   39   40   41
43   44   45   46   47   48   49
```

[9-8] 다음과 같이 문자배열이 초기화 되어있다. 성명 오름차순으로 정렬하여 출력하는 프로그램을 작성하라.

```
char names[10][20]={"kim","lee","sin","jo","kim2",
                    "chae","jin","bak","so","chol"};
```

힌트

문자배열은 문자열이 저장된 주소를 대상으로 하기 때문에 strcmp()함수를 사용한다.

소스코드

```
#include <stdio.h>
#include <string.h>

int main()
{
    char names[10][20]={"kim","lee","sin","jo","kim2",
                        "chae","jin","bak","so","chol"};
    int i,j;
    char tmp[20];
```

```
        printf("\n배열 초기화\n");
    for(j = 0; j < 10; j++)
        printf("%5s",names[j]);
    printf("\n");

    for(i=0 ; i<9 ; i++)
        for(j=0 ; j<9-i ; j++)
    {
//문자배열 비교




    }


    printf("\nSorted Result\n");
    for(j = 0; j < 10; j++)
        printf("%5s", names[j]) ;
    printf("\n");

    return 0 ;
}
```

실행결과

```
배열 초기화
   kim  lee  sin   jo kim2 chae  jin  bak   so chol

Sorted Result
  bak chae chol  jin   jo  kim kim2  lee  sin   so
```

연습문제

[9-9] 성명과 주소를 표준 입력으로부터 입력하여 문자배열에 저장하려고 한다. 이때 키보드로부터 입력되는 문자열은 배열이 저장할 메모리 할당보다 커서는 안 된다. 이를 검증하는 작업을 아래의 흐름에 따라 작성하시오.

성명과 주소를 저장하기 위한 배열은 다음과 같다.

```
char name[20], address[50];
```

힌트

• 키보드로부터 성명은 임시 배열 tmp에 일단 저장한다.

```
char tmp[100];
```

• tmp에 저장된 문자열의 길이를 구한 뒤 이 문자열이 저장할 name 배열의 크기보다 크거나 같으면 다시 입력 받는다. 크기가 name 배열보다 작은 문자열이 입력될 때까지 입력은 반복한다.
• tmp 문자열이 name 배열의 크기보다 작을 때 tmp 배열의 문자열을 name 배열에 복사한다.
• 이러한 방법으로 주소도 tmp에 저장한 뒤 문자열의 크기가 address 배열보다 작을 때 address 배열에 대입한다.

소스코드

```c
#include <stdio.h>
#include <string.h>

int main()
{
        char name[20]="";        //성명 저장
        char address[50]="";     //주소 저장
        char tmp[100];           //임시배열
        int count, i;

    do{
            count=0;
            printf("성명  ? ");
```

◇□◇□◇□◇◇□◇□◇◇

```
            gets(tmp);
    }while(                        );        //성명 배열범위 확인

    strcpy(name, tmp);                       //tmp 배열 name에 복사



//주소 배열범위 확인 및 복사








    printf("\n성명: %s, 주소: %s \n", name, address );




    return 0 ;
}
```

```
성명  ? kim aaaaaaaaaaaaaaaaaaaaaaaaaaaaaaaaaaaaaaaaaaaaa
성명  ? 김 원선
주소   seoul bbbbbbbbbbbbbbbbbbbbbbbbbbbbbbbbbbbbbbbbbbbbbbbbbbbbbbbbbb
bbbbbbbbbb
주소  ? 서울시 강남구 역삼동 멀티캠퍼스

성명: 김 원선, 주소: 서울시 강남구 역삼동 멀티캠퍼스
```

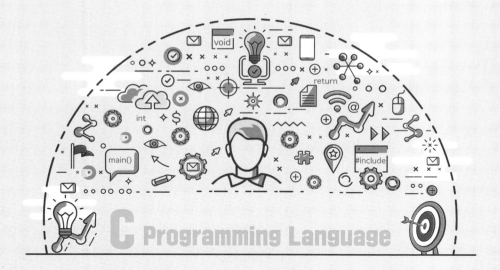

C H A P T E R

10

포인터

C Programming Language

구성

학습목표

- 포인터 변수와 변수의 차이점을 알아본다.

- 값의 연산과 포인터 연산의 차이점을 알아본다.

- 배열과 포인터의 관계를 살펴보고 활용하여 본다.

- 함수에 인자를 전달할 때 값에 의한 전달과 참조에 의한 전달을 구분하여 본다.

SECTION 1

프로세스

디스크와 같은 보조기억장치에 저장된 실행파일을 사용자가 실행할 때 디스크의 실행 파일이 **메모리의 일부분에 적재**된다. 그리고 메모리에 적재된 프로그램은 실행된다. **프 로세스란 메모리에서 실행 중인 프로그램을 말하며**, 프로그램이 종료될 때 프로세스는 메모리에서 소멸된다. 즉 **프로세스란 메모리에 적재되어 실행중인 프로그램**이다.

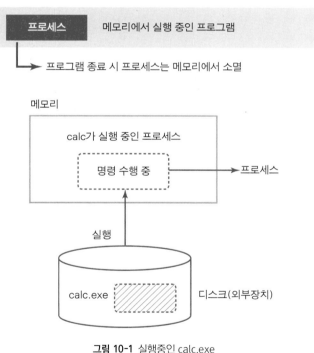

그림 10-1 실행중인 calc.exe

메모리는 'xx 번지'라고 표현되는 주소 개념이 있다. 메모리에 적재되는 모든 것은 운영 체제에 의해 메모리의 빈 공간을 할당 받고 **주소에 의해 데이터를 구분하여 사용**하게 된다.

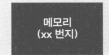

메모리 (xx 번지)	• 'xx 번지'라고 표현되는 주소 개념 • 운영체제에 의해 메모리의 빈 공간을 할당 받음 • 주소에 의해 데이터 구분하여사용

C 언어는 할당된 메모리의 주소 공간을 확인하고 제어할 수 있다.

메모리 공간의 주소를 확인하고 제어할 수 있는 포인터 자료형이 있다.

실행중인 메모리의 임의의 주소

memo

SECTION 2

포인터란?

포인터를 정의한다면 **실행중인 프로세스의 임의의 주소**를 말한다. C 언어는 **포인터를 이용하여** 프로세스의 원하는 **영역에 접근**될 수 있다. 이는 마치 기계어나 어셈블리 언어처럼 메모리를 직접 조작할 수 있게 된다.

포인터 자료형은 여러 가지로 구분되며, **메모리에 접근할 대상**의 종류에 따라 **포인터를 선언**하는 방법이 다르고, **사용하는 방법** 또한 다르다.

메모리를 제어할 수 있는 포인터 자료형을 살펴보자. 본서에서는 포인터자료형을 모두 다룰 수 없기 때문에 기본적으로 꼭 필요한 내용만 다루기로 한다.

2.1 포인터 변수

포인터 변수란 다른 객체(변수)의 메모리 주소를 저장하는 변수를 말한다. 즉 변수는 값을 저장하지만, **포인터 변수는** 실행중인 어떤 변수의 시작주소를 대입 받아 이를 활용할 수 있게 한다. **포인터 변수선언은** 변수명 앞에 ***** 를 **추가**하여 선언한다.

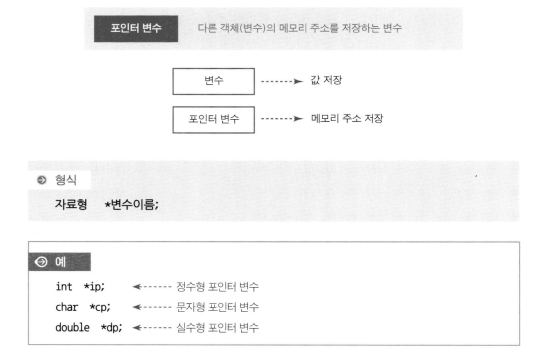

위와 같이 선언된 포인터 변수는 *, & 연산자와 함께 사용할 수 있으며 그 의미는 다음과 같다.

&(주소연산자)	변수에 할당된 메모리의 시작 주소를 반환하는 연산자
*(포인터연산자)	포인터 변수가 가리키는 곳의 내용을 참조하는 연산자(실행문)

예제 변수는 값을 저장하고, 포인터 변수는 메모리 주소를 저장한다. 변수와 포인터 변수의 관계를 살펴보자.

포인터 변수, 10_1

```
1    #include <stdio.h>
2
3    int main()
4    {
5        double dNum, *dp;  ◄------ 변수와 포인터변수 선언
6
7        dNum = 7.5;
8        printf("dNum: %lf, &dNum: %p \n\n", dNum, &dNum);
9
10       dp = &dNum;  ◄------ 포인터 변수에 변수의 주소 할당
11       printf("*dp : %lf, dp : %p \n", (*dp) , (dp));
12
13                        간접 참조한 데이터 출력   포인터가 보관하고 있는 주소 출력
14       return 0;
15   }
```

코드분석

5 : double형 변수 dNum 과, **포인터 변수 *dp**가 선언된다. 다음과 같이 메모리에 할당된다.

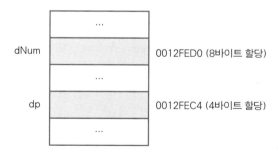

7 : dNum 에 값을 대입한다.

8 : dNum 변수의 값과 변수의 시작주소를 출력한다. **"&"연산자는 변수의 시작주소를 반환**하는 연산자다.

10 : **포인터 변수 dp에 dNum 변수의 시작주소를 할당**한다. 이때 주소가 저장된다. **변수는 값**을, **포인터 변수는 메모리 주소**를 저장한다.

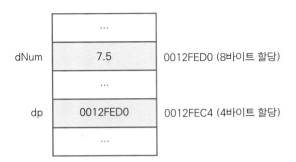

11   : 포인터 변수는 주소를 저장하고 있으므로, **dp를 출력**하면 **보관중인 주소를 출력**하게 된다. 그러나 **포인터연산자를 사용한 *dp는** 포인터 변수가 **가리키는 곳의 내용**을 접근하게 된다.

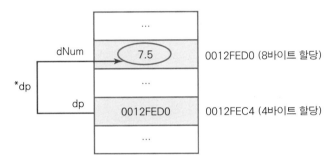

즉 포인터변수가 저장하고 있는 주소가 **가리키는(참조) 데이터를 사용**하게 된다. 이를 **간접참조**라 한다. 간접참조 한 데이터는 dNum 변수가 된다.

실행결과

```
dNum  : 7.500000,  &dNum  : 006FFB6C
*dp : 7.500000,  dp : 006FFB6C
```

⌛ **TIP** **포인터 변수 선언 시 다음 선언문은 같다!!!**

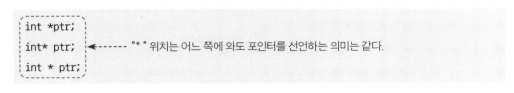

⏳ **TIP** 포인터 변수 선언 시 **이 선언문은 다르다.!!!**

`int *ptr, num;` ┄┄┄▶ ptr은 포인터변수이고, num은 정수형 변수이다.

⏳ **TIP** **& 연산자는 상수나 수식의 주소를 사용할 수 없다!!!**

```
int num;
int *ptr ;

ptr = &num;    ◀┄┄┄┄ ptr은 num 변수의 시작주소를 할당 받는다
```

`ptr = &500;` ┄┄┄▶ 오류!!!,
`ptr = &(500 + 100);`　　　정수형 상수, 수식 값은 주소를 갖지 않는다

[숫자 상수가 주소를 할당하지 않는 이유!!!]

`int num = 500 ;` ┄┄┄▶ 대부분의 컴파일러는 num 라는 주소 공간에 바로 값 500을 넣을 수 있기 때문에 500에 대한 메모리가 따로 필요하지 않아 메모리를 할당하지 않는다. **임시 값**(temporary value)으로 **사용함.**

2.2 포인터 변수 자료형과 메모리 할당?

포인터 변수 선언 시 자료형 의미와 메모리 할당관계를 알아보자.

(1) 포인터 변수의 메모리 할당

포인터 변수의 메모리 할당은 몇 바이트를 할당 받을까? 선언되는 자료형과 무관하며 일반적으로 **32비트 운영체제에서는 4바이트, 64비트 운영체제인 경우에는 8바이트**를 할당한다. 즉 어떠한 자료형으로 선언된다 해도 **32비트 운영체제에서는 4바이트를 할당한다.**

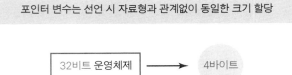

그림 10-2 포인터변수의 메모리 할당

(2) 포인터 변수의 자료형

그렇다면 포인터 변수는 어떠한 자료형으로 선언되어도 될까? 포인터 변수 선언 시 주의할 점은 **포인터 변수의 자료형**이다. **포인터 변수의 자료형은** 자신이 참조할 데이터의 자료형과 같아야 **한다.** 이를 지키지 않으면 원하는 데이터를 참조할 수 없다.

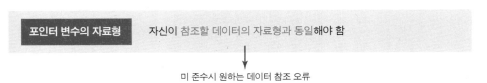

포인터 변수의 **자료형은** 포인터 참조 시 **"포인터 변수가 가리키는 번지로 가서 몇 바이트 정보를 읽어 오는가"** 에 대한 것을 알리는 것이다. 즉, **포인터 변수의 타입 크기의 자료형을 접근**하게 된다.

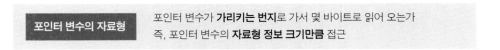

따라서, 포인터 변수의 타입 = 포인터 변수가 접근한 데이터의 자료형 은 같은 자료형으로 선언되어야 한다.

예제 포인터 변수와 변수 자료형과 의 관계를 살펴보자.

다양한 포인터 자료형, 10_2

```
1    #include <stdio.h>
2
3    int main()
4    {
5        char ch, *cp;
6        int num, *ip;
7        float f_num, *fp;
8        double d_num, *dp;
9
10       printf("변수의 크기 : %3d %3d %3d %3d\n",sizeof(ch), sizeof(num),
11                                       sizeof(f_num), sizeof(d_num));
12
13       printf("포인터 변수의 크기 : %3d %3d %3d %3d\n", sizeof(cp),
14                                       sizeof(ip), sizeof(fp), sizeof(dp));
15       d_num=17.5;
16       cp = &d_num;    ◀------ 자료형이 다른변수의 주소 대입
17       printf("\ncp 가 참조한 값 : %lf \n\n", *cp);
18
19       return 0 ;
20   }
```

코드분석

10   : 변수들이 할당된 크기를 출력한다. 변수는 자료형에 따라 메모리 할당이 다르다.

13   : 포인터 변수가 할당된 크기를 출력한다. 포인터 변수는 자료형이 달라도 모두 4바이트 출력이다.

16   : **char형 포인터 변수**에 **double 형 변수**의 시작주소를 **대입**한다. cp는 포인터 변수이므로 다른 자료형의 시작주소를 저장할 수 있다. 이때 **주소타입이 달라 경고오류가 발생**된다.

17   : **cp가 참조하는** 데이터 출력 시 **데이터를 제대로 접근할 수 없다.** 이유는 ***cp는 자신이** 보관하고 있는 **주소를 참조하여** 자신의 자료형 크기인 1바이트만 사용한다.

🔍 **여기서 잠깐!!** cp가 참조하는 데이터 출력 시 데이터를 제대로 접근불가능

- *cp는 자신이 보관하고 있는 주소를 참조해 자신의 자료형 크기인 1바이트만 사용함.
- 이때 double형 데이터는 8바이트 할당으로 데이터가 저장되기 때문에 1바이트 접근으로는 데이터를 제대로 사용할 수 없음.

실행결과

```
변수의 크기 :    1    4    4    8
포인터 변수의 크기 :    4    4    4    4


cp 가 참조한 값 : 0.000000
```

(3) 변수와 포인터 변수의 차이점?

	변수	포인터 변수
선언	double d_num;	double *dp;
메모리 할당	8	4 (32bit 운영체제)
저장	실수형 데이터	메모리 주소
값 접근	d_num, 변수명 사용	*dp , 저장된 주소의 값을 참조
값의 접근방식	직접접근	간접접근

(4) 포인터 변수를 사용할 때 알아야 할 규칙

- 포인터 변수는 ***변수명으로 선언**해 컴파일러에게 포인터 변수임을 알려야 함.

- 포인터 변수의 자료형은 자신이 **참조할 변수의 자료형과 같아야 함.**

- 포인터 변수는 선언만으로는 주소를 할당 받지 못하므로, **실행 시 주소를 대입** 받아야 한다. 변수의 주소라면 **"&"연산자를 사용**하여 시작주소 사용함.

- **실행문에서의 *변수명**은 포인터 연산자로 자신이 보관하고 있는 주소의 데이터를 접근하게 되며, 이를 간접참조라 함.

- 모든 포인터 변수는 **선언되는 자료형과 무관하게 32bit 운영체제**에서는 **4바이트 할당**을 보장 받음.

2.3 64bit로 컴파일 하기

운영체제가 64bit 환경임에도 일반적인 개발 툴 에서 C 코드 작성시 컴파일 환경은 32bit 로 컴파일 되는 것이 보편적인 컴파일 방법이다. 하나의 예로 기존에 작성된 라이브러리가 32bit 로 만들어진 경우 64bit 애플리케이션이 사용할 때 문제가 생길 수 있기 때문이다. 이처럼 모든 애플리케이션을 64bit로 컴파일하는 것은 아직 플랫폼 환경이 64bit를 수용하기에는 시간이 좀 더 필요해 보인다. 차후에는 64bit 애플리케이션 방향으로 점차 바뀔 것으로 예상된다.

Visual studio는 32bit 컴파일이 기본으로 설정되어 있다.

32bit 컴파일, 10_3

```
1    #include <stdio.h>
2
3    int main()
4    {
5        int* ptr;
6
7        printf("ptr sizeof: %d \n", sizeof(ptr));
8
9        return 0;
10   }
```

실행결과

```
ptr sizeof: 4
```

Visual studio 에서 64비트로 컴파일 하기 위해 개발 툴 옵션을 변경해보자.

① 개발 툴 메뉴 [빌드] → [구성관리자] 를 선택한다.

② 플랫폼에서 x64를 선택한다.

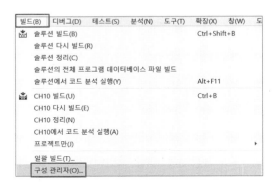

※ 참고 : x64가 없을 경우 〈새로 만들기〉를 선택하여

설정복사'에서 Win32를 선택한다. '새 플랫폼'   에
서는 x64를 선택한다.

③ 64bit 컴파일 환경으로 설정되었는지 확인하기 위해 [프로젝트]–[속성] 을 선택하여 속성페이지가 열리면, [구성속성] → [링커] → [고급] 항목 중 대상컴퓨터가 MachineX64가 된다.

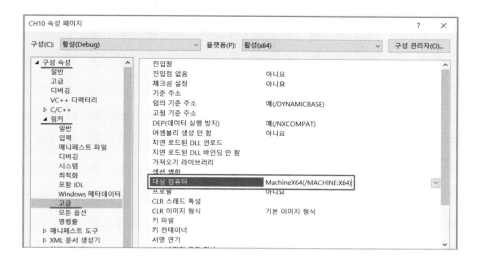

④ 위 프로그램을 컴파일 하면 결과는 다음과 같다.

실행결과

```
ptr sizeof: 8
```

포인터 변수의 메모리 할당이 8바이트 인 것을 확인할 수 있다.

⑤ 다시 32bit 컴파일 환경으로 변경하려면 개발 툴 메뉴 [빌드] → [구성관리자] 를 선택한 후 플랫폼을 Win32로 선택할 수 있다.

2.4 다양한 포인터 자료형

변수 선언 시 자료형이 있는 것처럼 포인터 변수도 기본 자료형을 갖는다. **포인터 변수는 선언** 시 **자신이 참조할** 데이터와 **같은 타입**으로 선언된다.

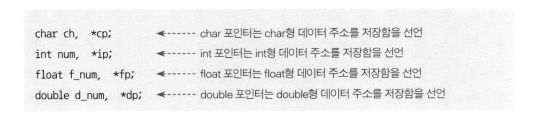

변수들의 메모리 할당은 다음과 같다.

ch　□ (1Byte)
0012FED7

num　□ (4Byte)
0012FEBC

f_num　□ (4Byte)
0012FEA4

d_num　□ (8Byte)
0012FE88

cp　□ (4Byte)
0012FEC8

ip　□ (4Byte)
0012FEB0

fp　□ (4Byte)
0012FE98

dp　□ (4Byte)
0012FE7C

memo

예제 다양한 포인터 변수를 활용하는 예를 보자.

다양한 포인터 자료형, 10_4

```
1    #include <stdio.h>
2
3    int main()
4    {
5        char ch, *cp;     ◄------------- 변수와 포인터변수 선언
6        int num, *ip;
7        float f_num, *fp;
8        double d_num, *dp;  ┘
9
10       ch = 'A'; num = 100; f_num = 5.6; d_num = 17.5;  ◄------ 값 대입
11       cp = &ch, ip = &num, fp = &f_num, dp = &d_num;  ◄------ 주소 대입
12
13       printf("변수들의 시작주소 :%p, %p, %p, %p \n", &ch, &num, &f_num, &d_num);
14       printf("변수들의 값 :%5c, %5d, %10.2f, %10.2lf \n\n", ch, num, f_num, d_num);
15
16       printf("포인터 변수에 저장된 주소 :%p, %p, %p, %p \n", cp, ip, fp, dp);
17
18       printf("포인터 변수가 참조한 값 : %5c, %5d, %10.2f, %10.2lf \n\n",
19                                    *cp, *ip, *fp, *dp);
20
21       return 0 ;
22   }
```

코드분석

5~8 : char, int, float, double 형으로 변수와 포인터변수가 선언된다. 이때 메모리 할당을 받는다.

10 : 각 **변수에 자료형의 값**을 대입한다.

11 : 포인터 변수에 **참조할 변수의 시작주소**를 저장한다. 이때 **같은 자료형 변수의 시작주소를 대입**한다.

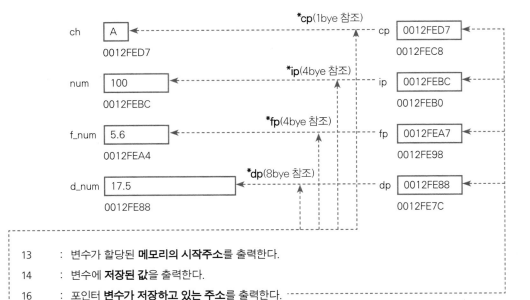

13 : 변수가 할당된 **메모리의 시작주소**를 출력한다.

14 : 변수에 **저장된 값**을 출력한다.

16 : 포인터 **변수가 저장하고 있는 주소**를 출력한다.

18 : 포인터변수가 저장하고 있는 **주소가 가리키는(참조) 데이터를 출력**한다. 포인터 변수가 **참조할 메모리의 크기는 포인터변수의 자료형 크기만큼** 가리킨다.

실행결과

```
변수들의 시작주소 :007CF9DB, 007CF9C0, 007CF9A8, 007CF98C
변수들의 값 :    A,    100,      5.60,       17.50

포인터 변수에 저장된 주소 :007CF9DB, 007CF9C0, 007CF9A8, 007CF98C
포인터 변수가 참조한 값 :     A,    100,      5.60,       17.50
```

2.5 포인터 사용시 많이 틀리는 것!!

(1) 포인터를 선언하고 주소를 대입하고 사용하라.

```
int *ptr, num;
*ptr = 150;  ◀------ num 변수에 150을 저장하려고 한다. 오류!!!
```

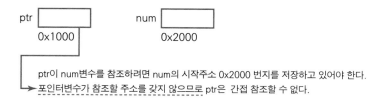

ptr이 num변수를 참조하려면 num의 시작주소 0x2000 번지를 저장하고 있어야 한다.
포인터변수가 참조할 주소를 갖지 않으므로 ptr은 간접 참조할 수 없다.

즉 다음과 같은 명령이 선행되어야 한다.

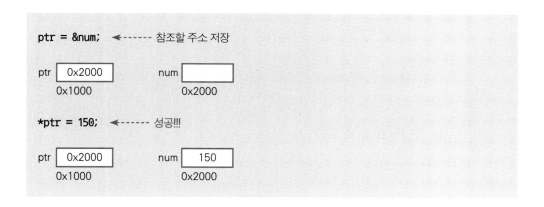

(2) 포인터 변수의 자료형을 자신이 참조할 변수와 같은 자료형으로 선언하라.

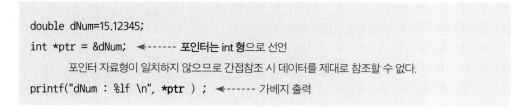

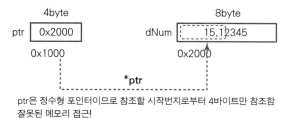

ptr은 정수형 포인터이므로 참조할 시작번지로부터 4바이트만 참조함
잘못된 메모리 접근!

따라서 다음과 같이 포인터는 선언되어야 한다.

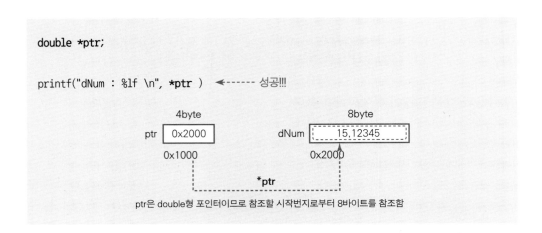

(3) 일반 변수는 간접참조 할 수 없다.

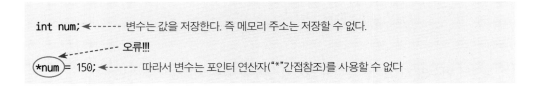

(4) 포인터 연산은 정수형 연산식을 사용한다.

```
int *ptr, num[5];
ptr = &num          <------ 오류!!!
ptr = ptr + 3.5;    <------ 포인터 연산은 정수형 연산만 가능하다. 메모리 주소는 실수가 없다
ptr = ptr * 3;      <------ 포인터 연산에 사용하는 연산자는 +,++,-,-- 만 가능하다
```

(5) 포인터 변수를 초기화 하자.

```
int *ptr;     <------ 초기화되지 않으면 포인터 변수에 쓰레기 값을 갖는다.
*ptr = 100;   <------ 쓰레기 주소에 값을 할당하려고 한다. 이는 큰 문제를 발생할 수 있다.
```

따라서 포인터 변수 선언 시 NULL로 초기화 하는 것이 좋다.

```
int *ptr = NULL, num;  ◄------ 아무것도 가리키지 않는 포인터, 즉 0을 저장한다.

if(ptr! = NULL)
    *ptr = 100;  ◄------ NULL이 아니면 참조한 영역에 값 저장
else
    ptr = &num;  ◄------ NULL이면 주소 할당
```

memo

SECTION 3

포인터 연산

포인터 변수에 저장된 **주소를 가지고도 연산할 수 있을까?** 가능하다. 주소를 대상으로 **연산을 처리하는 것을 포인터 연산**이라 한다.

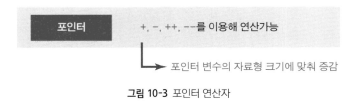

그림 10-3 포인터 연산자

> **예제** 포인터 연산은 값의 연산과 다르다. 이를 확인하여 보자.

포인터 연산, 10_5

```
1    #include <stdio.h>
2
3    int main()
4    {
5        char ch,* cp;
6        int num, *ip;
7        float f_num, *fp;
8        double d_num, *dp;
9
10       ch = 'A'; num = 100; f_num = 5.6; d_num = 17.5;
11       cp = &ch, ip = &num, fp = &f_num, dp = &d_num;
12
13       printf("1 증가하기 전 변수와 포인터 변수. \n");
14       printf("변수들의 값 : %5c %5d %10.2f %10.2lf \n", ch, num, f_num, d_num);
```

```
15      printf("포인터 변수에 저장된 주소 : %p %p %p %p \n\n", cp, ip, fp, dp);
16
17      ch++; num++; f_num++; d_num++;  ◄------ 값의 연산
18      cp++;  ip++;   fp++;    dp++;  ◄------ 주소(포인터)의 연산
19
20      printf("1 증가한 후 변수와 포인터 변수. \n");
21      printf("변수들의 값 : %5c %5d %10.2f %10.2lf \n", ch, num, f_num, d_num);
22      printf("포인터 변수에 저장된 주소 : %p %p %p %p  \n\n", cp, ip, fp, dp);
23
24      return 0;
25  }
```

코드분석

14 : 변수에 저장된 값을 출력한다.

15 : 포인터변수가 저장하고 있는 주소를 출력한다.

17 : **변수**가 저장하고 있는 **값을 1 증가** 한다. 값의 연산은 저장한 값을 1 증가시킨다.

18 : **포인터 변수가** 저장하고 있는 **주소를 1 증가** 한다. 포인터 연산은 저장하고 있는 **주소를 자신의 자료형 크기만큼 하나 증가**시킨다. 즉 자료형에 따라 증가된 주소는 달라진다.

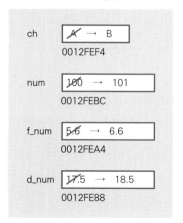

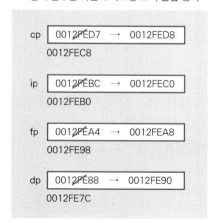

21 : 1 증가된 변수의 값을 출력한다.

22 : 자료형 크기만큼 증가된 포인터변수의 주소를 출력한다.

실행결과

```
1 증가하기 전 변수와 포인터 변수.
변수들의 값 :     A    100        5.60        17.50
포인터 변수에 저장된 주소 : 00FEFAD3 00FEFAB8 00FEFAA0 00FEFA84

1 증가한 후 변수와 포인터 변수.
변수들의 값 :     B    101        6.60        18.50
포인터 변수에 저장된 주소 : 00FEFAD4 00FEFABC 00FEFAA4 00FEFA8C
```

왜 **포인터가 자신의 자료형의 크기만큼 증가**하는 지는 **배열에서 그 이유를 찾을 수 있**다. 다음 절에서 살펴보자.

다음은 자료형에 관련된 포인터 연산의 결과이다.

표 10-1 자료형에 따른 메모리 크기

자료형	크기(byte)	num-1	num	num+1
char	1	0×12FECF	0×12FED0	0×12FED1
int	4	0×12FECC	0×12FED0	0×12FED4
float	4	0×12FECC	0×12FED0	0×12FED4
double	8	0×12FEC8	0×12FED0	0×12FED8

증가 연산자와 감소 연산자를(증감연산자) 포인터 자신이나, 포인터가 참조하는 대상에 적용하는 것은 가능하다. 그러나 **포인터가 증가 연산을 적용**할 때 연산자의 **우선순위에 따라 연산결과가 다르다.**

예제 **포인터** 연산 시 **연산자 우선순위**를 생각하여 보자.

포인터 연산 우선순위, 10_6

```
1    #include <stdio.h>
2
3    int main()
4    {
5        int num, tmp = 0, *ptr;
6
7        ptr = &num;
8        num = 100;
9
10       printf("num: %d, tmp: %d, ptr : %p \n\n", num, tmp, ptr);
11       tmp = (*ptr)++;
12                 ‥▶ ptr은 주소의 데이터를 먼저 참조
13       printf("num: %d, tmp: %d, ptr : %p \n\n", num, tmp, ptr);
14       tmp = *ptr++;
15                 ‥▶ ptr은 주소 증가 연산이 우선순위 높음(그러나 후위연산)
16       printf("num: %d, tmp: %d, ptr : %p \n\n", num, tmp, ptr);
17
18       return 0;
19   }
```

코드분석

10   : 정수형 변수와 포인터 변수가 저장하고 있는 **값과 주소를 출력**한다.

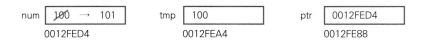

num	100	tmp	0	ptr	0012FED4
0012FED4		0012FEA4		0012FE88	

11   : 연산자의 우선순위는 다음과 같다.

첫째, 포인터변수는 참조하는 데이터를 먼저 가리킴.

둘째, 그 값을 1 증가해야 하지만 증감연산이 후위 연산자이므로 참조한 값을 먼저 tmp변수에 대입하고, 후에 참조한 영역의 값을 1증가함.

num	100 → 101	tmp	100	ptr	0012FED4
0012FED4		0012FEA4		0012FE88	

14   :   포인터연산과 증감연산은 우선순위가 같다. 그러나 **단항 연산자는 우에서 좌 결합**이므로 **증감이 먼저**이다. 따라서 **포인터증가가 높다**. 그런데 **후위연산**이다. 우선순위를 생각해 보자.

첫째, 포인터변수의 주소를 증가해야 하지만 후위연산자이므로 현재 주소가 참조하는 데이터를 먼저 tmp 변수에 저장함.

둘째, 그 후 포인터변수는 주소를 1증가 한다. 즉 포인터 연산이 나중에 일어남.

num | 101 | tmp | 1̶0̶0̶ → 101 | ptr | 0012F̶E̶D4 → 0012FED8 |
　　　　0012FED4   　　　　0012FEA4   　　　　0012FE88

실행결과

```
num: 100, tmp: 0, ptr : 006FFB6C
num: 101, tmp: 100, ptr : 006FFB6C
num: 101, tmp: 101, ptr : 006FFB70
```

memo

SECTION 4

배열과 포인터

배열은 포인터와 밀접한 관계를 가지며 **배열을 포인터 변수를 이용하여 제어**하는 것이
매우 일반적인 방법이다.

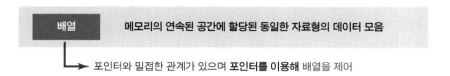

배열 메모리의 연속된 공간에 할당된 동일한 자료형의 데이터 모음

포인터와 밀접한 관계가 있으며 **포인터를 이용해** 배열을 제어

4.1 1차원 배열과 포인터 변수

다음과 같이 1차원 배열과 포인터 변수가 선언되어 있다.

```
int   count[6]={100,200,300,400,500};
int  *ptr;
```

배열 변수명은 배열이 할당된 메모리의 시작 주소로 이를 포인터 변수에 대입한다.

```
ptr = count;    ◄------ 배열의 시작주소대입
```

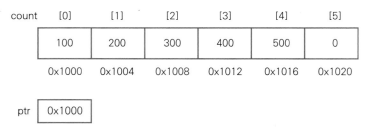

그림 10-4 1차원 배열과 포인터 변수의 관계

포인터변수가 **포인터 연산**을 사용하여 **배열을 참조**하는 것을 이해해보자.

■ i 변수가 0 일 때

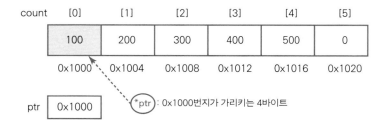

■ i 변수가 1 일 때

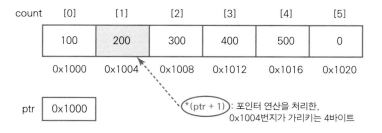

■ i 변수가 2 일 때

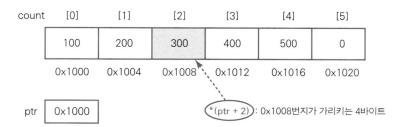

위와 같은 방법으로 **ptr은 포인터 연산**에 의해 **count 배열에 참조**된다.

예제 1차원 배열을 포인터로 접근하여 보자.

배열을 포인터로 접근, 10_7

```
1    #include <stdio.h>
2
3    int main()
4    {
5        int count[6] = {100, 200, 300, 400, 500}, i;
6        int *ptr;
7
8        ptr = count;   ◄------ 배열의 시작주소 대입
9
10       printf("배열의 시작주소: %p, %p, %p \n\n", count, &count[0], ptr);
11
12       printf("첨자를 이용한 출력\n");
13       for(i = 0; i < 6; i++)
14           printf("%d, ", count[i]);
15       printf("\n\n");
16
17       printf("배열변수를 이용한 포인터 연산 \n");
18       for(i = 0; i < 6; i++)
19           printf("%d, ", *(count + i));
20       printf("\n\n");
21
22       printf("포인터 변수를 이용한 포인터 연산\n");
23       for(i = 0; i < 6; i++)
24           printf ("%d, ", *(ptr + i));   ◄------ 포인터는 자신의 자료형 만큼
25       printf("\n\n");
26
27       return 0;
28   }
```

5   : 정수형 1차원 배열 count 가 선언과 동시에 초기화 된다.

6   : 포인터 변수 ptr이 선언된다.

8   : 포인터 변수에 ptr에 **count 배열의 시작주소를 저장**한다.

10   : 배열의 시작주소를 출력한다.

13~14   : count 배열의 원소를 배열 첨자를 이용하여 출력한다

18~19   : count 배열 변수명도 역시 배열의 시작주소인 포인터이므로 **포인터 연산을 참조하여 원소를 출력**
           한다. 예를 들어 count+2는 시작주소에 8바이트를 더한 주소가 된다. 따라서 ***(count+2)는 세 번
           째 원소의 값**이 된다.

23~24   : ptr은 포인터 식을 계산하여 **ptr 이 참조하는 값**을 출력한다.

```
배열의 시작주소: 0076FD1C, 0076FD1C, 0076FD1C

첨자를 이용한 출력
100, 200, 300, 400, 500, 0,

배열변수를 이용한 포인터 연산
100, 200, 300, 400, 500, 0,

포인터 변수를 이용한 포인터 연산
100, 200, 300, 400, 500, 0,
```

따라서 다음의 표현은 같은 원소의 주소와 값을 가리킨다.

```
count+1 = &count[1] = ptr + 1   ◄------ 포인터 연산 결과 인 0x0012FEC8 이다.
*(count+1) = count[1] = *(ptr+1)   ◄------ 주소를 참조한 값 200 이다.
```

4.2 배열변수는 포인터상수

배열변수는 포인터상수이다. 따라서 배열변수 자신의 시작주소를 변경하는 것을 허용하지 않는다.

count++;   ◀------ 오류이다

■ 예제 ■ 1차원 배열을 문자배열을 포인터로 접근하여 보자.

char   str [20] = "Multi Campus.";

| M | u | l | t | i | | C | a | m | p | u | s | . | '\0' | | | | | | |

문자배열 포인터 접근, 10_8

```
1    #include <stdio.h>
2
3    int main()
4    {
5        char str[20] = "Multi Campus.";
6        char *ptr;
7
8        ptr = str;   ◀------ 배열의 시작주소 대입
9
10       while(*ptr)   ◀------ 참이면 반복
11           printf("%c ", *ptr++);   ◀------ 주소의 문자 출력 후 다음주소로 증가
12       printf("\n\n");
13
14       return 0;
15   }
```

코드분석

8   : str 배열의 시작주소를 ptr이 저장한다.

10   : while은 참이면 반복한다. 첫 번째 ***ptr 참조하는 것**은 ptr이 참조하는 **주소의 첫 번째 문자 'M'**이다. 'M'은 0이 아니므로 참이다.

11　　　：*ptr 참조하는 문자를 출력 후 주소는 1 증가된다. 이처럼 10행과 11행은 반복하다가, ptr은 문자
　　　　열의 마지막인 '\0'인 주소를 갖게 될 때 거짓이므로 반복은 종료한다.

실행결과

```
Multi  Campus.
```

이때 **str** 도 **문자배열의 시작주소를 갖는** 포인터 이므로 **10행의 while 문**은 다음과 같
이 **변경**한다고 생각해보자.

배열변수는 포인터 상수

```
1    #include <stdio.h>
2
3    int main()
4    {
5        char str[20] = " Multi Campus. ";
6        char *ptr;
7
8        ptr = str;  ◀------ 배열의 시작주소 대입
9
10       while(*str)  ◀------ 참이면 반복(오류 아님)
11           printf("%c ",  *str++ );  ◀------ 오류!!!
12                    └------▶ 배열변수는 포인터 상수이므로 주소를 변경할 수 없다
13       printf("\n\n");
14
15       return 0;
16   }
```

코드분석

11　　　：**str++** 즉, 포인터 증가이다. 그러나 **배열변수는 포인터 상수이므로 자신의 주소를 변경하는 것을**
　　　　허용하지 않는다.

컴파일 오류

1>c:\users\김원선\desktop\연두에디션_c\source\ch10\10_08.c(11): error C2105: ' ++'에 l-value가 필요합니다.
1>
1>빌드하지 못했습니다.

4.3 포인터와 문자열

C 프로그램에서 사용되는 **문자열 상수를 문자열 상수 포인터**라 한다. 이 말은 **C 컴파일러는 문자열 상수를** 사용하기 위해 이 **문자열을 메모리의 빈 공간에 저장**시킨다. 문자열 상수가 저장되는 **공간은 Data 세그먼트** 영역 중 **값을 읽을 수만 있는 영역**에 저장된다. 그리고 **저장된 시작주소를 반환**하게 되는데 **이때 반환하는 것은 항상 문자열 포인터**이다. 이를 문자열 상수 포인터라 한다.

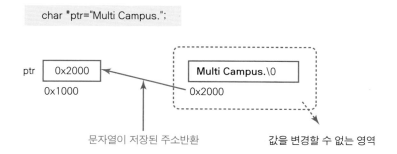

```
char *ptr="Multi Campus.";
```

ptr 0x2000   Multi Campus.\0
     0x1000   0x2000

문자열이 저장된 주소반환   값을 변경할 수 없는 영역

예제 문자배열과 문자열 상수의 차이점을 살펴보자.

문자열상수 포인터, 10_9

```
1   #include <stdio.h>
2   #include <string.h>
3
4   int main()
5   {
6       char str[20] = "Multi Campus.";
7       char *msg = "Advanced C.";
8
9       printf("str: %s,  msg: %s\n", str, msg);
10
11      strcpy(str, msg);
12      printf("str: %s,  msg: %s\n", str, msg);
13      return 0;
14  }
```

6   : str은 **문자배열 20** 바이트가 스택영역에 할당된다. 이 영역은 값을 변경할 수 있다.

7   : msg는 **문자열 상수**를 저장한 **시작주소**를 저장한다. 반환된 주소를 사용할 수는 있지만 **문자열 상수**이므로 그 문자열을 변경 할 수는 없다.

9   : 두 문자열을 출력한다.

11   : msg 주소의 문자열을 str 배열에 복사한다. **str은 배열**이므로 **데이터가 변경될 수 있다.**

12   : 두 문자열을 출력한다. 같은 문자열을 출력하게 된다.

```
str: Multi Campus.,  msg: Advanced C.
str: Advanced C.,  msg: Advanced C.
```

문자배열과 문자열 상수의 차이점을 살펴보자.

문자열상수 포인터, 10_10

```
1    #include <stdio.h>
2    #include <string.h>
3
4    int main()
5    {
6        char str[20] = "Multi Campus.";
7        char *msg = "Advanced C.";
8
9        printf("str: %s,  msg: %s\n", str, msg);
10
11       strcpy(str, msg);
12       printf("str: %s,  msg: %s\n", str, msg);
13
14       printf("input str ? ");
15       gets(str);   // Multi Campus.입력
16
17       strcpy(msg, str);   ◄------ 런타임 오류
18       printf("str: %s, msg: %s\n", str, msg);
```

```
19
20      return 0;
21  }
```

코드분석

15   : str 배열에 새로운 문자열을 입력 받는다.

17   : **str 배열**의 문자열을 **msg 가 가리키는 메모리에 복사**하는 함수는 **실행 시 런타임 오류를 발생**한
       다. 이는 msg 가 가리키는 메모리는 **읽기전용 메모리** 이므로 내용을 변경할 수 없다.

실행결과

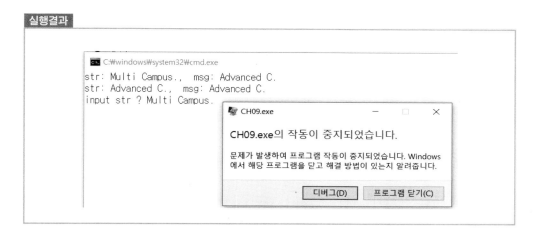

memo

SECTION 5

포인터 전달과 반환

부모함수에서 자식함수 호출 시 실인수를 전달할 수 있다. 함수 호출 시 **인자를 전달할 때 값을 전달하는 것이** 일반적이지만 **주소도 전달**될 수 있다. 인수를 전달하는 두 가지 방법을 살펴보자.

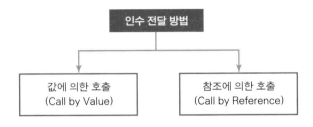

5.1 값에 의한 호출(call by value)

값에 의한 호출 (Call by Value)	인수 값이 서브루틴의 매개변수에 복사됨 → 서브루틴의 매개변수에서 일어나는 변화는 **부모함수의 실 인수에 영향을 미칠 수 없음.**

예제 함수 호출 시 **값(Value)**에 의한 호출을 확인해 보자.

값에 의한 호출, 10_11

```
1    #include <stdio.h>
2
3    void swap1(int x, int y);
4
```

```
5    int main()
6    {
7        int x = 100, y = 200;  ◀------ 지역변수
8        printf("main() x: %d, y:%d \n\n", x, y);
9
10       swap1(x, y);  ◀-------- call by value(값에 의한 호출)
11       printf("swap1() 함수 호출 후 main() x: %d, y:%d \n\n", x, y);
12
13       return 0;
14   }
15
16   void swap1(int x, int y)  ◀------ 지역변수
17   {
18       int tmp;
19
20       tmp = x;  --┐
21       x = y;      │◀----- 데이터 교환
22       y = tmp;  --┘
23   }
```

코드분석

7   : main() 함수에서 지역변수 x, y가 선언과 동시에 초기화 된다.

8   : 변수의 값 x:100, y:200을 출력한다.

10   : swap1() 함수를 호출할 때 main() 함수의 지역변수를 자식함수가 사용할 수 있도록 **실인수 변수 의 값**을 넘긴다.

16   : swap1() 함수는 부모함수에게 넘어온 **실인수**를, 저장할 **매개변수 x, y** 를 선언하여 대입 받는다. 이때 매개변수 x, y는 **main() 함수** 실인수와 다른 변수이다.

20~22 : 두 값 x, y는 교환된다.

23   : swap1() 함수는 종료된다. swap1() 함수의 매개변수 x, y는 소멸된다.

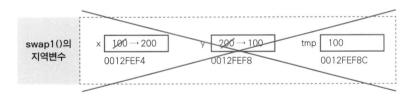

11   : **main() 함수의 x, y**를 출력하면 여전히 **x:100, y:200** 이다. 즉 main() 의 x, y 변수와 swap1()의
         x, y는 서로 **다른 영역의 변수**임을 알 수 있다.

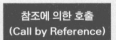

```
main() x: 100, y:200
swap1() 함수 호출 후 main() x: 100, y:200
```

5.2 참조에 의한 호출(call by reference)

참조에 의한 호출 (Call by Reference)	인수가 저장된 **메모리의 시작주소가 서브루틴의 매개변수에 복사**됨 → 서브루틴의 매개변수에서 일어나는 변화는 **부모함수의 실 인수에 영향을 미칠 수 있음.**

예제   함수 호출 시 **주소(Reference)**에 의한 호출을 확인해 보자.

참조에 의한 호출, 10_12

```
1    #include <stdio.h>
2
3    void swap2(int *x, int *y);
4
5    int main()
6    {
7        int x = 100, y = 200;  ◄------ 지역변수
8
```

```
9        printf("main() x: %d, y:%d \n\n", x, y);

10

11       swap2(&x, &y);◄------ call by reference(참조에 의한 호출)

12       printf("swap2() 함수 호출 후 main() x: %d, y:%d \n\n", x, y);

13

14       return 0;

15    }

16

17    void swap2(int *x, int *y)◄------ 지역변수(포인터 변수)

18    {

19       int tmp;

20

21       tmp = *x; ┐

22       *x = *y;  ├◄------ 데이터 교환

23       *y = tmp; ┘

24    }
```

코드분석

11 : swap2() 함수를 호출할 때 **main() 함수**의 지역변수를 자식함수가 사용할 수 있도록 **실인수로 변수의 시작 주소**를 넘긴다.

17 : swap2() 함수는 **부모함수에게 넘어온 실인수**를 저장할 **매개변수 x, y**를 선언하여 대입 받는다. 이때 **x, y는 포인터 변수로 선언**된다. 부모함수가 메모리 **주소를 전달**하기 때문이다.

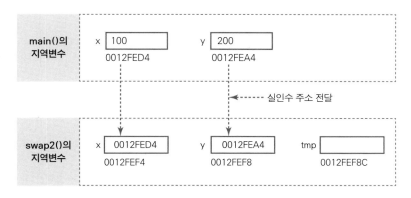

21   : 가인수 x 가 **참조하는 값** 100을 tmp에 저장한다.

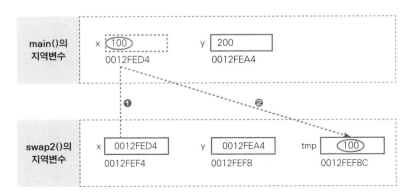

22   : **가인수 y 가 참조하는 값** 200을, x 가 참조하는 영역(실인수 x) 에 저장한다. 이때 실인수 x 에 있
는 100이 지워지고 **200을 대입** 받는다.

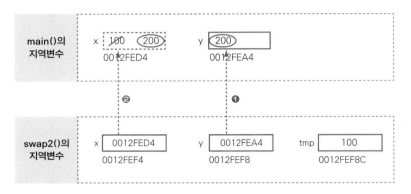

23   : **tmp** 에 저장된 100을 **가인수 y 가 참조하는** 영역(실인수 y) 에 저장한다. 이때 실인수 **y 에 있는**
200이 지워지고 **100을 대입** 받는다.

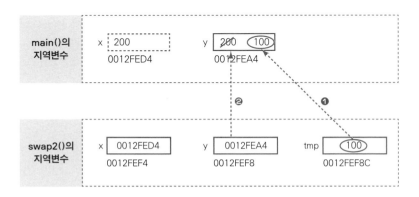

24   : swap2() 함수는 종료된다. swap2() 함수의 매개변수 x, y는 소멸된다.

12   : main() 함수의 x, y는 이미 자식함수에 의해 값이 변경되었다. 교환된 값을 출력한다.

main()의
지역변수
x 200
0012FED4
y 100
0012FEA4

main() 의 x, y 변수와 swap2()의 x, y는 서로 다른 영역의 변수이지만 **포인터가 함수에 전달되면 함수는 매개변수에 이용하여 부모 함수의 인수에 접근**할 수 있다.

실행결과

```
main() x: 100, y:200
swap2() 함수 호출 후 main() x: 200, y:100
```

5.3 배열이 함수의 인수로 전달된다면 항상 call by reference

배열을 함수의 인수로 전달해야 할 경우 배열은 배열전체가 복사되어 전달되는 것이 아니라 **배열의 시작주소만이 전달**된다. 따라서 **배열을 받을 함수의 매개변수는 포인터로 선언**되어야 한다.

배열을 함수에 전달할 **때 배열의 시작주소만 전달됨**

이유

배열 변수   배열의 값이 아닌 배열의 시작주소인 포인터 상수

예제 배열을 인자로 함수에 전달하는 예를 살펴보자.

배열은 함수에 전달될 때 항상 주소전달, 10_13

```c
1    #include <stdio.h>
2    void func1(int *ptr);
3
4    int main()
5    {
```

```
6          int i, count[5] = {100, 200, 300, 400, 500};

7

8          printf("count 배열의 시작주소: %p, 배열의 크기: %d \n\n", count,
                                                      sizeof(count));

9

10         func1(count);    ◀------ 함수 호출
11         printf("count 배열의 값: ");
12         for(i = 0; i < 5; i++)
13             printf("%d ," , count[i]);
14         printf("\n\n");

15

16         return 0;
17     }

18

19   void func1(int *ptr)
20     {
21        int i;
22        printf("func1() 포인터변수가 저장한 주소: %p, 포인터변수의 크기 :%d \n\n",
23                                              ptr,  sizeof(ptr));

24

25        for(i = 0; i < 5; i++)
26            *(ptr+i) = *(ptr+i) + 50;

27

28     }
```

코드분석

6   :   main() 함수에서 지역배열 **count가 선언과 동시에 초기화** 된다.

8   :   배열의 시작주소와 **배열의 크기**를 출력한다.

10   :   func1() 함수를 호출할 때 main() 함수의 지역배열을 자식함수가 사용할 수 있도록 실인수로 **배열을 넘긴다.** 이때 **배열변수는 배열의 시작주소**이다.

19   :   func1() 함수는 부모함수에게 넘어온 주소를 저장하기 위해 **ptr을 포인터 변수로 선언하여 대입**받는다.

22   :   **ptr의 메모리 할당은 4바이트**이며, **주소를 저장**하고 있음을 확인한다.

25~26 :   **ptr이 참조하는 주소의 값**에 50을 더하여 저장한다. 이 주소는 **count배열의 모든 원소를 참조**한다.

12~13   : 복귀한 main() 함수는 count**배열의 값을 출력**한다. 이때 count의 모든 원소는 **원래의 값에 50 증가한 값**을 출력하게 된다.

따라서 **부모함수의 배열**을 **자식함수의 인자로 전달**할 때 **항상 주소가 전달**되며, 이는 자식함수에서 일어나는 변화가 부모함수의 실인수에 영향을 줄 수 있음을 기억하길 바란다.

실행결과

```
count  배열의  시작주소:  00AFFE28,  배열의  크기:  200
func1()  포인터변수가  저장한  주소:  00AFFE28,  포인터변수의  크기  :4
count  배열의  값:  150  ,250  ,350  ,450  ,550  ,
```

※ 참고   : 배열을 함수의 매개변수로 전달받을 때 배열의 매개변수 선언은 세가지 방법 중 어느 것이라도 사용 가능하다.

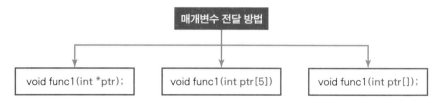

배열이 매개변수인 경우 **원본배열과 동일한 구조로 선언하는 것을 허용**할 뿐, 함수의 매개변수가 배열로 선언되었다고 해서 메모리 공간이 따로 할당되어 값을 복사하는 것이 아니다.

따라서 배열을 함수의 매개변수로 전달받을 때 매개변수는 주소를 대입 받았으며, 그 주소를 이용하여 원본 배열에 접근하게 된다. 즉 **call by reference**가 된다.

5.4 포인터 반환

부모 함수에 **포인터를 반환**할 수 있다. 이때 함수원형에서 **함수명 앞에 포인터 자료형**을 선언해야 한다.

> **예제** 부모함수에 포인터를 반환하는 예를 살펴보자.

부모함수에 포인터 반환, 10_14

```
1    #include <stdio.h>
2    int * my_Salary(void);
3
4    int main()
5    {
6        int *sal;
7
8        sal = my_Salary();    ◄------ 함수가 복귀하면 포인터를 sal이 받는다
9
10       printf("성명 : 안재은 \n\n");
11       printf("기본급: %d \n\n", *sal);
12       printf("수당(기본급의 15%%) : %.0f \n\n",  (*sal) * 0.15 );
13       printf("실수령액(기본급+수당) : %.0f \n\n", *sal +  ((*sal) * 0. 15) );
14
15       return 0;
16   }
17
18   반환형
19   int *  my_Salary(void)
20   {
21       static int salary = 2700000;
22
23       return  &salary  ;    ◄------ salary 변수의 시작주소 반환
24   }
```

코드분석

6	:	정수형 포인터 sal 이 선언된다.
8	:	my_Salary() 함수를 호출하고 함수가 종료되면 주소를 반환 받는다.
21	:	my_Salary() 함수는 **정적변수 salary를** 선언하고 **초기화** 한다. 정적변수를 사용한 이유는 **다른 함수에서 이 영역의 데이터를 사용할 수 있도록** 하기 위해서다. **지역변수인 경우 이 함수가 종료될 때 함께 소멸**되기 때문이다.
23	:	**salary 변수의 주소를 반환**한다.
19	:	**my_Salary() 함수의 반환형**은 salary변수의 주소이므로 **정수형 포인터(*int)** 이다.
11~13	:	주소를 반환 받은 **sal 포인터 변수를 사용하여 salary 변수의 접근**이 가능하다.

실행결과

```
성명 : 안재은
기본급: 2700000
수당(기본급의 15%) : 405000
실수령액(기본급+수당) : 3105000
```

5.5 const 지정자는 무엇인가?

const 키워드를 이용하여 **변수를 상수화** 시킬 수 있다. 또한 **포인터 변수가 참조하는 값**을 포인터 변수를 통하여 값을 변경시키지 못하게 하기 위해 다음과 같이 선언할 수 있다.

```
const int num = 100;   ◄------ num 은 값을 상수화

          ⌐⌐⌐⌐⌐⌐⌐► num은 상수화 되었으므로 값을 변경할 수 없다.
```

```
int salary = 2700000;
const int *ptr = &salary;   ◄------ ptr은 포인터 상수화

          ⌐⌐⌐⌐⌐⌐⌐► ptr이 참조하는 내용 변경 불가
```

또한 **ptr은** 포인터 변수가 **참조하는 영역을 상수화** 하였으므로 **참조하는 값을 변경할 수 없다.** 이를 **포인터 상수화**라 한다. 그러나 변수 자신은 새로운 주소로 변경될 수 있다.

예제 const 지정자를 확인해보자.

const 지정자, 10_15

```
1   #include <stdio.h>
2
3   int main()
4   {
5       int num = 100;
6       const int *ptr = &num;
7
8       printf("*ptr : %d \n", *ptr);
9
10      //*ptr = 200;  ◀------ Error
11
12      return 0 ;
13  }
```

코드분석

6 : ptr은 num의 시작주소를 할당 받는다. **선언시 const로** 인하여 포인터가 **가리키는** 내용이 **상수화** 되었다.

8 : ptr을 사용하여 값을 참조하여 출력한다.

10 : ptr은 상수화 되므로 **ptr 을 사용해서는 참조하는** 데이터를 수정할 수 없다.

실행결과

```
*ptr : 100
```

만약 **함수의 원형에서** 다음과 같이 **const 지정자**를 사용하는 source의 내용은 변경하지 않는다는 선언이다. 만약 source가 참조하는 내용을 코드에서 수정한다면 오류를 발생하게 된다.

```
char *my_Strcpy(char *dest, const char *source);
```

요약정리(Summary)   ◇◇◇◇◇◇◇◇◇◇◇◇◇

포인터

- 포인터를 정의한다면 실행중인 프로세스의 임의의 주소를 말함.

- 일반적인 언어에서는 개발자가 메모리에 직접 접근될 수 없지만 C 언어는 포인터를 이용해 프로세스의 원하는 영역에 접근될 수 있음.

포인터 변수

- 포인터 변수란 다른 객체(변수)의 메모리 주소를 저장하는 변수를 말함.

- 변수는 값을 저장하지만, 포인터 변수는 실행중인 어떤 변수의 시작주소를 대입 받아 이를 활용할 수 있게 함.

> 자료형   *변수이름;
>
> 자료형   *변수이름1, *변수이름2, … , *변수이름n;

&(주소연산자)	변수에 할당된 메모리의 시작 주소를 의미하는 연산자
*(포인터연산자)	포인터 변수가 가리키는 곳의 내용을 참조하는 연산자(실행문)

포인터 연산

- 주소를 대상으로 연산을 처리하는 것을 포인터 연산이라 함.

- 포인터는 +, -, ++, -- 연산자를 이용하여 연산할 수 있으며, 이때 연산은 포인터 변수의 자료형 크기에 맞추어 증감됨.

배열과 포인터

- 배열은 포인터와 밀접한 관계를 가지며 배열을 포인터 변수를 이용하여 제어하는 것이 매우 일반적인 방법임.

```
int  count[6] = {100,200,300,400,500};

int  *ptr;

ptr=count;  //배열 시작주소 할당
```

요약정리(Summary) ◇□◇□◇□◇□◇□◇

포인터 매개변수

- 함수 호출 시 인자를 전달할 때 값을 전달하는 것이 일반적이지만 주소도 전달될 수 있음.

- 인수를 전달하는 두 가지 밥법은 다음과 같음.

값에 의한 호출 (Call by Value)	- 인수의 값이 서브루틴의 매개변수에 복사됨. - 서브루틴의 매개변수에서 일어나는 변화는 부모함수의실 인수에 영향을 미칠 수 없음.
참조에 의한 호출 (Call by Reference)	- 인수가 저장된 메모리의 시작주소가 서브루틴의 매개변수에 복사됨. - 서브루틴의 매개변수에서 일어나는 변화는 부모함수의 실인수에 영향을 미칠 수 있음

연습문제

[10-1] 다음 물음에 답하여라.

1. 실행중인 프로세스의 메모리 주소를 (   )라 한다.

2. 변수의 시작주소를 사용하기 위해 주소 연산자 (   )를 사용한다.

3. 첨자가 없는 배열변수명은 그 배열이 할당된 메모리의 (   )를 의미한다.

4. 메모리 주소를 저장하여 데이터로 사용하는 변수를 (   ) 변수라 한다.

5. 포인터 변수에 저장된 주소의 데이터에 참조하기 위해 (   ) 연산자를 사용한다.

6. 모든 포인터의 메모리할당은 선언되는 자료형과 관계없이 32비트 운영체제에서는 (   ) 바이트를
    할당 받는다.

7. 변수의 주소를 16진수로 출력하기 위한 printf() 함수의 형식 지정자는 (   ) 이다.

8. 문자열상수는 C 컴파일러에 의해 메모리의 빈 공간에 저장된 후 시작번지를 반환한다. 이를 (   )라
    한다.

9. 함수에 인자를 전달할 때 값에 의한 전달은 실인수의 (   )이   전달된다.

10. 함수에 인자를 전달할 때 참조에 의한 전달될 실인수의 (   )가   전달된다.

[10-2] 다음 중 포인터를 사용하기 위한 방법 중 잘못된 것은 무엇인가? (변수 a는 포인터 변수 b를 사용
       하여 문자 'A'을 저장하려는 작업)

```
char a;              ------▶ ①
char *b;             ------▶ ②
*b='A';              ------▶ ③
printf("%c \n",  a ); ------▶ ④
```

연습문제

[10-3] 다음 배열에 대응되는 포인터 식이 바르지 않은 것은 무엇인가?

```
int array[5];
```

① array[0] → *array

② array[2] → *(array+2)

③ &array[1] → array+1

④ &array[2] → *(array+2)

[10-4] 다음은 포인터를 잘못 사용하는 경우이다. 무엇이 문제인지 설명하라.

① int *p;
    *p=200;

② short int *p;
    double q;
    p=&q;
    *p=3.5;

③ int *p, q=100;
    p=&q;
    p=p+1.5;

④ char *p;
    printf("input string ?");
    gets(p);

[10-5] 키보드로부터 문자열을 입력 받아 이를 반대로(끝에서부터) 출력하는 프로그램을 포인터를 이용하여 작성하라. 또한 문자열의 크기를 구하여 함께 출력하도록 하라.(strlen() 함수는 사용할 수 없음.)

실행결과

```
Input String ? C language.
. e g a u g n a l   C

문자열의 크기 : 11
```

◇◇◇◇◇◇◇◇◇◇◇◇◇

[10-6] 학생의 점수가 다음 배열에 초기화 되어있다. 점수를 읽어 다음의 결과를 출력하는 프로그램을 작성하라. 이때 배열에 저장된 점수의 개수는 알 수 없으므로 평균을 구하기 위해 인원수를 증가시켜야 한다. **마지막 데이터는 배열원소에 0이 저장된 것을 기준으로 한다.** 이 모든 **제어를 포인터를 이용하여 처리**하도록 한다. (점수 0점은 없는 것으로 간주 함)

```
int score[21] = {57,87,64,86,97,78,61,81,73,37,54}, i, sum = 0, cn = 0 ;
int *ptr;
```

실행결과

```
학생들의 점수
57, 87, 64, 86, 97, 78, 61, 81, 73, 37, 54,

인원수 : 11
합 : 775, 평균: 70.45
```

[10-7] 다음과 같이 문자배열이 초기화 되어있다. 이를 소문자는 대문자로, 대문자는 소문자로 바꾸어 배열에 저장하려고 한다. (이때 라이브러리 함수를 사용하지 않는다.) 이 모든 **제어를 포인터를 이용하여 처리하여 프로그램을 작성하라.**

- 대문자 A : 십진수 65
- 소문자 a : 십진수 97 (이들간의 차를 이용하여 대소문자 변경)

```
char str[50]=" Multi Campus."
char *ptr;
```

실행결과

```
before : Multi Campus.

after : mULTI cAMPUS.
```

연습문제

[10-8] 다음 프로그램의 실행결과는 무엇인가?

```c
#include <stdio.h>
#include <string.h>
void recurse(char *ptr);    //함수 선언

int main()
{
        char str[20]="kingdom";
        recurse(str);
        printf("\n");
        return 0 ;
}

void recurse(char *ptr)
{
        if(*ptr)
        {
                printf("%c", *ptr); //문자 출력
                recurse(ptr+1);
        }
}
```

결과 (   )

◇○○○◇○○◇○○◇○○◇

[10-9]다음과 같이 두 문자배열이 지역변수로 선언 되어있다. 아래의 조건에 맞게 프로그램을 작성하라.

• 선언된 문자 배열

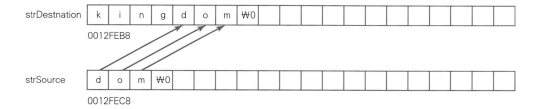

StrSource 배열의 문자열을 strDestination 배열에 추가하려고 한다. my_Strcat() 함수를 호출하여 문자열을 추가하는 기능을 구현하기로 한다. 이때 함수 호출 시 전달인자는 배열을 전달하고, my_Strcat() 함수는 배열의 시작주소를 매개변수로 받아 문자열을 추가해야한다.

• my_Strcat() 함수를 실행한 문자 배열

strDestnation

0012FEB8

strSource

0012FEC8

실행결과

```
Source: dom , Destination : king
Source: dom , Destination : kingdom
```

연습문제   ◇□◇□◇□◇□◇□◇

[10-10] 다음과 같은 정수형 배열이 지역배열로 선언되어 있다. 아래의 조건에 맞게 프로그램을 작성하라.

```
int data[10] = {56, 75, 450, 7, 340, 44, 120, 5, 20, 30};
```

data 배열을 func() 함수에 전달하여 배열 원소의 합과 평균을 출력시키는 프로그램을 작성하려고 한다.
이때 func() 함수 호출 시 실인수로 배열과 배열 원소의 수를 자식함수에게 전달하여 활용하도록 한다.

힌트

```
func(data, count);   // 함수호출
     배열변수, 인수의 수(전체배열크기/하나의 원소의 크기)
```

실행결과

배열의 합 : 1147, 평균 : 114

C H A P T E R

11

구조체란?

C Programming Language

구성

학습목표

- 관련이 있는 여러 데이터를 다루기 위한 통합 자료형에 대해 알아본다.

- 구조체 정의와 구조체를 입출력을 알아본다.

- 구조체 배열, 중첩 구조체의 개념과 활용방법을 알아본다.

- 구조체 포인터를 알아본다.

SECTION 1

구조체란?

C 언어는 여러 자료형이 **복합된 데이터를 효율적으로 처리**할 수 있게 해주는 **구조체**와 공용체가 있다.

지금까지 **대량의 데이터를 관리하기 위해 배열**을 사용하였다. 그러나 배열의 문제는 **같은 데이터 자료형의 집합**이므로 관련이 있는 여러 자료형의 데이터는 배열을 따로 관리해야 하는 불편함이 있었다.

배열	자료형에 따라 배열을 따로 관리해야 하는 불편함

구조체란 서로 연관된 데이터들을 하나의 자료로 묶어 처리할 수 있게 한다. **구조체를 정의하면, 관련된 여러 자료형의 변수를 하나의 새로운 자료형으로 만들어 사용하는 것이다. 선언된 자료형을 변수로** 선언하면 **구조체 변수가 되며 하나의 변수이름으로 여러 형의 데이터를** 제어할 수 있게 된다.

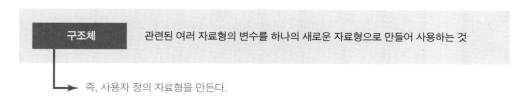

구조체	관련된 여러 자료형의 변수를 하나의 새로운 자료형으로 만들어 사용하는 것

즉, 사용자 정의 자료형을 만든다.

사용자 정의 자료형으로 변수 선언

구조체 변수로 메모리 할당

하나의 변수이름으로 여러 형의 데이터 제어 가능

사원번호	부서명	성명	직급	월급	수당	세금	수령액
A2001	인사부	안재은	5	270000	150000	0.0	0.0

여러 자료형 데이터를 하나의 구조로 관리해주는 구조체

그림 12-1 구조체의 구성

1.1 구조체의 선언과 메모리할당

구조체는 멤버(member)라고 하는 값들의 모임이며, **구조체의 멤버들은** 대부분 서로 **다른 타입으로** 구성될 수 있는 **통합 자료형**이다.

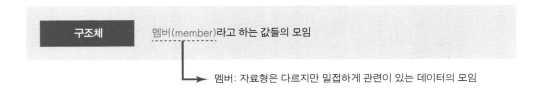

멤버: 자료형은 다르지만 밀접하게 관련이 있는 데이터의 모임

(1) 구조체를 정의하기 위한 규칙

- struct는 키워드로 구조체 자료형에 대한 선언임을 컴파일러에게 알린다.

- 구조체 자료형명은 **태그네임(tag_name)** 이라고도 하며 새로운 구조체 형에 대한 이름으로 사용자가 지정하는 이름이다.

- { 와 } 사이는 그 **구조체를 구성하는 구성 요소, 즉 멤버들에 대한 선언 부분**으로 멤버의 선언은 일반 변수나 배열을 선언하듯 자료형과 멤버명으로 선언한다.

- 구조체 자료형 선언이 끝나면 자료형을 이용할 **구조체 변수명을 기술**할 수 있다.

> **◑ 형식**
>
> ```
> struct 구조체 자료형명(tag_name)
> {
>         자료형    멤버1;
>         자료형    멤버2;
>         자료형    멤버N;
> } 구조체 변수 리스트;
> ```

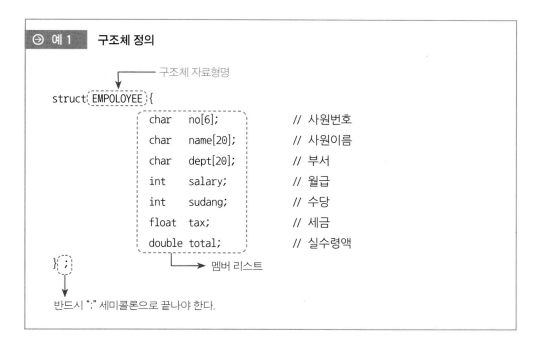

○➔ 예 1 　구조체 정의

　　　　　┌── 구조체 자료형명

struct EMPOLOYEE {

```
          char    no[6];           // 사원번호
          char    name[20];        // 사원이름
          char    dept[20];        // 부서
          int     salary;          // 월급
          int     sudang;          // 수당
          float   tax;             // 세금
          double  total;           // 실수령액
};
```

　　　　　　　　└──➤ 멤버 리스트

반드시 ";" 세미콜론으로 끝나야 한다.

○➔ 예 1 　구조체 정의 및 구조체 변수 할당

　　　　　┌── 구조체 자료형명

struct EMPOLOYEE {

```
          char    no[6];           // 사원번호
          char    name[20];        // 사원이름
          char    dept[20];        // 부서
          int     salary;          // 월급
          int     sudang;          // 수당
          float   tax;             // 세금
          double  total;           // 실수령액
} emp = {"A2001", "안재은", "인사부", 2700000, 150000} ;
```

구조체 변수(선언과 동시에 초기화)

구조체 변수는 멤버들이 메모리에 차례대로 할당된다.

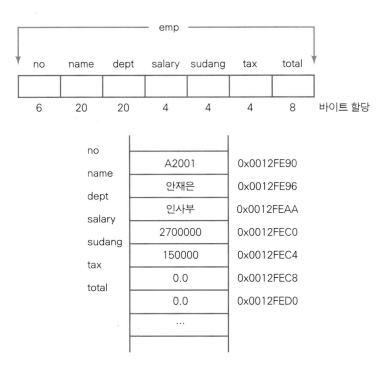

그림 12-2 초기화된 구조체 변수emp 변수의 메모리 할당

(2) 구조체의 크기와 멤버 접근

구조체 변수 **자료형의 크기**를 얻기 위해 sizeof() 연산자를 사용한다. 특히 **구조체는 멤버와 멤버 사이에 빈 공간을 포함할 수** 있으므로 구조체의 크기는 **반드시 sizeof() 연산자를 사용**해야 한다.

```
sizeof(struct  EMPLOYEE);  ◀------ 구조체 자료형 이름으로 크기를 구할 때
sizeof(emp);  ◀------ 구조체 변수가 할당된 메모리 크기를 구할 때
```

구조체 안의 멤버는 멤버명으로 직접 접근될 수 없다. 구조체 변수에 할당된 멤버에 접근하려면 각 멤버는 **구조체변수명 · 멤버명** 형식으로 표현하며 " . "을 **구조체 멤버 연산자**라 한다.

이때 멤버들에 대한 처리는 멤버들의 자료형에 맞추어 입/출력함수에 사용한다.

예제 구조체를 선언하여 멤버에 접근해 보자.

구조체 선언 및 멤버접근, 11_1

```
1    #include <stdio.h>
2
3    int main()
4    {
5                            ┌---→ 태그명(자료형명)
6        struct EMPLOYEE {   char no[6];  ←----
7                            char name[20];
8                            char dept[20];
9                            int salary;        멤버(Member)
10                           int sudang;
11                           float tax;
12                           double total;  ←--
13       } ;
14           └-----→ 구조체 정의(사용자 정의 자료형)
15
16       struct EMPLOYEE emp  = {"A2001", "안재은", "인사부", 2700000, 150000 } ;
17                       └---------→ 구조체 변수(초기화)
18       printf("구조체의 크기 : %d, %d \n\n", sizeof(struct EMPLOYEE), sizeof(emp));
19                                          ┌-------→ 구조체 멤버연산자
20       printf("%s, %s, %s, %d, %d, %.2f, %.2f \n\n", emp.no , emp.name, emp.dept,
21                           emp.salary, emp.sudang, emp.tax, emp.total);
22       return 0 ;
23   }
```

코드분석

6~13 : 구조체 **EMPLOYEE**가 선언된다. **함수 안의** 구조체 선언은 구조체 자료형을 **선언된 함수에서만 사용 가능**하게 한다. 따라서 모든 함수가 사용하기 위해 함수 **밖에 선언**하는 것이 일반적이다.

16   : 구조체 자료형 (tag-name)으로 구조체 변수 **emp는 초기화** 된다

18   : 구조체의 크기는 확인하려면 **구조체 자료형명은** struct**와 함께 크기**를 구하며, 구조체 변수는 변수명으로 크기를 구할 수 있다.

20   : 구조체 변수에 할당된 구조체 멤버를 출력하기 위해 **구조체 멤버 연산자(".")**를 사용하여 "**구조체 변수명.멤버**"로 접근한다. 형식 지정자는 멤버의 자료형을 기준으로 지정한다.

만약 일반변수명이 구조체 멤버와 같은 이름이 선언되어 있다면 오류가 아니다. **변수는 변수명**으로 접근되며 **멤버**는 **구조체변수.멤버**로 접근된다.

실행결과

```
구조체의 크기 : 72, 72
A2001, 안재은, 인사부, 2700000, 150000, 0.00, 0.00
```

1.2 구조체 멤버에 데이터를 입력

구조체 **변수 emp**에 표준입력으로 데이터를 입력 받을 때 **멤버의 자료형을 기준**으로 입력함수를 결정하면 된다. 멤버가 일반변수와 다른 점은 구조체 변수명으로 접근된다는 점 외에는 차이점이 없다.

예제 구조체 변수에 표준입력으로부터 데이터를 입력 받고 멤버에 적절한 계산을 처리한 후 출력한다.

구조체 멤버 데이터 입력, 11_2

```c
1    #include <stdio.h>
2
3    int main()
4    {
5        struct EMPLOYEE {  char no[6];
6                           char name[20];
```

```
7                          char dept[20];
8                          int salary;
9                          int sudang;
10                         float tax;
11                         double total;
12        } emp;
13
14     printf("사원번호 ? ");
15     gets(emp.no);     ◄------ 사번입력
16     printf("성명 ? ");
17     gets(emp.name);   ◄------ 성명입력
18     printf("부서명 ? ");
19     gets(emp.dept);   ◄------ 부서명입력
20     printf("월급 ? ");
21     scanf("%d", &emp.salary);   ◄------ 월급입력
22     printf("수당 ? ");
23     scanf("%d", &emp.sudang);   ◄------ 수당입력
24
25     emp.tax = (emp.salary + emp.sudang) * 0.03;   ◄------ 세금계산
26     emp.total = (emp.salary + emp.sudang) - emp.tax;   ◄------ 실수령액 계산
27
28     printf("\n%s, %s, %s, %d, %d, %.2f, %.2f \n\n", emp.no, emp.name, emp.dept,
29                          emp.salary, emp.sudang, emp.tax, emp.total);
30
31     return 0 ;
32  }
```

코드분석

5~12 : 구조체가 선언과 동시에 구조체 변수 **emp가 할당**된다.

15,17,19: 구조체변수 emp에 사원번호 , 부서, 성명 멤버가 문자배열이므로 gets()를 사용하여 문자열을 입력한다.

21,23 : 월급과 수당은 정수형 멤버이므로 scanf()의 "%d" 형식 지정자를 사용한다.

25 : 월급과 수당을 합한 금액에 3% 세금을 계산하여 저장한다.

26 : 실수령액은 월급과 수당을 합한 금액에 세금을 뺀 금액이다.

실행결과

```
사원번호 ? A0003
성명 ? 랩몬
부서명 ? 영업부
월급 ? 3500000
수당 ? 70000


A0003, 랩몬, 영업부, 3500000, 70000, 107100.00, 3462900.00
```

1.3 구조체의 선언과 정의

구조체를 선언한다는 것은 **사용자 정의 자료형을 만드는 것**과 같다. 이 자료형으로 구조체변수를 선언할 때 메모리 할당이 이루어 진다. 이를 **구조체를 정의**한다고 한다. 구조체는 선언과 정의를 따로 할 수 있으며, 선언과 정의를 동시에 할 수도 있다.

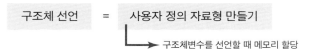

```
구조체 선언   =   사용자 정의 자료형 만들기

              └──▶ 구조체변수를 선언할 때 메모리 할당
```

(1) 구조체 선언

```
struct  EMPLOYEE {  char name[20];
                    char phone[15];
                    int age ;        } ;
```

EMPLOYEE 라는 구조체 자료형을 선언하였다.

위 선언문은 **구조체 자료형**을 선언하였다. 메모리는 할당 받지 못했으므로 EMPLOYEE 구조체를 사용하기 위해서는 **EMPLOYEE(tag_name)**를 이용하여 **구조체 변수를 할당**한다.

```
태그네임(tag_name)를 이용해 구조체변수를 선언한다.

struct  EMPLOYEE  emp1, emp2;           emp1과  emp2  구조체  변수  메모리  할당
```

(2) 구조체 선언과 정의

```
struct EMPLOYEE  {   char name[20];
                     char phone[15];
                     int age ;           } emp1, emp2 ;
```

구조체 선언과 동시에 emp1, emp2라는 구조체 변수로 메모리에 할당 받는다.

(3) typedef과 구조체 변수의 선언

키워드 typedef는 이미 존재하는 자료형에 새로운 이름을 붙여 간단한 자료형 이름으로 사용하고자 할 때 사용된다. typedef는 구조체에서 다음과 같이 사용될 수 있다.

■ 구조체를 선언하고, 자료형명 재정의

```
struct EMPLOYEE  {   char name[20];
                     char phone[15];
                     int age ;           } ;
                                              새로운 자료형명
typedef  struct EMPLOYEE  ( EMP ) ;
```

EMP는 새로운 구조체 자료형이 되었기 때문에 다음과 같이 선언할 수 있다.


```
EMP  emp1;     ◄------ struct EMPLOYEE 구조체 변수가 된다
```

구조체를 선언할 때 typedef 를 사용하여 구조체 자료형을 재정의 할 수 있다.

```
typedef struct EMPLOYEE {  char name[20];
                           char phone[15];      ┌---------→ 새로운 자료형명
                           int age ;       } (EMP)  ;
```

이때 주의 할 점은 구조체를 선언할 때 typedef를 이용하여 자료형 재정의 시 멤버리스트 중괄호 다음에 명시되는 **EMP**는 변수명이 아니라 **새로운 구조체 자료형**명 이다.

```
EMP  emp1;    // struct EMPLOYEE 구조체 변수가 된다.
```

• typedef 사용 시 주의

다음 **선언문 보자.** 구조체를 선언할 때 struct 뒤에 구조체 자료형인 **테그네임(tag_name)** 을 **생략**하였다. 이런 경우 반드시 **typedef 가 와야 하며** 구조체 선언의 마지막에 **구조체 자료형 재정의**를 위한 **자료형명이 명시**되어야 한다.

```
typedef struct {  char name[20];
                  char phone[15];      ┌------→ 새로운 자료형명
                  int age ;       } (EMP)  ;
```

1.4 구조체 복사(대입)

구조체 변수를 동일구조의 **구조체에 복사하려면** 모든 멤버를 하나하나 복사해야 하나?

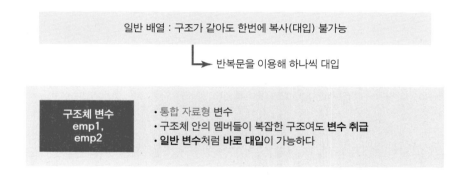

다음과 같은 구조체 선언문이 있다.

EMP emp2, emp1 = {"A2001", "안재은", "인사부", 2700000, 150000};

↳ emp1과 emp2는 동일구조, 구조체 변수 안의 모든 멤버를 함께 복사 가능

emp2 = emp1;   한번에 대입 가능(멤버들을 하나하나 옮길 필요가 없다)

구조체 변수는 구조체 안의 **멤버들이 복잡한 구조를 갖더라도 변수로 취급**된다. 따라서 일반 변수처럼 바로 대입될 수 있다.

■ 예제 구조체 자료형을 재정의하고 구조체를 복사해보자.

구조체 복사, 11_3

```
1    #include <stdio.h>
2
3    typedef struct {     char no[6];
4                         char name[20];
5                         char dept[20];
6                         int salary;
7                         int sudang;
8                         float tax;
9                         double total;
10   } EMPLOLEE ;
11
12           ┄┄┄➤ 함수 밖에 선언된 구조체는 모든 함수에서 구조체 자료형을 사용하게 한다
13
14   int main()
15   {
16                   ┄┄┄┄ 구조체 변수
17       EMPLOLEE  emp1 = {"A2002", "제이홉", "영업부", 3700000, 150000};
18       EMPLOLEE  emp2;
19
```

```
20        emp1.tax = (emp1.salary + emp1.sudang) * 0.03;
21        emp1.total = (emp1.salary + emp1.sudang) - emp1.tax;
22
23        emp2 = emp1;    ◀------ 구조체 복사
24
25        printf("emp2 list \n\n");
26        printf("%s, %s, %s, %d, %d, %.2f, %.2f \n\n", emp2.no, emp2.name, emp2.dept,
27                    emp2.salary, emp2.sudang, emp2.tax, emp2.total);
28
29        return 0;
30    }
```

코드분석

3~10 : **구조체를 전역으로 선언**한다. 전역으로 선언된 구조체는 **구조체 자료형명**을 이용하여 **다른 함수에서 구조체를 정의**하여 사용할 수 있게 한다.

17, 18 : 구조체 변수 emp1은 값이 초기화 되며, emp2는 메모리에 할당 된다.

	no	name	dept	salary	sudang	tax	total
emp1	A2002	제이홉	영업부	3700000	150000	115500	3734500

	no	name	dept	salary	sudang	tax	total
emp2							

23 : **emp1 구초체 변수를 emp2에 복사**한다.

	no	name	dept	salary	sudang	tax	total
emp1	A2002	제이홉	영업부	3700000	150000	115500	3734500

	no	name	dept	salary	sudang	tax	total
emp2	A2002	제이홉	영업부	3700000	150000	115500	3734500

26 : emp2 구조체 변수를 출력한다. emp1과 같은 멤버의 값을 출력해야 한다.

실행결과

```
emp2 list
A2002, 제이홉, 영업부, 3700000, 150000, 115500, 3734500
```

SECTION 2

구조체를 함수에 전달 및 반환

구조체는 함수에 전달될 수 있으며, 반환될 수 있다. 다음은 구조체를 함수에 전달하고 반환 하는 구조를 간단히 보여준다.

```
func1(emp1);


void func1(struct EMPLOYEE emp1)                    // 구조체를 함수에 전달
{    ...    }


emp2=func2();


struct EMPLOYEE func2(void)
{    struct EMPLOYEE emp2 = {......}


    return emp2;                                    // 구조체를 반환
}
```

예제 구조체를 함수에 전달하여 활용하여 보자.

구조체 함수에 전달 및 반환, 11_4

```
1    #include <stdio.h>
2    #include <string.h>
3
4    struct EMPLOLEE {    char no[6];
5                         char name[20];
6                         char dept[20];
```

```
7                       int salary;
8                       int sudang;
9                       float tax;
10                      double total;
11   } ;
12
13   void func1(struct EMPLOLEE tmp);
14   struct EMPLOLEE func2();
15
16   int main()
17   {
18       struct EMPLOLEE emp1={"A1001","BTS","정보부",
19                                   3500000,170000}, imsi;
20
21       func1(emp1);   //함수 호출(구조체 전달)
22
23       imsi =func2();    // my 구조체 imsi 구조체 변수에 반환
24
25       printf("main() imsi 구조체 \n");
26       printf("%s, %s, %s, %d, %d, %.2f, %.2f \n\n",
27             imsi.no, imsi.name, imsi.dept, imsi.salary,
28             imsi.sudang, imsi.tax, imsi.total);
29
30       return 0 ;
31   }
32
33   void func1(struct EMPLOLEE tmp)
34   {
35       tmp.tax = (tmp.salary+tmp.sudang)*0.03;
36       tmp.total = (tmp.salary+tmp.sudang) - tmp.tax;
37
38       printf("\nfunc1() tmp 구조체 \n");
39       printf("%s, %s, %s, %d, %d, %.2f, %.2f \n\n",
40               tmp.no, tmp.name, tmp.dept, tmp.salary,
41               tmp.sudang, tmp.tax, tmp.total);
```

```
42      }
43
44      struct EMPLOLEE func2()
45      {
46          struct EMPLOLEE my;
47
48          strcpy(my.no, "A1003");
49          strcpy(my.name, "빅히트");
50          strcpy(my.dept, "해외영업");
51          my.salary = 5200000;
52          my.sudang=3500000;
53
54          my.tax = (my.salary + my.sudang) * 0.03;
55          my.total = (my.salary + my.sudang) - my.tax;
56
57          printf("\nfunc2() my 구조체 \n");
58          printf("%s, %s, %s, %d, %d, %.2f, %.2f \n\n",
59                  my.no, my.name, my.dept, my.salary,
60                  my.sudang, my.tax, my.total);
61
62          return my;    //구조체 반환
63      }
```

코드분석

18   : 구조체 변수 emp1은 초기화 된다.

21   : func1() 함수를 호출할 때 구조체변수 emp1을 실인수로 전달한다.

33   : func1()은 실인수를 저장하기 위해 같은 구조체변수 tmp를 선언하여 emp1 구조체 정보를 대입
         받는다.

39~41 : 부모의 함수에서 전달된 구조체 tmp 멤버를 출력한다.

23   : func2()를 호출한다. 이때 함수가 종료되면 함수의 리턴 값을 imsi 구조체 변수에 대입하게 된다.

44~ 55 : func2() 함수는 my 구조체 변수를 할당 후 데이터를 저장한다.

58~60 : func2() 함수의 my 구조체가 출력된다.

62   : my 구조체를 부모함수에 반환한다.

23   : 자식함수에게 반환된 구조체는 imsi에 저장된다. 이때 44행의 함수명 앞에 struct EMPLOLEE를
          선언하여 반환 형을 알린다.

26~28   : 자식함수에게 받은 구조체 imsi 변수의 값을 출력한다.

실행결과

```
func1() tmp 구조체
A1001, BTS, 정보부, 3500000, 170000, 110100.00, 3559900.00

func2() my 구조체
A1003, 빅히트, 해외영업, 5200000, 3500000, 261000.00, 8439000.00

main() imsi 구조체
A1003, 빅히트, 해외영업, 5200000, 3500000, 261000.00, 8439000.00
```

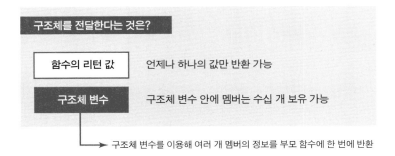

Quiz   다음과 같이 두 점의 좌표를 갖는 구조체가 있다.

```
struct Point
{
    double x;
    double y;
};
```

두 점 사이의 거리를 구하여 출력하려고 한다. 이때 두 점의 좌표를 갖는 구조체 변수는 main() 함수에서 선언되며, 두 점 사이의 좌표는 함수에서 구하여, main() 함수에서 출력한다. 빈 곳을 완성하시오.

11_Quiz

```c
1    #include <stdio.h>
2    #include <math.h>
3
4    struct Point
5    {
6        double x;
7        double y;
8    };
9
10                              가인수 선언
11   double GetDistance( _____ , _____ )
12   {
13       double dist;
14                          두 점 사이의 거리 계산
15       dist = sqrt((p1.x  -p2.x) * (p1.x - p2.x) + (p1.y - p2.y) * (p1.y - p2.y));
16
17              두 점 사이의 거리 값 반환
18       _____
19   }
20
21   int main( )
22   {
23       double Distance ;
24
25       struct Point p1 = { 430, 170 };
26       struct Point p2 = { 120, 80 };
27
28              함수호출 및 반환 값 저장
29       _____
```

```
30
31      printf("두 점 사이의 거리 : %lf \n", Distance);
32
33      return 0;
34  }
```

코드분석

2   : 수학함수를 사용할 math.h 헤더파일 선언

4~8   : 좌표를 저장할 구조체 선언.

25~26 : 두 점을 저장할 구조체 변수 p1, p2는 선언되고 초기화 된다.

29   : GetDistance() 함수를 호출한다. 이때 지역변수 p1, p2를 함수에 전달해야 한다. 그리고 반환값을 저장해야 한다.

11   : 두 점을 계산할 함수 정의한다. 이때 부모함수의 실인수를 가인수로 받아야 한다.

15   : 두 점 (x1, y1), (x2, y2) 사이의 거리를 구하려면 $(x2-x1)^2 + (x2-x1)^2$의 제곱근을 구하면 된다. 따라서 제곱을 구할 때는 pow() 함수를 사용하고, 제곱근은 sqrt() 함수를 사용한다.

18   : 두 점의 거리를 저장한 변수를 반환한다.

31   : 반환한 두 점 사이의 거리를 출력한다.

실행결과

두 점 사이의 거리 : 322.800248

memo

SECTION 3

구조체 배열

구조체 배열은 구조체 변수들을 여러 개의 연속된 공간에 모아 놓은 형태이므로 **변수명 대신 배열명과 첨자를 이용한다는 점 이외에는 다를 것이 없다.** 구조체 배열은 구조체변수를 테이블형식으로 관리되며 **관련이 있는 구조체 변수의 집합**이다.

3.1 구조체 배열 선언

EMPLOYEE 자료형을 이용하여 구조체 배열을 선언하면 다음과 같다.

struct EMPLOYEE emps[10];	//emps는 구조체 배열로 선언

	no	name	dept	salary	sudang	tax	total
emps[0]							
emps[1]							
emps[2]							
...							
emps[9]							

그림 12-3 구조체 배열 메모리 할당

emps 구조체 배열에 성명을 입력,출력 한다면 배열변수명[배열첨자].멤버명으로 접근한다.

```
gets(emps[i].name);
printf("성명 : %s \n", emps[i].name);
```

예제 구조체 배열에 데이터를 입출력하자. 최대한 10명의 데이터가 입력될 수 있으며
입력 중 사원번호에 0이 입력되면 입력은 종료되고, 입력된 사원정보를 출력한다.

구조체 배열, 11_5

```
1   #include <stdio.h>
2   #define EMP_SZ 10
3
4   void heading(void);
5   typedef struct {      char no[10];
6                         char name[20];
7                         char dept[20];
8                         int salary;
9                         int sudang;
10                        float tax;
11                        double total;
12  } EMPLOLEE;
13
14  int main()
15  {
16      EMPLOLEE emps[EMP_SZ];
17      int i, count;
18
19      for(i = 0;i < EMP_SZ; i++)
20      {
21          printf("\n사원번호 ? (입력종료:0) ");
22          gets(emps[i].no);
23          if(!strcmp(emps[i].no,"0"))
24              break;
25          printf("성명 ? ");
26          gets(emps[i].name);
27          printf("부서명 ? ");
28          gets(emps[i].dept);
29          printf("월급 ? ");
30          scanf("%d", &emps[i].salary);
31          printf("수당 ? ");
```

```
32              scanf("%d%*c", &emps[i].sudang);
33
34              emps[i].tax = (emps[i].salary + emps[i].sudang) * 0.03;
35              emps[i].total = (emps[i].salary + emps[i].sudang) - emps[i].tax;
36          }
37
38          count = i;       //입력된 인원수 저장
39
40          heading();
41          printf("\n");
42          for(i = 0; i < count; i++)
43              printf("%6s, %6s, %6s, %8d, %6d, %8.2f, %10.2f \n", emps[i].no,
44                                      emps[i].name, emps[i].dept, emps[i].salary,
45                                      emps[i].sudang, emps[i].tax, emps[i].total);
46
47          return 0;
48      }
49
50  void heading(void)
51  {
52          printf("\n===============================================================\n");
53          printf(" 사번    성명     부서     월급     수당     세금     실수령액\n");
54          printf("===============================================================\n");
55  }
```

코드분석

2   : 매크로 상수 EMP_SZ를 10으로 선언한다.

5~12 : 구조체를 전역으로 선언한다.

16   : emps 는 1차원 구조체 배열이 되며 10열의 구조를 할당 받는다.

19~36 : 사원정보를 입력 받기 위해 최대 값 EMP_SZ 만큼 반복한다. 데이터 입력 시 구조체 배열이므로 변
        수명과 함께 첨자를 주어 몇 번째 열인지 지정한다.

23   : 사원번호에 "0"이 입력되면 입력을 종료하기 위해 36행의 반복문을 탈출한다.

38   : 반복문을 탈출하면 입력된 사원이 몇 명인지 i 변수에 저장된다. 반복횟수가 입력된 인원수이기 대
        문이다. 이 값을 count 변수에 저장한다..

42   : 입력된 사원정보를 출력하기 위해 반복한다. 인원은 count에 저장되어 있다. 출력 시 구조체 배열
        이므로 변수명과 함께 첨자를 주어 몇 번째 열인지 지정한 후 멤버명을 기준으로 출력한다.

다음은 2명의 사원정보가 입력된 구조이다.

	no	name	dept	salary	sudang	tax	total
emps[0]	201501	안재은	인사부	2700000	150000		
emps[1]	201502	까꿍이	영업부	3100000	200000		
emps[2]							
...							
emps[9]							

실행결과

```
사원번호 ? (입력종료:0) 201501
성명 ? 안재은
부서명 ? 인사부
월급 ? 2700000
수당 ? 150000

사원번호 ? (입력종료:0) 201502
성명 ? 까꿍이
부서명 ? 영업부
월급 ? 3100000
수당 ? 200000

사원번호 ? (입력종료:0) 0
=========================================================
 사번    성명   부서   월급     수당        세금        실수령액
=========================================================
201501, 안재은, 인사부,  2700000, 150000, 85500.00, 2764500.00
201502, 까꿍이, 영업부,  3100000, 200000, 99000.00, 3201000.00
```

SECTION 4

중첩된 구조체

구조체가 다른 구조체를 포함할 수 있다. 즉 **구조체 자료형에 다른 구조체 자료형이 하나의 멤버로 선언**될 수 있는데 이를 **중첩된 구조체**(nested structure)라 한다.

4.1 중첩된 구조체 선언

다음과 같이 선언될 때 strurct EMP_DATA는 중첩구조체가 된다.

```
struct INFO {      char address[50];
                   char telno[20];  };


struct EMP_DATA{
                   char name[20];
                   int age;
                   struct INFO s_info;
           } emp;
```

- struct EMP_DATA 자료형의 변수로 선언됨.
- 구조체 멤버 중 하나가 다른 구조체 struct INFO 형을 s_info 멤버로 포함.
- 구조체가 중첩 됨(중첩구조체).

구조체 변수 emp는 struct EMP_DATA 자료형의 변수로 선언되고, 멤버 중 struct INFO 형을 이용하는 s_info 멤버를 포함하고 있다. 이처럼 **구조체 안의 멤버가 다른 구조체를 포함하는 것을 중첩된 구조체**라 한다. 중첩된 구조체 선언 시 INFO 선언문은 반드시 구조체 EMP_DATA 앞에 선언되어야 한다.

중첩 구조체 사용 이유	특정 구조체를 다른 구조체에 포함해서 사용하기 위해

위 선언문의 중첩된 구조체 멤버들은 메모리에 연속적으로 할당된다.

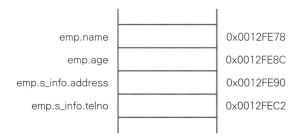

그림 12-4 중첩된 구조체 변수의 메모리 할당

4.2 중첩된 구조체 사용

중첩 구조체를 선언한 후 중첩 구조체 멤버를 접근 하려면 **구조체변수명.구조체변수명.멤버명**으로 접근한다. 이를 응용하는 예제를 살펴보자.

예제 중첩 구조체에 데이터를 입력하고 출력하여 보자.

중첩 구조체, 11_6

```
1    #include <stdio.h>
2
3    int main()
4    {
5        struct INFO {  char address[50];
6                       char telno[20];
7        };
```

```
8                                                    중첩구조체
9      struct EMP_DATA { char name[20];
10                           int age;
11                           struct INFO s_info;      struct 키워드 반드시 필요
12      } emp;
13
14      printf("구조체의 크기 : %d \n\n", sizeof(emp));
15
16      printf("성명 ? ");
17      gets(emp.name);
18      printf("나이 ? ");
19      scanf("%d%*c", &emp.age);
20      printf("주소 ? ");
21      gets(emp.s_info.address);      ←------ 중첩구조체 멤버 입력
22      printf("전화번호 ? ");
23      gets(emp.s_info.telno);        ←------ 중첩구조체 멤버 입력
24
25      printf("\n%s, %d, %s, %s \n", emp.name, emp.age,
26                           emp.s_info.address, emp.s_info.telno);
27      return 0 ;
28  }
```

코드분석

5~7 : 구조체 INFO가 선언된다.

9~12 : 구조체 **EMP_DATA** 가 선언된다. 이때 세 번째 멤버로 다른 구조체를 포함한다. **중첩 구조체**가 된다. 중첩된 구조체를 접근하려면 s_info 구조체 변수와 함께 멤버명을 사용한다.

14 : 구조체 변수 emp의 크기는 중첩 구조체 멤버를 모두 포함한 크기가 된다.

17,19 : 성명과, 나이를 입력 받는다.

21,23 : 주소와 전화번호를 입력 받는다. 이 멤버들은 중첩된 구조체 멤버이므로 **"구조체변수.구조체변수.멤버"**로 접근된다.

25 : 구조체 변수 emp의 멤버들을 출력한다.

실행결과

구조체의 크기 : 96
성명 ? 홍길동
나이 ? 25
주소 ? 서울시 강남구 역삼동
전화번호 ? 3429-4115

홍길동, 25, 서울시 강남구 역삼동, 3429-4115

memo

SECTION 5

구조체 포인터

구조체 포인터란 포인터를 통하여 구조체 변수에 접근하는 개념이다. 구조체 포인터 변수도 일반 포인터 변수와 마찬가지로 변수명 앞에 '*'를 붙여 선언한다.

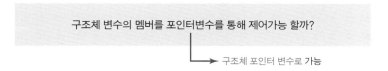

구조체 변수의 멤버를 포인터변수를 통해 제어가능 할까?

→ 구조체 포인터 변수로 가능

5.1 구조체 포인터 선언

구조체 포인터 변수를 선언하는 형식이다.

> **형식**
>
> struct 구조체 자료형명(tag_name) {
>   자료형   멤버 1;…
>   자료형 멤버N;
> } *변수명;
>
>
> 또는 struct tag_name * 변수명;

구조체 포인터 변수에 구조체의 시작주소를 할당 받는다.

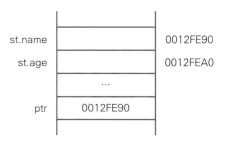

```
struct  EMP {   char   name[16];
                int    age;
} st, *ptr ;

또는    struct EMP *ptr;

ptr = &st ;   //구조체변수의  시작주소  대입
```

위의 선언문으로 할당된 구조체 변수와 구조체 포인터 변수의 관계는 다음과 같다.

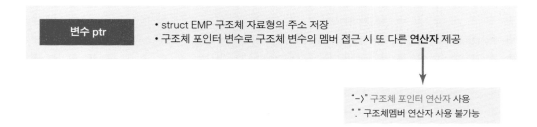

그림 12-5 구조체 포인터 변수의 메모리 할당

변수 ptr
- struct EMP 구조체 자료형의 주소 저장
- 구조체 포인터 변수로 구조체 변수의 멤버 접근 시 또 다른 **연산자** 제공

"→" 구조체 포인터 연산자 사용
"." 구조체멤버 연산자 사용 불가능

구조체 포인터 변수를 이용하여 구조체 변수의 멤버를 접근할 때 "**→**" 연산자로 **구조체 포인터 연산자**로 간접참조 한다. "**→**"를 화살표연산자라고도 부르는데 "**− 기호와 〉 기호**"가 연결된 연산자다. **구조체 포인터 변수**는 구조체멤버 연산자 ("**.**") 를 사용할 수 없다.

예제 구조체 포인터 변수를 활용해 보자. 구조체 포인터 변수가 참조한 멤버를 사용할 때 **포인터 변수는 멤버의 자료형을 기준으로 처리**한다.

구조체 포인터, 11_7

```
1    #include <stdio.h>
2
3    int main()
4    {
5        struct EMP {   char name[20];
6                       int age ;
7                       char address[40] ;
8        } emp;
9
10       struct EMP *ptr;
11
12       ptr = &emp;   ◄------ 구조체 변수 주소대입
13       printf("emp : %d, ptr : %d \n", sizeof(emp), sizeof(ptr) );
14
15       printf("성명 ? ");
16       gets(ptr->name);
17       printf("나이 ? ");
18       scanf("%d%*c", &ptr->age);
19       printf("주소 ? ");
20       gets(ptr->address);
21
22       printf("\n구조체 변수를 이용한 출력\n");
23       printf("%s, %d, %s \n", emp.name, emp.age, emp.address);
24       printf("\n구조체 포인터 변수를 이용한 출력\n");
25       printf("%s, %d, %s \n", ptr->name, ptr->age, ptr->address);
26
27       return 0 ;
28   }
```

코드분석

10 : 구조체 **EMP** 자료형으로 구조체 포인터 변수 ptr이 선언된다.

12 : 구조체 포인터 변수에 참조할 구조체 변수의 시작주소를 대입한다.

13 : 구조체 포인터 변수의 크기는 메모리 주소를 하나 저장하는 구조이므로 4바이트 할당이다.(32비트 운영체제)

16 : 성명을 입력 받아 **구조체 포인터 변수가 참조하는 구조체 멤버에 접근**할 수 있다. 이때 구조체 포인터 변수는 **구조체 포인터 연산자("→")를 사용**한다. 구조체 포인터 연산자는 자신이 저장하고 있는 주소를 참조하게 되고, 참조한 영역의 멤버에 접근하게 된다.

18,20 : 나이와 성명을 입력하여 구조체에 저장한다.

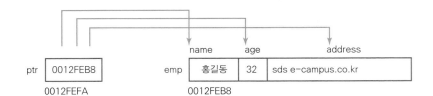

23 : 구조체 변수 emp에 저장된 멤버의 값을 emp 변수를 사용하여 출력한다.

25 : 구조체 포인터 변수 ptr을 참조한 멤버의 값을 출력한다. 이때 "→" 연산자를 사용할 수 있지만 다음과 같이 접근될 수도 있다.

(*ptr).name : ptr이 저장하고 있는 주소를 참조한다. 참조된 영역은 구조체 변수 emp가 되고, 이때 "." 연산자를 이용하여 멤버에 접근될 수 있다.

실행결과

```
emp : 64, ptr : 4
성명 ? 홍길동
나이 ? 32
주소 ? sds e-campus.co.kr

구조체 변수를 이용한 출력
홍길동, 32, sds e-campus.co.kr

구조체 포인터 변수를 이용한 출력
홍길동, 32, sds e-campus.co.kr
```

5.2 구조체 포인터 연산

"포인터의 연산은 자료형의 크기만큼 증감된다" 즉 **구조체 포인터의 증가는 구조체 자료형의 크기만큼 증감**된다. 따라서 **자료형이 동일한 구조체 배열과 구조체 포인터 변수를 연결하면** 구조체 포인터 변수를 이용하여 **구조체 배열의 다음 원소**를 가리킬 수 있다.

예제 구조체 포인터 변수를 이용하여 구조체 배열을 참조해 보자.

구조체 포인터 연산, 11_8

```
1    #include <stdio.h>
2
3    struct EMP {        char name[20];
4                        int age ;
5                        char address[40] ;
6    } ;
7
8    int main()
9    {
10       struct EMP emps[4] = {{"최사원", 26, "서울시 강남구 역삼동 멀티캠퍼스"},
11                             {"이대리", 33, "서울시 성동구 성수동 서울의 숲"},
12                             {"박부장", 40, "서울시 노원구 삼각산"},
13                             {"김사원", 29, "서울시 영등포구 신도림역"}};
14
15       struct EMP *ptr;
16       int i;
17
18       ptr = emps;      ◄------ 구조체 배열의 시작주소 저장
19
20       for(i=0;i<4;i++)
21       {
22           printf("%s, %d, %s \n", ptr->name, ptr->age, ptr->address);
23           ptr++;
24       }
```

```
25
26      return 0 ;
27   }
```

다음과 같은 배열 데이터가 저장되었다고 가정한다.

ptr　　[0012FEB8]
0012FEFA

	name	age	address	
emp[0]	최사원	26	s서울시 강남구 역삼동 멀티캠퍼스	0012FEB8
emp[1]	이대리	33	서울시 성동구 성수동 서울의 숲	0012FEF8
emp[2]	박부장	40	서울시 노원구 삼각산	0012FE38
emp[3]	김사원	29	서울시 영등포구 신도림	0012FE78

코드분석

10 : 구조체배열 emps에 데이터를 초기화 한다.

15 : 구조체 **EMP** 자료형으로 구조체 포인터 변수 ptr이 선언된다.

18 : 구조체 포인터 변수에 참조할 구조체 배열의 시작주소를 대입한다. 배열변수는 그 배열의 시작주소이다.

20~24 : 구조체 배열을 출력하기 위한 반복문이다.

22 : 구조체 포인터 변수가 자신이 저장하고 있는 주소를 참조한 멤버를 출력한다. 즉 emps 배열의 [0]열이 된다.

23 : 다음의 구조체 배열인 [1]열을 참조하기 위해 포인터 변수를 1 증가한다. 이때 포인터의 증가는 자신의 자료형 크기만큼 증가한다. 따라서 구조체 **EMP**의 크기가 64바이트라면 ptr 변수는 기존 주소에 64바이트를 증가한 주소를 갖게 된다. 반복될 때 마다 다음처럼 새로운 주소를 갖게 된다. 이 주소는 구조체 배열의 새로운 열의 데이터 시작주소이다.

ptr　[0012FEB8 → 0012FEF8 → 0012FF38 → 0012FE78]
0012FEFA

실행결과

```
최사원, 26, 서울시 강남구 역삼동 멀티캠퍼스
이대리, 33, 서울시 성동구 성수동 서울의 숲
박부장, 40, 서울시 노원구 삼각산
김사원, 29, 서울시 영등포구 신도림역
```

요약정리(Summary) ◇◇◇◇◇◇◇◇◇◇◇◇◇

구조체

- 구조체란 서로 연관된 데이터들을 하나의 자료로 묶어 처리할 수 있게 함.
- 구조체를 정의하면, 구조체란 관련된 여러 자료형의 변수를 하나의 새로운 자료형으로 만들어 사용하는 것을 말하며 이를 사용자 정의 자료형이라 함.
- 선언된 자료형을 변수로 선언하면 구조체 변수가 되며 하나의 변수이름으로 여러 형의 데이터를 제어할 수 있게 됨.

구조체 선언과 정의

```
struct EMPLOYEE  {  char name[20];
                    char phone[15];
                    int age ;          } emp1, emp2 ;
```

구조체 포인터

- 구조체 변수의 멤버를 포인터변수를 통해 제어할 수 있을까?
- 구조체 포인터 변수를 사용할 수 있음.
- 구조체 포인터란 포인터를 통하여 구조체 변수에 접근하는 개념임.

연습문제

[11-1] 다음에 답하여라.

1. 구조체는 같은 목적을 가진 멤버들의 모임이며 이때 함께 묶일 멤버들의 자료형은 (같아야 한다, 달라도 된다.)

2. 구조체를 선언 시 키워드 (   )으로 구조체임을 컴파일러에게 알린다.

3. 구조체에 선언된 변수를 멤버라 하며 멤버에 접근할 때 형식은 (.   ) 형식으로 사용한다.

4. 구조체 자료형을 새로운 이름으로 재정의 하기 위해 (   ) 을 이용할 수 있다.

5. 구조체의 멤버들은 메모리에 차례대로 할당 받는다. (O , X)

6. 구조체포인터 변수는 구조체 변수의 (   )를 저장하여 구조체 멤버를 참조하는 변수이다.

7. 구조체포인터 변수를 이용하여 구조체 멤버를 참조할 때 형식은 (구조체포인터변수(   )멤버명) 이다.

[11-2] 다음 설명 중 바르지 않은 것은 무엇인가?

① 구조체의 멤버는 같은 멤버명이 올 수 없다.
② 구조체의 모든 멤버는 같은 자료형으로 선언되어야 한다.
③ 구조체와 공용체는 멤버를 메모리에 할당하는 구조가 다르다.
④ 구조체 안에 공용체가 포함될 수 있다.

[11-3] 다음과 같은 구조체 변수 st의 멤버 중 entry 에 데이터를 입력(대입)하는 방법으로 바르지 않은
것은 무엇인가?

```
struct student
        char st_no[20];
        char subject[20];
        char name[20];
        char entry;
        char telno[15];
    }st;
```

① st. entry = getchar();　　　　② st. entry = 'S';

③ scanf("%c", &st. entry)　　　　④ gets(st. entry);

[11-4] 다음의 결과는 무엇인가?

```
struct  EMP {    char name[20];
                 int age;
                 int salary;
                 } emps[4] = { {"진달래", 20, 5000},
                               {"개나리", 23, 6000},
                               {"까꿍이", 27, 7000 } } ;

        printf("%d \n", sizeof(emps) / sizeof(struct EMP));
```

① 4　　　　　　　　　② 28
③ 112　　　　　　　　④ 3

연습문제

[11-5] 다음은 잘못된 표현을 사용하는 경우이다. 무엇이 문제인지 설명하라.

① struct A {
    int age;
    char name[20]
  } st;
  age=20;

② struct A {
    int age;
    char name[20]
  } st, *ptr;
  ptr=st ;

③ struct A {
    int age;
    char name[20]
  } st, *ptr;

  ptr=&st ;
  ptr.age=25;

[11-6] 학생의 정보를 구조체로 정의하려고 한다. student라는 tag_name을 갖는 구조체를 선언하고 다음과 같은 정보를 사용자로부터 입력 받아 출력하라.
(아래의 표는 학생정보를 저장할 구조이다. 구조체 변수명은 st1으로 한다.)

	필드명	자료형	크기
학번	st_no	문자	6
학과	subject	문자	20
성명	name	문자	10
등록여부	entry	문자	1(1: 등록, 0: 미등록)
전화	telno	문자	15

◇□◇□◇□◇□◇□◇□◇□◇

실행결과

학번 ? 2007123
학과 ? 의료공학
성명 ? 안병욱
등록여부<1:등록, 0:미등록> ? 1
전화번호 ? 010-001-0123

200712의료공학, 의료공학, 안병욱, 1, 010-001-0123

[11-7] 다음 프로그램은 중첩된 구조체를 이용하여 사각형의 넓이를 구하는 프로그램이다. 다음과같이 출력되도록 코드를 추가하라.

```
#include <stdio.h>
typedef struct point {        int x;
                              int y; } POINT;
struct rectangle {    int width;
                      POINT p[2];        };
int main()
{
        struct rectangle rect;
        POINT rightTop={7,10};
        POINT leftDown={3,5};

        rect.p[0]=rightTop;
        rect.p[1]=leftDown;
//코드 추가

        return 0 ;
}
```

실행결과

가로:4, 세로:5, 사각형의 넓이 : 20 이다.

연습문제

[11-8] 다음 프로그램은 구조체와 나열형을 활용하는 내용이다. 다음의 실행결과가 출력되도록 프로그램을 완성하여 보자. 단, 직급은 position으로 정수로 입력 받지만, 값에 해당되는 직급을 문자열로 출력한다.(1:사장,2:부장,3:과장,4:대리,5:사원)

```c
struct A {
        char dept[20];
        char name[20];
        enum B { manager1 = 1, manager2, manager3, employee1,
                employee2 } position;
        int salary;
        int sudang ;
    } emps[10];

int main()
{
    int i, count;
    for(i = 0; i < 10; i++)
    {
        printf("%d, 부서?(종료:end) ", i+1);
        gets(emps[i].dept);
        if(!strcmp(emps[i].dept, "end"))
            break;
        printf("   성명? ");
        gets(emps[i].name);
        printf("   직급=>");
        do{
            printf(" 1:사장,2:부장,3:과장,4:대리,5:사원? ");
            scanf("%d", &emps[i].position);
        }while(emps[i].position < 1 || emps[i].position > 5);
        printf("   월급? ");
        scanf("%d%*c", &emps[i].salary);
        if(emps[i].position >= manager2)    //수당 선택
            emps[i].sudang = 70000;
```

```
        else
            emps[i].sudang = 50000;
    }


    count=i;  //입력된 인원수 저장
    printf(≪---------------------------------\n≫);
    printf(≪   부서 성명  직급  실수령액\n≫);
    printf(≪---------------------------------\n≫);
    // 출력문 작성


    return 0;
}
```

실행결과

```
1, 부서 ?(종료:end)  영업부
   성명 ?  홍길동
   직급 ⇒ 1:사장,2:부장,3:과장,4:대리,5:사원 ? 2
   월급 ?  3700000
2, 부서 ?(종료:end)  인사부
   성명 ?  까꿍이
   직급 ⇒ 1:사장,2:부장,3:과장,4:대리,5:사원 ? 5
   월급 ?  2700000
3, 부서 ?(종료:end)  end
-----------------------------------
   부서  성명   직급   실수령액
-----------------------------------
영업부,  홍길동,   부장,     3770000
인사부,  까꿍이,   사원,     2770000
```

연습문제 ◇□◇□◇□◇□◇□◇

[11-9] 다음과 같은 구조체 배열에 데이터가 선언과 동시에 초기화 되었다. 이를 구조체 포인터 변수를 이용하여 출력하라.

```
struct  EMP { char name[20];
int age;
int salary;
} emps[4]={   {"진달래", 20, 500000},
              {"개나리", 23, 600000},
              {"까꿍이", 27, 700000}, {NULL}} ;
struct EMP *ptr;
```

실행결과

```
진달래,  20,  500000
개나리,  23,  600000
까꿍이,  27,  700000
```

[11-10] 다음 프로그램의 결과는 무엇인가?

```
struct  EMP {  char name[20];
               int age;
               int salary;
          } emps[]={ {"진달래", 20, 800000},
                     {"개나리", 23, 950000},
                     {"까꿍이", 17, 700000} } ;

struct EMP *ptr;
ptr= emps;   //구조체 배열 주소 할당
ptr++;
printf("%s, %d, %d \n", ptr->name, ptr->age, ptr->salary);
```

① 진달래, 20, 800000   ② 개나리, 23, 950000

③ 까꿍이, 17, 700000   ④ 개나리, 20, 800000

C Programming Language

C H A P T E R

12

파일입출력

C Programming Language

구성

학습목표

- 스트림은 무엇이며 표준 입출력과 어떤 관계인지 알아본다.
- 파일 입출력의 개념과 C 라이브러리 함수에 대하여 알아본다.
- 텍스트 데이터 입출력을 알아보자.
- 이진 데이터 입출력을 알아보자.

SECTION 1

스트림의 개념

프로그램 실행 시 입력된 변수나 배열의 정보들은 메모리에서 수행되기 때문에 **프로그램 실행이 종료되면 그 내용이 지워**진다.

> 실행중인 메모리의 **특정 내용을 지속적으로 사용**하려면

프로그램이 종료 전 디스크의 파일로 저장

C 언어는 **파일 입·출력 함수를 이용하여** 프로그램이 실행될 때 **변수나 배열의 내용**을 파일(하드디스크)에 저장하고, 다음 실행 시 **파일로부터 데이터를 메모리에 읽어** 다시 사용할 수 있다.

1.1 표준 입/출력 스트림

스트림은 실행 중인 프로그램과 외부 장치를 **연결(interface)**해 주는 **논리적인 연결**을 말한다.

표준 입/출력 스트림	• 표준입출력 장치를 위한 스트림 • 운영체제에 의해 자동 생성 및 관리 　→ C 개발자 : 표준 스트림을 위한 연결과정 작성 불필요

표준 스트림은 **표준입출력 장치**를 위한 스트림으로 운영체제에 의해서 자동으로 생성되고 관리되므로 C 개발자가 표준 스트림을 위한 연결과정을 작성할 필요가 없다. **표준입력 스트림은 stdin**이며, **표준출력 스트림은 stdout, 표준 에러스트림은 stderr**이다.

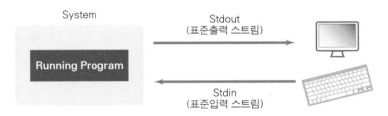

그림 12-1 표준 입출력 스트림

1.2 파일 입/출력

파일 입출력은 **대상이 디스크 장치**가 되며, 표준 입출력 장치가 아니기 때문에 운영체제에 의해 자동으로 관리되지 않는다. 따라서 C 개발자가 **파일연결 과정에 직접 관여**해야 한다.

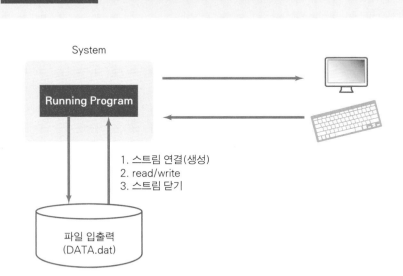

그림 12-2 파일 입출력 스트림

SECTION 2

파일 입출력을 위한 스트림

파일을 입출력 하기 위해서는 스트림을 연결해야 한다. 스트림은 **open** 동작으로 **파일에 연결**되고 사용이 끝나면 **close** 동작으로 파일과 **연결을 단절**시킨다.

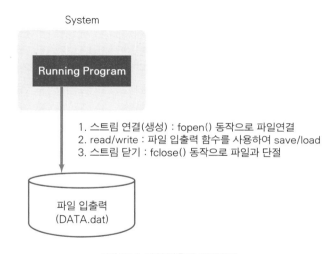

그림 12-3 파일 입출력 연결과정

2.1 스트림 생성과 소멸 함수

(1) fopen() 함수

파일을 열어 스트림과 연결시키기 위해 fopen() 함수를 사용한다.

> ⮞ 형식
>
> ```
> FILE *fopen(char *filename, char *mode);
> ```

> **⊖ 예**
>
> fp = fopen("data1.dat", "wt");

fopen() 함수의 매개변수 filename은 파일 명을 의미하고, mode는 파일에 대한 접근 모드를 의미한다. 두 인수 모두 문자열 형태다.

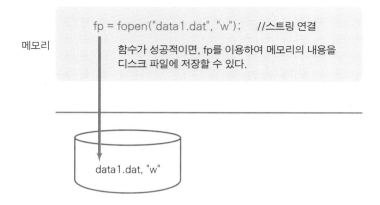

fopen() 함수는 파일을 여는 작업이 **성공적이면 유효한 FILE 포인터를 반환**한다. 그러나 함수가 **실패하면 널 포인터(NULL Pointer)가 반환**된다. STDIO.H 헤더 파일은 널 포인터를 정의된 매크로 NULL을 정의한다. 따라서 유효한 파일 포인터가 반환되었는가를 확인하는 것은 매우 중요하며, NULL 포인터가 반환되었다는 것은 연결할 외부장치와의 연결실패를 의미한다.

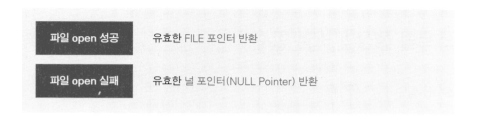

fopen() 함수의 모드에서 사용할 수 있는 값들은 다음과 같다.

표 12-1 fopen() 함수 모드

모드	처 리	파일이 없는 경우	파일이 있는 경우
"r"	텍스트 파일 읽기(read)	NULL 반환	정상 처리
"w"	텍스트 파일 저장(write) 하기	새로운 파일 생성	이전 내용 삭제
"a"	텍스트 파일 추가(append)	새로운 파일 생성	이전 내용 뒤에 추가
"r+"	텍스트 파일 읽고 저장하기	NULL 반환	정상 처리
"w+"	텍스트 파일 읽고 저장하기	새로운 파일 생성	이전 내용 삭제
"a+"	텍스트 파일 추가로 읽고 저장	새로운 파일 생성	이전 내용 뒤에 추가
"rb"	2진 파일 읽기	NULL 반환	정상처리
"wb"	2진 파일 저장 하기	새로운 파일 생성	이전 내용 삭제
"ab"	2진 파일 추가	새로운 파일 생성	이전의 내용 뒤에 추가
"r+b"	2진 파일 읽고 저장하기	NULL 반환	정상 처리
"w+b"	2진 파일 읽고 저장하기	새로운 파일 생성	이전 내용 삭제
"a+b"	2진 파일 추가로 읽고 저장하기	새로운 파일 생성	이전 내용 뒤에 추가

(2) FILE 구조체

〈stdio.h〉에 들어 있는 선언 중의 하나가 FILE 구조체이다. FILE은 스트림에 접근하기 위한 자료 구조로, **스트림은 fopen() 함수가 실행될 때 FILE에 연결할 장치에 대한 정보를 저장하게 되며 이 정보는 파일의 크기, 현재 위치, 파일의 접근방법 등 파일 접근 시 필요한 정보가 저장**되는 구조체이다.

스트림은 fopen() 함수 실행 시 FILE 에 연결할 장치에 대한 정보 저장

파일 접근 시 필요한 정보가 저장되는 구조체

(3) freopen() 함수

freopen() 함수는 주어진 파일에 특정 **스트림을 열기(다시 열기 위해) 위해 사용**한다. 이 함수의 원형은 다음과 같다. 마지막 인수는 이미 연(open) 스트림이다.

➔ 형식

```
FILE *freopen(char const *filename, char const *mode, FILE *stream);
```

➔ 예

```
fp = freopen("data1.dat", "r", fp);
```

이미 열린 스트림을 재 연결하면서 파일모드 변경, 파일 포인터의 현재 위치를 처음으로 보냄.

(4) fclose()

파일에 대한 입·출력이 모두 수행되면 fclose() 함수를 이용하여 파일을 close 해야 한다.

➔ 형식

```
int fclose(FILE *fp);
```

➔ 예

```
int fclose(fp);
```

fp로 연결된 파일을 close하고 파일과 스트림과의 연결 단절

➔ fopen() 함수로 정상 수행된 파일 포인터 변수

2.2 스트림의 종류

fopen() 함수는 스트림을 열 때 두 가지 모드 중 하나를 선택하여 연결한다. 텍스트 (text) 모드와 2진(binary) 모드이다.

(1) 텍스트 스트림

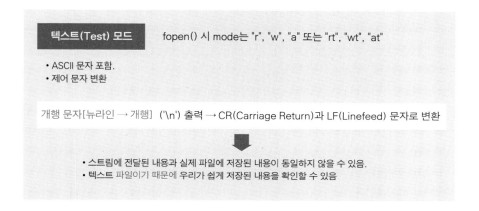

(2) 이진 스트림

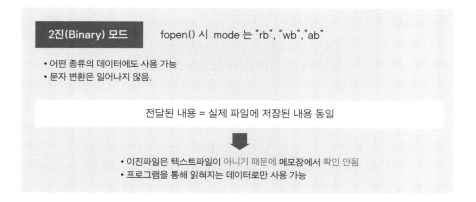

스트림이 연결되면 입출력 함수들은 **텍스트 형식, 이진(바이너리) 형식**으로 데이터를 입출력 할 수 있다. 각 스트림(데이터) 형태에 따라 사용할 수 있는 함수 계열이다.

(3) 스트림 입출력 함수

표 12-2 입출력 함수들

목 적	임의의 스트림	표준 입출력만 사용
문자 입력	fgetc, getc	getchar
문자 출력	fputc, putc	putchar
한 행(문자열) 입력	fgets	gets
한 행(문자열) 출력	fputs	puts
형식화된 입력	fscanf	scanf
형식화된 출력	fprintf	printf
이진 데이터 입력	fread	
이진 데이터 출력	fwrite	

텍스트 스트림 함수　　　　　　　　이진 스트림 함수

(4) 현재 위치(Current Locaton) 란?

스트림에서의 현재 위치(Current Locaton)란 다음 파일 접근이 일어날 파일 내의 위치를 말한다.

현재 위치(Current Location)

스트림이 문자를 쓴(혹은 문자를 읽은) 다음 위치

자동으로 현재 접근할 위치 정보를 FILE 구조체가 가짐.

SECTION 3

텍스트 데이터 입출력

C 의 텍스트 입출력 함수들은 문자, 문자열, 형식화된 데이터를 처리할 수 있다. 텍스트 데이터는 메모장과 같은 응용프로그램에서 파일 내용을 확인할 수 있다.

> 텍스트 입출력 함수 : 문자, 문자열, 형식화된 데이터 처리
>
> 텍스트 데이터 : 응용프로그램에서 파일 내용을 확인 가능

3.1 문자 입출력

스트림이 열리고 나면, 스트림은 입력과 출력에 사용된다. 연결된 스트림을 이용하여 **문자를 입출력 할 수 있으며**, 이는 가장 단순한 문자 입출력 방법이다. **fgetc()는 표준 입력장치인 키보드로 부터 한 문자를 읽어들인다.**

> ➡ 형식
>
> ```
> int fgetc( FILE *stream);
> ```

fgetc()는 읽으려는 스트림을 인수로 받지만 getchar는 항상 표준 입력에서 데이터를 읽는다. 각 함수는 스트림에서 다음 문자를 읽고 함수의 값으로 그 문자를 반환한다. 만일 스트림에 더 이상의 문자가 없을 때는 EOF 상수를 반환한다.

문자 출력 함수의 원형은 다음과 같다.

> ➡ 형식
>
> ```
> int fputc( int char , FILE *stream);
> ```

fputc()는 첫 번째 인수는 출력할 문자이며 한 문자를 스트림에 출력한다.

| 예제 | fgetc(), fputc()를 이용하여 **키보드로 입력된 문자를 파일로 저장**해 보자. 파일은 "data1.txt"로 저장한다.

문자 입출력(파일 Save), 12_1

```
1   #include <stdio.h>
2   #include <stdlib.h>
3
4   int main()
5   {
6       FILE *fp;   //파일 포인터 선언
7       char ch;
8
9       fp = fopen("DATA1.txt", "wt"); //1.스트림 연결
10      if (fp == NULL)
11      {
12          printf("파일 Open 실패!! \n");
13          exit(1); //프로그램 강제종료
14      }
15
16      printf("stdin -> disk \n");
17      //2. 키보드 입력문자 파일 저장, 입력종료 ^Z 이 아니면
18      while ((ch = fgetc(stdin)) != EOF)
19      {
20          fputc(ch, fp);
21      }
22      printf("data1.txt 파일생성.\n");
23      fclose(fp); //3. 스트림 닫기
24
25      return 0;
26  }
```

코드분석

6 : FILE은 스트림이다. 스트림 타입의 변수 fp를 선언한다. FILE로 선언된 변수를 파일 포인터라 하며 fopen() 함수에 의 외부장치와 연결정보를 갖게 된다.

9 : fopen() 은 파일열기가 성공적이면 fp 에게 장치를 접근할 수 있는 파일포인터를 넘기고 실패하면 NULL을 반환한다. "data1.txt"를 저장모드("wt")로 연결한다.

10~14 : fopen() 이 실패할 경우 exit() 함수에 의해 프로그램은 종료된다.

18~21 : **while은 참이면 반복**한다. fgetc() 함수는 키보드로부터 한 문자를 읽어 ch변수에 저장 한다. 이 값이 EOF가 아닐 때까지 반복하는데 **EOF**는 키보드로부터 입력된 **값이 ^z (UNIX계열 ^D)인 경우 입력종료인 EOF 값을** 갖는다. 입력 값이 **EOF가 아니면 fp에 연결된 파일에 저장**된다.

23 : 연결된 스트림을 닫는다.

실행결과

```
stdin → disk
a
b
c
sindows
linux
^Z
data1.txt 파일 생성
```

탐색기를 열어 파일이 생성되었는지 확인한다.

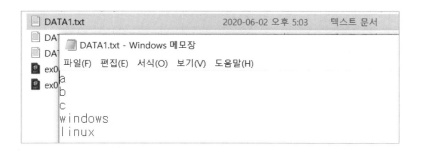

예제 fgetc(), fputc()를 이용하여 **저장된 파일을 읽어, 변수 ch 에 읽어 출력**해 보자.
파일은 "data1.txt"에서 읽어 들인다.

문자 입출력(파일 Load), 12_2

```c
1   #include <stdio.h>
2   #include <stdlib.h>
3
4   int main()
5   {
6       FILE* fp;   //파일 포인터 선언
7       char ch;
8
9       fp = fopen("data1.txt", "rt"); //1.스트림 연결
10      if (fp == NULL)
11      {
12          printf("파일 Open 실패!! \n");
13          exit(1); //프로그램 강제종료
14      }
15
16      printf("disk -> stdout \n");
17      //2. 파일에서 문자 읽어 변수 ch에 저장,
18          입력종료 파일 끝에 EOF가 저장 됨.
19      while ((ch = fgetc(fp)) != EOF)
20      {
21          fputc(ch, stdout);
22      }
23
24      fclose(fp); //3. 스트림 닫기
25
26      return 0;
27  }
```

코드분석

6   : FILE은 스트림이다. 스트림 타입의 변수 fp를 선언한다. FILE로 선언된 변수를 파일 포인터라 하며 fopen() 함수에 의 외부장치와 연결정보를 갖게 된다.

9   : fopen() 은 파일열기가 성공적이면 fp 에게 장치를 접근할 수 있는 파일포인터를 넘기고 실패하면 NULL을 반환한다. "data1.txt"를 읽기모드("rt")로 연결한다.

10~14 : fopen() 이 실패할 경우 exit() 함수에 의해 프로그램은 종료된다.

19~22 : **while은 참이면 반복**한다. fgetc() 함수는 fp인 파일 스트림으로 부터 한 문자를 읽어 ch변수에 저장 한다. 이 값이 EOF가 아닐 때까지 **반복하는데 파일의 마지막 문자**는 항상 **EOF**가 저장되므로, 이 반복문을 파일 끝을 만나면 탈출한다. 읽어들인 값이 **EOF가 아니면** 변수 **ch에 저장**되고 그 문자는 표준출력장치인 **모니터(터미널)에 출력**된다.

24   : 연결된 스트림을 닫는다.

실행결과

```
disk -> stdout
a
b
c
sindows
linux
```

memo

3.2 문자열 입출력

문자열 입출력은 문자열을 읽고 쓰며, 텍스트 단위의 입출력을 처리하는 데 아주 유용하다.

> ● 형식
>
> ```
> char  *fgets( char *buffer, int buffer_size, FILE * stream);
> char  *fputs( char const *buffer, FILE * stream);
> ```

■ **fgets() 함수**

- fgets() 함수는 스트림(stream)에서 문자들을 읽어 버퍼(buffer)로 복사함.

- buffer_size만큼 읽거나, 개행 문자를 만나거나, 파일의 끝을 만나면 읽은 내용을 버퍼에 저장하고 읽기가 중단됨.

- 어느 경우든 버퍼에 저장되어 있는 문자들의 끝에는 널(NULL) 바이트가 추가되어 문자열이 됨.

- 어떤 문자도 읽혀지기 전에 파일의 끝에 도달하면, 버퍼는 변경되지 않고 fgets() 함수는 NULL 포인터를 반환함.

- 이 경우만 제외하면 fgets()는 첫 번째 인수(버퍼가 가리키는 포인터)를 반환함.

■ **fputs() 함수**

- fputs() 함수는 fp와 관련된 파일에 버퍼(buffer)가 가리키는 문자열을 출력함.

- 에러가 발생하면 EOF를 반환하고, 잘 수행되면 음수가 아닌 값을 반환한다.

예제   포인터 배열이 참조하는 주소에 저장된 문자열을 파일에 저장하고 읽어보자.
포인터 배열 str이 갖는 정보는 다음과 같다.

	[0]	[1]	[2]	[3]	[4]	[5]	...	[9]
str	0012FEB8	0012FEC0	0012FEDA	0012FEEF8	0012FFA0	NULL	...	

```
0012FFB8    kingdom\n\0
0012FFC0    king\n\0
0012FFDA    queen\n\0
0012FFF8    prince\n\0
0012FFA0    princess\n\0
```

문자열 입출력, 12_3

```
1    #include <stdio.h>
2    #include <stdlib.h>
3
4    int main()
5    {
6        char *str[10] = {"kingdom\n", "king\n", "queen\n",
7                         "prince\n", "princess\n", NULL };
8        FILE *fp;
9        char tmp[20];
10       int i = 0;
11
12       if((fp = fopen("DATA2.txt", "wt")) == NULL)    ◀------ 스트림 연결
13       {
14           printf("file open error. \n");
15           exit(1);
16       }
17
18       while(str[i])
19       {
20           fputs(str[i], fp);    ◀------ 파일 저장
21           i++;
22       }
23
24       fp = freopen("DATA2.txt", "rt", fp);    ◀------ 스트림 모드 변경
25
```

```
26        while(fgets(tmp, 20, fp)) ◀------ 파일 읽기
27        {
28            printf("%s", tmp);
29        }
30        fclose(fp);
31        printf("\n");
32
33        return 0 ;
34    }
```

코드분석

6   : 포인터 배열 str 은 선언과 동시에 문자열 주소를 저장한다.

8   : 스트림 변수 fp를 선언한다.

12   : fopen() 함수는 "data2.txt"을 쓰기모드로 연결한다. 성공하면 fp는 파일정보와 연결된다.

18~22 : while 은 참일 때까지 반복한다. 포인터 배열 str의 열은 주소를 갖으면 참이다. 마지막 열인 NULL
        을 만나면 종료한다.

20   : fputs() 함수는 str의 열이 갖는 주소를 '\0'을 만날 때까지 문자열 단위로 저장한다. 반복이 끝나
        면 파일에는 다음과 같이 문자열이 저장된다.

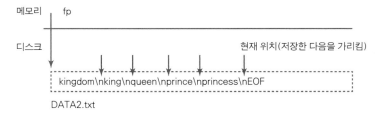

24   : freopen() 함수는 이미 오픈한 파일의 모드를 변경할 수 있게 한다. freopen() 함수는 스트림 fp
        를 읽기모드로 변경한다. 또한 파일의 현재 위치를 파일의 처음이 되게 한다.

26~29 : fgets() 함수는 fp 에서 20바이트 또는 '\n'을 만날 때까지 문자열을 읽어 tmp배열에 저장한다. 성
        공하면 주소를 반환하고 실패하면 NULL이 반환된다. 따라서 반복문이 참이라면 문자열 읽기가
        성공이고, 실패이면 파일 끝까지 읽어 더 이상 읽을 수 없는 상태를 말한다.

28   : tmp 배열에 읽어 들인 문자열을 출력한다.

실행결과

```
kingdom
king
queen
prince
princess
```

3.3 형식화된 입출력

형식화 된 입출력은 **형식 지정자에 대응하는 다양한 자료형을 스트림에 쓰고, 읽어 들**일 수 있게 한다. 형식화 된 입출력의 **장점은 텍스트 형식을 갖는 파일에서 여러 가지 다양한 데이터**를 입출력 할 수 있다.

함수 원형은 다음과 같다. 각 원형에서 생략 기호로 된 매개변수는 가변 인수를 나타낸다.

```
int fscanf( FILE  *stream, char const *format, …);
int fprintf( FILE  *stream, char const *format, …);
```

■ **fscanf() 함수**

• fscanf() 함수는 입력된 문자들을 읽어 와서 이를 format 문자열(형식 문자열)로 지정된 코드에 맞게 변환함.

• fscanf()는 입력을 인수로 주어진 스트림을 대상으로 데이터를 읽어 들임.

• 형식 문자열의 끝에 도달했거나 입력이 지정된 형식 문자열과 일치하지 않을 경우 입력이 종료됨.

• 두 경우 모두 변환된 입력 값의 개수를 반환 값으로 반환함.

■ **fprintf() 함수**

• 인수 목록에 있는 해당 값들의 출력 형식을 format 인수에 있는 형식 코드 등에 따라 바꿔 스트림으로 출력

• 변환해 출력된 값의 개수를 반환 값으로 반환함.

■ 예제 ■ 표준입력으로 성명과 월급을 입력하여 그 값을 파일에 저장한다. 이때 문자열과
정수를 저장하므로 데이터의 형식을 구분하여 저장하게 된다.

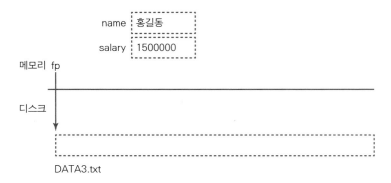

DATA3.txt

형식화된 입출력, 12_4

```
1   #include <stdio.h>
2   #include <string.h>
3   #include <stdlib.h>
4
5   int main()
6   {
7       FILE *fp;
8       char name[20];
9       int salary, cn = 0;
10
11      if((fp = fopen("DATA3.txt", "wt")) == NULL)
12      {
13          printf("can not open file \n");
14          exit(1);
15      }
16
17      while(1)
```

```
18      {
19          printf("성명 ?(입력종료:end) ");
20          gets(name);
21          if(!strcmp(name, "end"))
22              break;
23          printf("월급 ? ");
24          scanf("%d%*c", &salary);
25
26          fprintf(fp, "%10s %10d \n", name, salary); ◄------ 파일 저장
27      }
28
29      fp = freopen("DATA3.txt", "r", fp);
30
31      printf("\n데이터 파일 Load \n");
32      while(1)
33      {
34          cn = fscanf(fp, "%s %d", name, &salary); ◄------ 파일 읽기
35          if(cn == 0 || cn == EOF)
36              break;
37          printf("name :%10s , salary :%10d \n", name, salary);
38      }
39      fclose(fp);
40
41      return 0 ;
42  }
```

코드분석

7   : 스트림 변수 fp를 선언한다.

8,9   : 성명을 저장할 name 문자배열과 월급을 저장할 salary 변수가 선언된다.

11   : fopen() 함수는 "data3.txt"을 쓰기모드로 연결한다. 성공하면 fp는 파일정보와 연결된다.

17~27 : while 은 무한 반복이다. 반복문안에서 break 구문에 의해 탈출한다.

20   : name 배열에 성명을 입력한다.

24   : salary 변수에 월급을 저장한다.

26   : **fprintf() 함수는 fp 스트림에 name 배열과 salary변수의 내용을 쓴다.** 즉 디스크 파일에 저장된다.
         성명이 "end"가 입력될 때까지 키보드로부터 입력된 데이터를 fp 스트림에 반복적으로 저장한다.

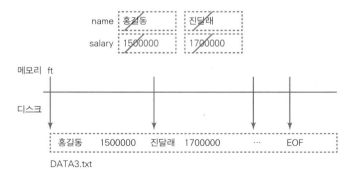

DATA3.txt

29　　　: freopen() 함수는 스트림 fp를 읽기모드로 변경한다. 또한 파일의 현재 위치를 파일의 처음이 되게 한다.

32~38　: 디스크에 저장된 데이터 파일을 읽기 위한 반복문이다. 반복은 cn 변수가 0이거나 EOF(파일의 끝)이면 탈출한다.

34　　　: fscanf() 함수는 스트림 fp에서 형식지정자인 문자열과 숫자를 읽어 name 문자열과 salary 변수에 저장한다. 즉 디스크로부터 데이터를 읽어 메모리에 저장한다. 이 함수는 성공하면 스트림에서 읽어 들인 값(자료형)의 개수를 반환한다. 그 값을 cn 변수가 저장한다.

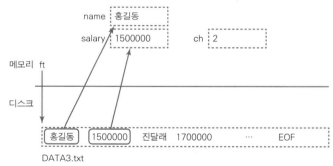

DATA3.txt

35　　　: cn변수가 2가 아니면 fscanf() 함수는 데이터를 제대로 읽지 못한 경우이다. 이때 파일의 마지막에 도달했거나 읽을 수 없는 오류가 있는 경우가 된다. 따라서 변수의 값이 2가 아니면 36행의 반복문을 탈출한다.

37　　　: 파일로부터 읽어 들인 변수의 내용을 출력한다.

실행결과

```
성명 ?(입력종료:end) 한송이
월급 ? 2700000
성명 ?(입력종료:end) 두송이
월급 ? 3100000
성명 ?(입력종료:end) end

데이터 파일 Load
name :    한송이 , salary :   2700000
name :    두송이 , salary :   3100000
```

SECTION 4

이진 데이터 입출력

이진 데이터란 바이너리 데이터를 의미하여, **바이너리 데이터의 이점**은 데이터를 입출력 시 **숫자 값을 문자열로 변환하는 데 사용되는 오버헤드와 정밀도 손실을 피할 수 있다.** 또한 변환작업이 필요 없어 **텍스트 스트림 보다 속도가 빠르다.** 그러나 바이너리 데이터는 텍스트 파일이 아니어서 프로그램에 읽혀지는 데이터만 사용될 수 있다.

표 12-3 바이너리 데이터

장점	오버헤드와 정밀도 손실을 피할 수 있음.
제한점	이진 데이터여서 프로그램에 읽혀지는 데이터로만 사용 가능.

4.1 이진 입출력 함수

C 파일 시스템은 파일에 데이터를 저장하는 가장 효율적인 함수로 fread()와 fwrite() 함수를 제공하고 있다. **이 함수들은 어떠한 종류의 표현을 사용한 어떠한 형태의 데이터라도 읽고 쓸 수 있다.** 이 함수들이 가장 효율적인 이유는 데이터를 바이너리로 저장하기 때문이다.

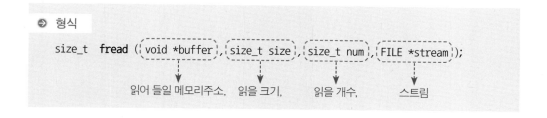

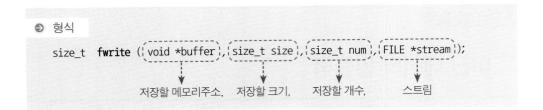

■ **fread()**

• fread() 함수는 stream과 관련된 파일에서 num개의 개체를(개체는 size 길이) buffer 가 가리키는 버퍼로 읽어 들임.

• 실제 읽은 개체의 수를 반환함.

• 이 값이 num이 아니라면 파일의 끝에 도달했거나 에러가 발생한 경우임.

■ **fwrite()**

• fwrite() 함수는 buffer가 가리키는 버퍼에서 num개의 개체를(개체는 size 길이) stream과 관련된 파일에 씀.

• 실체 쓰여진 개체의 수를 반환하며 이 값은 출력 에러가 발생할 경우에만 num보다 작음.

이진 입출력의 장점은 **자료형에 관계없이 동일한 방법으로 입출력을 제어**하며, **블록입출력이 가능**하다는 점이다.

예제 C 프로그램은 자료구조 표현 시 일반적으로 구조체를 가장 많이 사용하게 된다. 구조체 배열의 데이터를 파일에 저장하고 읽어보자.

	name	telno	salary
emps[0]	김나리	111-000	1500000
emps[0]	까꿍이	222-0002	1700000
emps[0]	한송이	333-0003	950000

메모리   fp

디스크

DATA4.dat
```
김나리  111-000   1500000
까꿍이  222-0002  1700000
한송이  333-0003  950000EOF
```

이진 입출력, 12_5

```c
1   #include <stdio.h>
2   #include <stdlib.h>
3
4   struct EMP {  char name[20];
5                 char telno[20];
6                 int salary;
7   } emps[3]={  {"김나리", "111-0001", 150000},
8                {"까꿍이", "222-0002", 1700000},
9                {"한송이", "333-0003", 950000}  };
10
11  int main()
12  {
13      FILE *fp;
14      struct EMP temp;
15
16      if((fp = fopen("DATA4.dat", "wb")) == NULL)
17      {
18          printf("file open error. \n");
19          exit(1);
```

```
20          }
21
22          fwrite(emps, sizeof(emps), 1, fp);      ◄------ 파일 저장
23          //fwrite(emps, sizeof(struct EMP), 3, fp);  //파일 저장
24
25          fp = freopen("DATA4.dat", "rb", fp);
26
27          printf("\n데이터 파일 Load \n");
28          while(1)
29          {
30              if(fread(&temp, sizeof(temp), 1, fp) != 1)  ◄------ 파일 읽기
31                  break;
32
33              printf("%s, %s, %d \n", temp.name, temp.telno, temp.salary);
34          }
35          fclose(fp);
36          printf("\n");
37
38          return 0;
39      }
```

코드분석

4~9   : 구조체 배열 emps 는 선언과 동시에 데이터가 초기화 된다.

13   : 스트림 변수 fp를 선언한다.

14   : 구조체 변수 temp가 선언된다. 디스크 파일의 구조체 데이터를 읽게 되면 그 구조체 데이터를 저장할 변수로 사용될 것이다.

16   : fopen() 함수는 "data4.dat"을 쓰기모드로 연결한다. 이때 **이진파일**로 열기 위해 반드시 파일 모드를 "wb"로 주어야 한다.

22   : fwrite() 함수는 첫 번째 인자의 메모리 주소로부터(배열의 시작주소), 두 번째 인자의 크기(배열 전체크기)를 세 번째 인자인 개수를 네 번째 인자의 fp 스트림에 저장한다. 배열 전체가 즉 파일에 저장한다.

23   : 22행과 같은 결과를 갖는다. 첫 번째 인자의 메모리 주소로부터(배열의 시작주소), 두 번째 인자의 크기(구조체 하나의 크기)를, 세 번째 인자의 수만큼, 네 번째 인자의 fp 스트림에 저장한다.

25   : freopen() 함수로 모드를 읽기모드 "rb"로 변경하고 파일포인터를 시작점을 갖는다.

28~34 : 디스크 파일의 내용을 읽기 위한 반복문이다. 반복은 fread() 함수의 리턴 값이 세 번째 인자의 수가 아닐 때 탈출한다. fread()는 파일읽기가 성공적이면 세 번째 인자의 값을 반환하고, 실패하면 다른 값을 반환하는데 파일을 더 이상 읽을 수 없을 때 실패한다.

30   : fread() 함수는 스트림 fp로부터 두 번째 인자의 크기 만큼 세 번째 인자의 수 만큼 읽어 첫 번째
        인자인 메모리 주소에 저장한다. 즉 디스크의 하나의 구조체 데이터를 읽어 구조체 변수 temp에
        저장한다. 이때 1을 반환하지 않으면 반복은 종료된다.

33   : 파일로부터 읽어 들인 구조체 변수 temp의 내용을 출력한다.

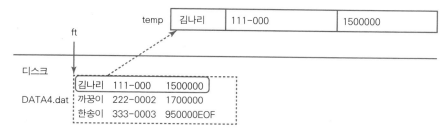

디스크에 저장된 DATA4.dat는 텍스트파일이 아니므로 메모장과 같은 프로그램에서 데이터를 열
어볼 수 없다. 이진파일은 응용프로그램에서만 사용되는 데이터파일로 사용된다.

실행결과

```
데이터 파일 Load
김나리,  111-0001,  150000
까꿍이,  222-0002,  1700000
한송이,  333-0003,  950000
```

4.2 파일 임의 접근

C는 파일의 **순차적(sequentially) 접근**뿐만 아니라 **임의 접근(random access)**도 지원
한다. C의 파일 시스템은 다른 함수들을 이용하여 파일의 어떠한 지점이라도 접근할
수 있다. **파일 상에서 읽거나 쓰기 작업을 하기 전에 원하는 위치를 먼저 찾으면, 임의
접근**이 가능한데, 위치 찾기 작업을 수행하려면 다음의 두 가지 함수가 필요하다.

임의접근을 하기 위한 함수 원형은 다음과 같다.

```
int fseek( FILE *stream, long offset , int from);
int ftell( FILE *stream);
```

- **ftell()** 함수는 스트림에서 현재 위치를 반환한다. 즉, 다음 읽기나 쓰기를 할 위치이며 파일의 시작부터 오프셋을 보여 준다. 이 반환 값은 파일의 시작부터 현재 위치까지의 바이트 수이다.

- **fseek()** 함수는 스트림에서 찾기를 허용한다. 이 함수는 다음에 읽거나 쓰기를 수행할 위치를 변경한다. 첫 번째 인수는 현 위치를 바꿀 스트림이다. 두 번째와 세 번째 인수를 사용하여 파일에서 원하는 위치를 찾는다. offset은 이동할 거리이며, from은 이동할 기준 위치이다. from은 주어진 매크로 중에서 선택되어야 한다.

표 12-4 fseek 인수

from 인수	찾은 결과
SEEK_SET	스트림의 시작에서부터의 offset 바이트, offset은 음수가 아니어야 한다.
SEEK_CUR	스트림의 현재 위치로부터 offset 바이트, offset은 양수나 음수이다.
SEEK_END	스트림의 끝에서부터의 offset 바이트, offset은 주로 음수이다.

4.3 기타 함수

이 외에도 여러 가지 파일 입출력을 도와주는 함수들이 있다. 몇 가지 원형만 살펴본다.

```
int feof( FILE *stream);
int ferror( FILE *stream);
int remove( char const *filename);
int rename( char const *oldname , char const *newname);
int fflush(FILE *stream);
```

- **feof()** 함수는 현재 스트림이 파일의 끝(EOF)이라면 참을 반환하는 함수다. EOF는 파일의 끝일 때에도 발생하지만, 파일 접근 시 오류가 있을 때에도 발생한다. 이를 구별하기 위해 사용될 수 있다.

- **ferror()** 함수는 이전 내용처럼 EOF 발생시 오류로 인해 발생했는지 확인하는 함수이다. 오류가 발생하면 참을 반환한다.

- **remove()** 함수는 지정된 파일을 삭제한다. remove()가 호출되었을 때 파일이 열려 있다면, 컴파일러에 따라 다른 결과를 나타낼 수 있다. 따라서 파일을 닫고 호출해야 한다.

- **rename()** 함수는 oldname에서 newname으로 파일 이름을 변경할 때 사용한다. 만일 새 파일 이름이 이미 존재하면 컴파일러에 따라 다른 결과를 나타낼 수 있다. 이 함수가 실패하면 원래의 파일에 여전히 접근할 수 있다.

- **fflush()** 함수는 대상이 되는 파일 버퍼를 비운다. 스트림이 파일 스트림인 경우 파일 버퍼를 비움으로서 버퍼의 내용을 최종적으로 디스크에 기록한다. 또한 스트림이 stdin인 표준 입력일 경우 표준 입력 버퍼를 깨끗이 비운다. 때문에 키보드로부터 입력된 데이터를 모두 버리고자 할 때 사용될 수 있다.

Quiz 표준입력으로 데이터가 입력될 때마다 구조체 변수에 저장하여 파일에 추가하려고 한다. 입력이 종료되면 파일의 데이터를 처음부터 끝까지 출력하여 데이터가 추가 되었는지 확인한다.

다음 프로그램을 참조하여 다음과 같은 실행결과를 출력하도록 프로그램을 완성하라.

힌트

- 데이터를 입력하여 구조체 변수 emp에 저장한다. 성명이 "end"이면 반복은 종료된다.
- fwrite() 함수로 입력된 emp변수의 내용을 fp 스트림에 저장한다. 이때 기존파일이 있으면 내용은 추가되어야 한다.
- 따라서 fopen() 함수를 추가모드로 파일을 연다.
- fread() 함수는 스트림 fp로부터 하나의 레코드 크기만큼 읽어 구조체 변수에 저장한다. 파일로부터 읽어 들인 구조체 변수 emp의 내용을 출력한다.
- fread()가 실패하면 파일의 끝까지 읽어 들인 것이다. 이때 출력반복을 탈출한다. fread()는 파일읽기가 성공적이면 세 번째 인자 읽어 들인 수를 반환한다. 실패 시 세 번째 인자의 값이 아니다.

12_Quiz

```
1    #include <stdio.h>

2    #include <string.h>

3    #include <stdlib.h>

4

5    struct EMP  {  char name[20];

6                    char telno[20];

7                    int salary;

8    } ;

9

10   int main()

11   {

12       FILE *fp;

13       struct EMP emp;
                                            // ------ 파일을 추가모드로 연다
14
                                            //     ↓
15       if((fp = fopen("DATA5.dat" ,  _____  )) == NULL)

16       {

17           printf("file open error. \n");

18           exit(1);

19       }

20

21       while(1)

22       {

23           printf("\n성명 ? (입력종료:end) ");

24           gets(emp.name);

25           if(!strcmp(emp.name, "end"))

26               break;

27           printf("월급 ? ");

28           scanf("%d%*c", &emp.salary);

29           printf("전화번호 ? ");

30           gets(emp.telno);
                                            // ------ 이진파일 저장
31
                                            //     ↓
32           fwrite( _____ );

33   }
```

```
34        fp = freopen("DATA5.dat", "rb", fp);

35

36        printf("\n데이터 파일 Load \n");

37        while(1)
                                          파일을 읽어 emp에 저장하고, 파일의 마지막인지 확인
38        {
39            if( _____ )
40                break;

41

42            printf("%s, %s, %d \n", emp.name, emp.telno, emp.salary);
43        }
44        fclose(fp);

45

46        return 0;
47   }
```

실행결과 1 : 데이터 파일을 없을 때 입력된 데이터만 출력

```
성명 ? (입력종료:end) 홍길동
월급 ? 1300000
전화번호 ? 02-123-1234
성명 ? (입력종료:end) end

데이터 파일 Load
홍길동, 02-123-1234, 1300000
```

실행결과 2 : 데이터 파일을 있을 때 입력된 데이터를 추가하여 전체데이터 출력

```
성명 ? (입력종료:end) 김원선
월급 ? 1700000
전화번호 ? 02-333-7777
성명 ? (입력종료:end) end

데이터 파일 Load
홍길동, 02-123-1234, 1300000
김원선, 02-333-7777, 1700000
```

요약정리(Summary)   ◇□◇□◇□◇□◇□◇

파일 시스템

- 스트림은 open 동작에 의해 파일과 연결되고, 사용이 끝나면 close 동작으로 파일과 연결을 단절시킴.

fopen () 함수	• 파일을 열어 스트림과 연결시키기 위해 fopen() 함수를 사용함. • 원형] FILE *fopen(char *filename, char *mode);
freopen () 함수	• freopen() 함수는 주어진 파일에 특정 스트림을 열기(다시 열기 위해) 위해 사용함. • 원형] FILE *freopen(char const *filename, char const *mode, FILE *stream);
fclose()	• 파일에 대한 입 • 출력이 모두 수행되면 fclose() 함수를 이용하여 파일을 close 해야 함. • 원형] int fclose(FILE *fp); • fp로 연결된 파일을 close하고 파일과 스트림과의 연결을 단절시키며, 이때 fp는 fopen() 함수로 정상 수행된 파일 포인터 변수를 의미함.

파일 입출력 함수

- C의 텍스트 입출력 함수들은 문자, 문자열, 형식화된 데이터를 처리할 수 있음.
- 이진 입출력 함수는 자료형에 관계없이 데이터를 입출력함.

목 적	임의의 스트림	표준 입출력만 사용
문자 입력	fgetc, getc	getchar
문자 출력	fputc, putc	putchar
한 행(문자열) 입력	fgets	gets
한 행(문자열) 출력	fputs	puts
형식화된 입력	fscanf	scanf
형식화된 출력	fprintf	printf
이진 데이터 입력	fread	
이진 데이터 출력	fwrite	

연습문제 ◇○◇○◇□◇○◇○◇□◇

[12-1] 다음의 물음에 답하라.

1. C 언어에서는 파일의 정보를 멤버로 갖는 구조체 FILE 을 (   )헤더파일에서 제공한다.

2. 스트림은 실행중인 프로그램과 외부장치간의 연결(interface)를 해주는 논리적인 접속이다. 운영체제에 의해 표준 스트림 (   ), (   ), stderr 를 제공한다.

3. fopen()는 스트림을 연결하는 함수로 성공하면 파일포인터를 반환하고, 실패하면 (   )을 반환한다.

4. fopen() 함수는 텍스트 파일을 열 때 저장하기 위해서는 (   )모드, 읽기 위해서는 (   )모드, 추가하기 위해서는 (   )모드로 연다.

5. fopen() 함수는 이진 파일을 열 때 저장하기 위해서는 (   )모드, 읽기 위해서는 (   )모드, 추가하기 위해서는 (   )모드로 연다.

6. fgetc(), fputc() 함수는 파일을 대상으로 (   )을 입출력 한다.

7. fgets(), fputs() 함수는 파일을 대상으로 (   )을 입출력 한다.

8. (   ) 함수는 파일을 대상으로 형식 지정자에 따른 데이터를 입출력 한다.

9. 이진파일을 입출력하기 위한 함수는 (   )와 (   )이다.

연습문제

[12-2] 다음의 프로그램의 결과로 생성되는 파일에 저장되는 내용은 무엇인가?

```c
#include <stdio.h>

int main()
{
    FILE *fp;
    int i; char ch = 65;

    fp = fopen ("ex01.dat", "w");
    for(i = 0; i < 26; i++)
    {
        fputc(ch, fp);
        ch++;
    }

    fclose(fp);
    return 0;
}
```

① ABCDEFGHIJKLMNOPQRSTUVWXYZ

② abcdefghijklmnopqrstuvwxyz

③ 65666768697071727374757677787980818283848586878889 90

④ 9899100101102103104105106107108109110111112113114115116117118119120121122

◇○◇□◇□◇□◇□◇□◇○◇□◇□

[12-3] 다음 문장 중 오류가 있는 것은 무엇인가?

```
FILE *fp;
int num = 200;


fp = fopen("data1", "w");
fprintf(fp, "%d", 100);


fp = fopen("data1", "rb");
fscanf(fp, "%d", &num);


fp = fopen("data1", "r");
fscanf(fp, "%d", &num);


fp = fopen("data1", "wb");
fwrite(&num, sizeof(int), 1, fp);
```

① ② ③ ④

[12-4] 다음 중 바르지 않은 구문은 무엇인가?

```
#include <stdio.h>
int main()
{
    FILE fp;  //파일 포인터 변수
    struct A {   int age;
                char name[20]
    } st = {17,"홍길동"}, tmp;


    fp = fopen("st.dat", "wb");
    fwrite(&st, sizeof(st), 1, fp);
    fp=freopen("st.dat", "rb ", fp);
    fread(&tmp, sizeof(tmp), 1, fp);
...
}
```

연습문제

① FILE fp;   ② fp=fopen("st.dat", "wb");

③ fwrite(&st, sizeof(st), 1, fp);   ④ fread(&tmp, sizeof(tmp), 1, fp);

[12-5] 알파벳 대문자 A~Z, 소문자 a~z 까지 파일에 다음과 같은 결과를 출력하는 프로그램을 작성하
려고 한다. 단일 문자 출력을 위해 fputc() 함수를 사용하라. 파일은 "ex05.dat"에 작성되며, 작성
된 파일을 열어보면 내용은 다음과 같다. (대문자, 소문자 출력 후 공백문자를 반복적으로 출력)

[메모장에서 파일 열기]

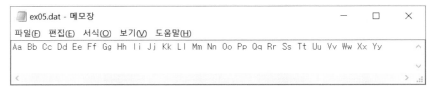

[12-6] 이미 작성된 텍스트 파일을 문자열 단위로 읽어 표준 출력에 출력시키는 프로그램을 작성하려고
한다. 문자열은 한 행 기준으로 80 문자 단위로 읽어 출력할 것이다. 이 파일을 읽기 위해 fgets()
함수를 사용하라. 종료는 fgets() 함수가 실패하면 읽기가 중단되게 하라. 작성한 프로그램을 실
행하여 다음의 텍스트파일을 읽어 출력해보자.
다음 데이터를 메모장이나 특정 에디터를 이용하여 텍스트 파일로 생성한다.

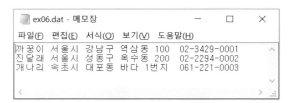

실행결과

까꿍이 서울시 강남구 역삼동 100   02-3429-0001

진달래 서울시 성동구 옥수동 200   02-2294-0002

개나리 속초시 대포동 바다 1번지   061-221-0003

[12-7] 이미 작성된 텍스트 파일을 문자열 단위로 읽어 표준 출력에 출력시키는 프로그램을 작성하려고 한다. 한 행 성명, 나이, 월급, 전화번호가 저장된다. 이 파일을 읽기 위해 fscanf() 를 사용하라. 종료는 fscanf() 함수가 실패하면 읽기가 중단되게 하라. 작성한 프로그램을 실행하여 다음의 텍스트파일을 읽어 출력해보자.

다음 데이터를 메모장이나 특정 에디터를 이용하여 텍스트 파일로 생성한다.

실행결과

까꿍이, 23, 1750000, 02-3429-0001

진달래, 30, 1600000, 02-2294-0002

개나리, 21, 1940000, 02-564-0003

APPENDIX

C Programming Language

구성

A.1 연산자의 우선순위

C 언어에서 식은 매우 중요하다. C 언어는 다른 프로그래밍 언어에서 볼 수 없는 보다 유연한 많은 연산자들을 제공한다. 식(expression)은 연산자(operator)와 피연산자(operand)들로 구성된다. 두 개의 피연산자를 요구하는 연산자를 가리켜 이항 연산자라 하며, 하나의 피연산자를 요구하는 연산자를 단항 연산자라 한다. 이들 연산자들은 우선순위를 가지며 동일한 우선순위를 가진 연산자들이 식에서 함께 사용된다면 기본적으로 왼쪽에서 오른쪽으로 적용하지만, 연산자가 단항 연산자이거나 조건(?) 연산자, 대입 연산자들은 오른쪽에서 왼쪽으로 결합해나가므로, 좌 → 우 결합인지, 우 → 좌 결합인지 확인하여야 한다.

다음은 C 언어 연산자의 우선 순위이다.

우선순위	연산자 유형		연산자	결합방향
높다	괄호 배열첨자 구조체연산		( ) [ ] .(dot), ->(화살표)	좌 ⟶ 우
	단항 연산 (우선순위 모두 동일)		-, !, ~, ++, --, (type), &, *, sizeof()	좌 ⟵ 우
	산술 연산	승제	* / %	좌 ⟶ 우
		가감	+ -	
	비트 이동 연산		》》, 《《	
	관계 연산	비교	〈, 〈=, 〉, 〉=	
		등가	==, !=	
	비트 연산		&(AND), ^(XOR), I(OR)	
	논리 연산		&&(AND), II(OR)	
	조건 연산(3항 연산)		? :	좌 ⟵ 우
	혼합 연산	대입	=	
		축약형 대입	+=, -=, *=, /=, %=	
		축약형 비트대입	》》=, 《《=	
낮다	콤마 연산		,	좌 ⟶ 우

A.2 ASCII CODE TABLE

10진수 표현	16진수 표현	8진수 표현	2진수 표현	ASCII(내용)
0	00	00	000 0000	NUL(Null)
1	01	01	000 0001	SOH(Start of header)
2	02	02	000 0010	STX(Start of text)
3	03	03	000 0011	ETX(End of text)
4	04	04	000 0100	EOT (End of transmission)
5	05	05	000 0101	ENQ(Inquity)
6	06	06	000 0110	ACK(Acknowledgment) 수신 OK
7	07	07	000 0111	BEL(Bell)
8	08	10	000 1000	BS(Backspace)
9	09	11	000 1001	HT(Horizontal tab)
10	0A	12	000 1010	LF(Line feed)
11	0B	13	000 1011	VT(Vertical)
12	0C	14	000 1100	FF(Form feed)
13	0D	15	000 1101	CR(Carriage return)
14	0E	16	000 1110	SO(Shift out)
15	0F	17	000 1111	SI(Shift in)
16	10	20	001 0000	DLE(Data link escape)
17	11	21	001 0001	DC1(Device control 1)
18	12	22	001 0010	DC2(Device control 2)
19	13	23	001 0011	DC3(Device control 3)
20	14	24	001 0100	DC4(Device control 4)
21	15	25	001 0101	NAK(Negative acknowledgment) 수신 실패
22	16	26	001 0110	SYN(Synchronous idle)
23	17	27	001 0111	ETB(End of transmission block)

10진수 표현	16진수 표현	8진수 표현	2진수 표현	ASCII(내용)
24	18	30	001 1000	CAN(Cancel)
25	19	31	001 1001	EM(End if medium)
26	1A	32	001 1010	SUB(Substitute)
27	1B	33	001 1011	ESC(Escape)
28	1C	34	001 1100	FS(File separator)
29	1D	35	001 1101	GS(Group separator)
30	1E	36	001 1110	RS(Record separator)
31	1F	37	001 1111	US(Unit separator)
32	20	40	010 0000	SP(Space)
33	21	41	010 0001	!
34	22	42	010 0010	"
35	23	43	010 0011	#
36	24	44	010 0100	$
37	25	45	010 0101	%
38	26	46	010 0110	&
39	27	47	010 0111	'
40	28	50	010 1000	(
41	29	51	010 1001	)
42	2A	52	010 1010	*
43	2B	53	010 1011	+
44	2C	54	010 1100	,
45	2D	55	010 1101	−
46	2E	56	010 1110	.
47	2F	57	010 1111	/
48	30	60	011 0000	0
49	31	61	011 0001	1
50	32	62	011 0010	2
51	33	63	011 0011	3

10진수 표현	16진수 표현	8진수 표현	2진수 표현	ASCII(내용)
52	34	64	011 0100	4
53	35	65	011 0101	5
54	36	66	011 0110	6
55	37	67	011 0111	7
56	38	70	011 1000	8
57	39	71	011 1001	9
58	3A	72	011 1010	:
59	3B	73	011 1011	;
60	3C	74	011 1100	〈
61	3D	75	011 1101	=
62	3E	76	011 1110	〉
63	3F	77	011 1111	?
64	40	100	100 0000	@
65	41	101	100 0001	A
66	42	102	100 0010	B
67	43	103	100 0011	C
68	44	104	100 0100	D
69	45	105	100 0101	E
70	46	106	100 0110	F
71	47	107	100 0111	G
72	48	110	100 1000	H
73	49	111	100 1001	I
74	4A	112	100 1010	J
75	4B	113	100 1011	K
76	4C	114	100 1100	L
77	4D	115	100 1101	M
78	4E	116	100 1110	N
79	4F	117	100 1111	O

10진수 표현	16진수 표현	8진수 표현	2진수 표현	ASCII(내용)
80	50	120	101 0000	P
81	51	121	101 0001	Q
82	52	122	101 0010	R
83	53	123	101 0011	S
84	54	124	101 0100	T
85	55	125	101 0101	U
86	56	126	101 0110	V
87	57	127	101 0111	W
88	58	130	101 1000	X
89	59	131	101 1001	Y
90	5A	132	101 1010	Z
91	5B	133	101 1011	[
92	5C	134	101 1100	\
93	5D	135	101 1101	]
94	5E	136	101 1110	^
95	5F	137	101 1111	–
96	60	140	110 0000	'
97	61	141	110 0001	a
98	62	142	110 0010	b
99	63	143	110 0011	c
100	64	144	110 0100	d
101	65	145	110 0101	e
102	66	146	110 0110	f
103	67	147	110 0111	g
104	68	150	110 1000	h
105	69	151	110 1001	i
106	6A	152	110 1010	j
107	6B	153	110 1011	k

10진수 표현	16진수 표현	8진수 표현	2진수 표현	ASCII(내용)
108	6C	154	110 1100	l
109	6D	155	110 1110	m
110	6E	156	110 1111	n
111	6F	157	111 0000	o
112	70	160	111 0000	p
113	71	161	111 0001	q
114	72	162	111 0010	r
115	73	163	111 0011	s
116	74	164	111 0100	t
117	75	165	111 0101	u
118	76	166	111 0110	v
119	77	167	111 0111	w
120	78	170	111 1000	x
121	79	171	111 1001	y
122	7A	172	111 1010	z
123	7B	173	111 1011	{
124	7C	174	111 1100	l
125	7D	175	111 1101	}
126	7E	176	111 1110	~
127	7F	177	111 1111	DEL

Workbook

※ 워크북의 해답은 교수님께만 제공됩니다.

C Programming Language

CHAPTER

2

C 언어
시작하기

1. Level1_1.c

다음과 같이 출력되도록 _____(밑줄)을 완성하시오.

```c
#include <stdio.h>

int _____
{
    printf("든든한 C 프로그래밍 !!! \n");

    return 0;
}
```

실행결과

든든한 C 프로그래밍 !!!

2. Level1_2.c

다음과 같이 출력되도록 _____(밑줄)을 완성하시오.

```c
#include <stdio.h>

int main()
{
    printf(" _____");
    printf("_____");

    return 0;
}
```

실행결과

```
든든한
C 프로그래밍 !!!
```

3. Level2_1.c

다음과 같이 출력 되도록 프로그램을 작성하시오. 단 printf() 함수는 한 번만 호출된다.

```c
#include <stdio.h>

int main()
{
    printf("_____");

    return 0;
}
```

실행결과

```
  *
 ***
*****
```

4. Level2_2.c

다음과 같이 출력 되도록 프로그램을 작성하시오.

```c
#include <stdio.h>

int main()
{
    printf("_____");
    printf("_____");
    printf("_____");
    printf("_____");
    printf("_____");

    return 0;
}
```

실행결과

```
   *
  ***
 **(**
  ***
   *
```

5. Level3_1.c

다음과 같이 출력 되도록 함수를 적절히 호출하는 프로그램을 작성하시오. (함수선언 생략)

```c
#include <stdio.h>

int main()
{
    printf("_____ ");
    _____ ;          //함수호출
    printf("_____");

    return 0;
}

FuncA()
{
    printf("C ");
}
```

실행결과

든든한 C 프로그래밍 !!!

6. Level3_2.c

다음과 같이 출력 되도록 함수를 적절히 호출하는 프로그램을 작성하시오. (함수선언 생략)

```
#include <stdio.h>

int main()
{
        _____ ;
        _____ ;
        _____ ;
        _____ ;


    return 0;
}

FuncA()
{
    printf("든든한 ");
}

FuncB()
{
    printf(" !!! \n");
}
```

실행결과

든든한 C 프로그래밍 !!!

C H A P T E R

3

기본 자료형과
변수

1. Level1_1.c

다음과 같이 출력되도록 _____(밑줄)을 완성하시오.

```c
#include <stdio.h>

int main()
{
    float height=175.1;
    int salary=3500000;

    printf("성명: 홍길동 \n");
    printf("_____");
    printf("_____");

    return 0;
}
```

실행결과

```
성명: 홍길동
키(신장): 175.100006
월급: 3500000
```

2. Level1_2.c

C 언어는 true/false 자료형이 없다. 따라서 매크로 상수로 정의하여 사용하기도 한다. 다음 프로그램의 실행결과를 기술하시오.

```
#include <stdio.h>

#define TRUE 1    //매크로 상수는 실행 시 수정불가
#define FALSE 0

int main()
{
    int true =1;   //변수는 수정 가능
    int false=0;

    printf("TRUE: %d, FALSE: %d \n", TRUE,FALSE );
    printf("true:%d, false: %d \n", true, false );
    true=2;
    false=3;
    printf("true:%d, false: %d \n", true, false );

    return 0;
}
```

실행결과

TRUE/FALSE는 변수보다 매크로 상수를 사용할 것을 권장한다. C에서 거짓은 0이다.

3. Level2_1.c

다음과 같이 변수를 선언하여 키보드로부터 입력된 내용을 변수에 저장하여 출력하시오.

- gender : 성별(한 문자 저장)
- age : 나이(정수)
- height : 키(실수(4바이트))

```c
#include <stdio.h>

int main()
{
//변수 선언

    _____
    _____
    _____


    //데이터 입력
    printf("성별(남:m, 여:w)? ");
    scanf(_____);

    printf("나이? ");
    scanf(_____);

    printf("키(신장)? ");
    scanf(_____);

    printf("성별: %c, 나이: %d, 키(신장): %f \n",  gender, age, height);

    return 0;
}
```

실행결과

```
성별(남:m, 여:w)? w
나이? 25
키(신장)? 163
성별: w, 나이: 25, 키(신장): 163.000000
```

※ 참고: scanf() 함수에서 컴파일 오류가 발생하면 "프로젝트→ 속성→구성속성→C/C++→일반→SDL검사→아니오"를 선택한다.

4. Level2_2.c

다음과 같이 정수형 변수의 내용을 확인하여 다음 조건을 완성하시오.

> - over_time : 근무시간외 작업시간 (실행 시 키보드로부터 입력)
> - time_sudang : 근무시간외 시간당 수당
> - sudang : 잔업수당 계산(over_time * time_sudang)

```c
#include <stdio.h>

int main()
{
    int over_time, time_sudang=25000;
    int sudang;

    printf("잔업시간? ");
    scanf(_____);

    sudang=_____;
    printf("잔업수당: %d \n", sudang);

    return 0;
}
```

실행결과

잔업시간? 15
잔업수당: 375000

5. Level3_1.c

다음과 같이 환전할 원화금액을 입력하여 달러, 유로, 파운드로 환전금액을 계산하여 출력하시오.

> • money : 환전할 원화금액 (실행 시 키보드로부터 입력)
>
> • 달러, 유로, 파운드는 매크로 상수로 정의

```c
#include <stdio.h>

#define USD 1100    //달러
#define EUR 1350    //유로
#define GBP 1500    //파운드

int main()
{
    int money;

    printf("환전할 원화 금액? ");
    scanf(_____);

    printf("\n달러 환전 : %d \n", _____);
    printf("유로 환전 : %d \n", _____);
    printf("파운드 환전 : %d \n", _____);

    return 0;
}
```

실행결과

```
환전할 원화 금액? 1000000

달러 환전 : 909
유로 환전 : 740
파운드 환전 : 666
```

6. Level3_2.c

변수는 선언되는 자료형의 크기만큼 메모리에 할당되며, 저장할 값의 범위를 갖는다. 각 자료형 크기는 헤더파일 〈limits.h〉 매크로상수를 사용하여 확인할 수 있다. short int형이 저장할 수 있는 값의 범위를 알아보고 값의 범위를 초과하였을 때 저장되는 값을 확인해 보자.

다음 코드를 입력하여 결과를 확인해 보자.

```c
#include <stdio.h>
#include <limits.h>

int main()
{
    short int s1=SHRT_MIN;
    short int s2=SHRT_MAX;

    printf("s1 : %hd, s2: %hd \n", s1, s2);
    printf("s1-1 : %hd \n", s1-1);   //언더플로우
    printf("s2+1 : %hd \n", s2+1);   //오버플로우

    printf("\n현재 시스템의 C 컴파일러의 데이터 유형의 크기 :\n");

    printf("signed char :");
    printf("\t %d byte(%d bit)\n",sizeof(signed char), CHAR_BIT);
    printf("\t값의 범위:%d 에서 %d까지의 값\n\n", CHAR_MIN, CHAR_MAX);
    printf("unsigned char :");
    printf("\t %d byte(%d bit)\n", sizeof(unsigned char), CHAR_BIT);
    printf("\t값의 범위:%d 에서 %d까지의 값\n\n", 0, UCHAR_MAX);

    printf("signed short int :");
    printf("\t %d byte \n", sizeof(signed short));
    printf("\t값의 범위:%d 에서 %d까지의 값\n\n", SHRT_MIN, SHRT_MAX);

    printf("unsigned short int :");
    printf("\t %d byte \n", sizeof(unsigned short));
    printf("\t값의 범위:%d 에서 %d까지의 값\n\n", 0, USHRT_MAX);
    printf("signed int :");
    printf("\t %d byte \n", sizeof(signed int));
    printf("\t값의 범위:%d 에서 %d까지의 값\n\n", INT_MIN, INT_MAX);
```

```
    printf("unsigned int :");
    printf("\t %d byte \n", sizeof(unsigned int));
    printf("\t값의 범위:%d 에서 %u까지의 값\n\n", 0, UINT_MAX);


    return 0 ;
}
```

실행결과

```
s1 : -32768, s2: 32767
s1-1 : 32767
s2+1 : -32768

현재 시스템의 C 컴파일러의 데이터 유형의 크기 :

• unsigned char :      1 byte(8 bit) 값의 범위:0 에서 255까지의 값
• signed short int :    2 byte        값의 범위:-32768 에서 32767까지의 값
• unsigned short int : 2 byte        값의 범위:0 에서 65535까지의 값
• signed int :          4 byte        값의 범위:-2147483648 에서 2147483647까지의 값
• unsigned int :        4 byte        값의 범위:0 에서 4294967295까지의 값
```

CHAPTER

4

콘솔 입출력과
C 언어 연산자

1. Level1_1.c

시간을 입력받아 입력된 시간의 분과 초를 계산하여 출력하시오.

```
#include <stdio.h>

int main()
{
    int hour, min=60, sec=60;

    printf("시간 입력? ");
    scanf(_____);

    printf("%d 시간은 %d분, %d초 \n",_____ );

    return 0;
}
```

실행결과

```
시간 입력? 3
3 시간은 180 분, 10800 초
```

※ 참고: scanf() 함수에서 컴파일 오류가 발생하면 "프로젝트→속성→구성속성→C/C++→일반→SDL검사→아니오"를 선택한다.

2. Level1_2.c

무게의 단위인 온스를 입력 받아, 온스를 그램과 리터로 환산한 결과를 출력하시오.

- 그램 : 1 온스 * 28.349523gm
- 리터 : 28.349523gm / 1000

```c
#include <stdio.h>

int main()
{
    int ounce;

    printf("무게의 단위인 온스입력? ");
    scanf("%d", &ounce);

    printf("%d 온스는 그램으로 %.2f gm \n",_____ );
    printf("%d 온스는 리터로 %.2f L \n",_____ );

    return 0;
}
```

실행결과

무게의 단위인 온스입력? 50

50 온스는 그램으로 1417.48 gm
50 온스는 리터로 1.42 L

3. Level2_1.c

키보드로부터 세 수를 입력받아 가장 작은 값을 구하여 출력하는 프로그램을 완성하시오.

> • 조건 : 작은 값을 구하기 위해 조건연산자(3항)를 사용한다.

```
#include <stdio.h>

int main()
{
    int n1, n2, n3, min;

    printf("세 수를 입력하세요? ");
    scanf("%d%d%d", &n1, &n2, &n3);

    printf("입력된 값 n1: %d, n2: %d, n3: %d \n", n1, n2, n3);

    min=(_____);
       min=(_____);

    printf("세 수 중 가장 작은 값: %d \n",min);

    return 0;
}
```

실행결과

```
세 수를 입력하세요? 57 10 893

입력된 값 n1: 57, n2: 10, n3: 893
세 수 중 가장 작은 값: 10
```

4. Level2_2.c

국어,영어,수학 점수를 입력 받아 총점, 평균, 등급을 구하여 출력하시오.

- 총점 : 세 과목의 합
- 평균 : 세 과목의 합 / 과목수
- 등급조건 : 평균이 80 이상이면 1, 60 이상이면 2, 60 이하이면 3 (조건연산자 사용)

```c
#include <stdio.h>

int main()
{
    int kor, eng, mat, sum=0, rank;
    float avg;

    printf("국어, 영어, 수학 점수를 입력하세요? ");
    scanf("%d%d%d", &kor, &eng, &mat);

    sum=_____;
    avg_____;
    rank=(_____);

    printf("총점: %d, 평균: %.2f, 등급: %d \n", sum, avg, rank);

    return 0;
}
```

실행결과

국어, 영어, 수학 점수를 입력하세요? `90 65 87`
총점: 242, 평균: 80.67, 등급: 1

5. Level2_3.c

증감연산자를 사용한 예제이다. 프로그램의 결과를 기술하시오.

```c
#include <stdio.h>

int main()
{
    int x=10, y=20, tmp=30;

    x++, ++y;
    tmp += x + y++;

    printf("x: %d, y: %d, tmp: %d \n", x, y, tmp);

    return 0;
}
```

실행결과

6. Level2_4.c

사용자로부터 x의 값을 입력 받아 다음과 같이 값을 계산하는 프로그램을 작성 하시오.

$$5x^3 + 6x^2 + 7x$$

```
#include <stdio.h>

int main()
{
    double x, result;

    printf("x? ");
    scanf("%lf", &x);

    result = _____;

    printf("result : %lf \n", result);

    return 0;
}
```

실행결과

```
x? 3.5    → x가 3.5일 때
result : 312.375000
```

7. Level3_1.c

길이의 단위인 야드를 입력받아, 그 값을 피트, 인치, 센치로 변한 값을 구하여 출력하시오.

- 피트 : 1 피트 == 30.48 cm
- 야드 : 1 야드 == 3 피트
- 인치 : 1 인치 == 2.54 cm

```c
#include <stdio.h>

#define FEET 30.48
#define YARD (FEET*3)
#define INCH 2.54
#define CM 1

int main()
{
    int cm, inch, feet, yard;

    printf("길이의 기본단위인 야드(yard) 입력? ");
    scanf("%d", &yard);

    printf("%d yard는 feet 로 %.2f \n",yard ,_____);
    printf("%d yard는 inch 로 %.2f \n", yard,_____);
    printf("%d yard는 cm 로 %.2f \n",yard, _____);

    return 0;
}
```

실행결과

```
길이의 기본단위인 야드(yard) 입력? 2
2 yard는 feet 로 6.00
2 yard는 inch 로 72.00
2 yard는 cm 로 182.88
```

8. Level3_2.c

다음과 같은 수식의 값을 계산하여 출력하는 프로그램을 작성하시오.

식 : $(1.36 * 10^{-5} * 3.72 * 10^{-8}) / (5.124 * 10^{7})$

```c
#include <stdio.h>

int main()
{
    double d1, d2, d3, result;

    d1 = 1.36e-5;
    d2 = _____;;
    d3 = _____;

    result = _____ ;

    printf("다항식의 결과 : %.30lf \n", result);
    printf("다항식의 결과 : %e \n", result);

    return 0;
}
```

다항식의 결과 : 0.000000000000000000098735362998
다항식의 결과 : 9.873536e-20

memo

CHAPTER

5

제어문

1. Level1_1.c

다음 프로그램의 실행결과는 무엇인가?

```
#include <stdio.h>

int main()
{
    int n=4;

    switch(n)
    {
    case 1 : n+=2;
            break;
    case 2 : n*=2;
            break;
      case 3 : n/=2;
            break;
    }
    printf("n : %d \n", n);

    return 0;
}
```

실행결과

2. Level1_2.c

판매금액을 계산하려고 한다. 다음 조건을 만족시키는 프로그램을 작성하시오.

- 조건1.   판매수량과 판매단가를 입력한다.
- 조건2.   판매금액은 수량과 단가를 곱한 값이다.
- 조건3.   판매금액이 1000000원이 넘으면 판매금액의 5%를 할인하여 출력한다.

```
include <stdio.h>

int main()
{
    int qty, cost, result;

    printf("판매수량? ");
    scanf("%d", &qty);

    printf("단가? ");
    scanf("%d", &cost);

    if(_____)
        result = _____;
    else
        result = _____;

    printf("판매급액 : %d \n", result);

    return 0;
}
```

실행결과 1

```
판매수량? 50
단가? 15000
판매급액 : 750000 => 판매금액 100만원 미만일 때
```

실행결과 2

```
판매수량? 100
단가? 15000
판매급액 : 1425000  => 판매금액 100만원 이상일 때
```

※ 참고: scanf() 함수에서 컴파일 오류가 발생하면 "프로젝트→속성→구성속성→C/C++→일반→SDL검사→아니오"를 선택한다.

3. Level2_1.c

정사각형과 직사각형의 면적과 길이를 구하는 프로그램을 조건에 맞게 구하여 출력하시오.

- 조건1.   정사각형 또는 직사각형을 선택한다.
- 조건2.   정사각형인 경우 한 변의 길이를 입력 받아 계산하여 출력한다.

  (정사각형 면적: 한변의길이 * 한변의길이, 정사각형 길이 : 한변의길이*4)
- 조건3.   직사각형인 경우 가로,세로의 길이를 입력 받아 계산하여 출력한다.

  (직사각형 면적: 가로* 세로, 직사각형 길이 : (가로+세로)*2)

```c
#include <stdio.h>

int main()
{
    int width, height, choice;

    printf("선택? (1:정사각형), 2:직사각형)? ");
    scanf("%d", &choice);

    if(choice==1)
    {



    }
    else
    {



    }

    return 0;
}
```

실행결과

선택? (1:정사각형), 2:직사각형)? 1
한변의 길이? 5
사각형의 면적 : 25
사각형의 길이 : 20

실행결과

선택? (1:정사각형), 2:직사각형)? 2
가로, 세로의 길이? 5 7
직각형의 면적 : 35
직각형의 길이 : 24

4. Level2_2.c

키보드로부터 정수 값을 입력 받아 1 부터 입력된 수 까지 홀수의 합과 짝수의 합을 구하는 프로그램을 완성하시오.

```
#include <stdio.h>

int main()
{
    int Num, i, oddSum=0, evenSum=0;

    printf("정수 입력? ", &Num);
    scanf("%d", &Num);

    //반복문에서 홀수/짝수 합 구하기


    printf("1 부터 %d 까지 홀수의 합: %d \n", _____);
    printf("1 부터 %d 까지 짝수의 합: %d \n", _____);

    return 0;
}
```

실행결과

```
정수 입력? 100
1 부터 100 까지 홀수의 합: 2500
1 부터 100 까지 짝수의 합: 2550
```

5. Level2_3.c

키보드로부터 한 문자를 입력 받아, 문자가 대문자일 때 개수를 구하려고 한다. 입력문자는 무한 반복하며 문자가 소문자 'q' 일 때 입력을 종료하고 대문자 개수를 출력하는 프로그램을 완성하시오.

※ 참고 : 대문자 'A'의 십진수는 65, 대문자 'Z'의 십진수는 90이다. 대문자를 조건으로 물을 때 십진수나 문자를 사용할 수 있다.

```c
#include <stdio.h>

int main()
{
    char inputChar, Cn=0;

    while(1)
    {
        printf("한 문자 입력? ");
        inputChar= _____;    //문자입력
        _____;    //enter값 버리기

        if(_____)    //종료조건
            break;

        if(_____)    //대문자 확인
            _____;                //증가
    }

    printf("입력된 대문자 수 : %d \n", Cn);

    return 0;
}
```

실행결과

```
한 문자 입력? a
한 문자 입력? A
한 문자 입력? 7
한 문자 입력? T
한 문자 입력? %
한 문자 입력? P
한 문자 입력? r
한 문자 입력? Y
한 문자 입력? e
한 문자 입력? q
입력된 대문자 수 : 4
```

6. Level2_4.c

키보드로부터 정수를 입력 받아 입력된 값의 각 단위 자리 수를 출력하는 프로그램이다. (단 10만 이하의 값 입력) 실행결과를 기술하시오.

```
#include <stdio.h>

int main()
{
    int Num,tmp, base;

    int Num,tmp, base;

    printf("정수를 입력하시오: ");
    scanf("%d",&Num);   //1234

    base=1000;

    while(Num)
    {
        tmp=Num /base;
        printf("%5d 단위 값 : %d \n", base,  tmp);

        Num=Num % base;

        base= base/10;
    }
    return 0;
}
```

실행결과

정수를 입력하시오: 1234

7. Level3_1.c

메뉴를 출력하여 메뉴에 해당하는 작업을 처리하는 프로그램을 작성하시오.

- 조건1.   메뉴에 따라 임의의 수를 입력하여 1 부터 입력된 수 까지 계산작업을 수행한다.
- 조건2.   결과 출력 시 문자열을 구분하여 출력하기 위해 3항 연산자를 사용하였다.

```c
#include <stdio.h>

int main()
{
    int choice, N, Sum=0, i;


    printf("1. 1 부터 N 까지의 합 \n");
    printf("2. 1 부터 N 까지 홀수의 합 \n");
    printf("3. 1 부터 N 까지 짝수의 합 \n");
    printf("Select? (1~3) ");
    scanf("%d",&choice);

    printf("N 값 입력? ");
    scanf(_____ );

    switch(choice)
    {
        case 1: _____;
                _____;
                break;
        case 2: _____;
                _____;
                break;
        case 3: _____;
                _____;
                break;
    }

    printf("1 부터 %d  까지 %s 합: %d \n", _____ );
```

```
    printf("End. \n");

    return 0;
}
```

실행결과 1

```
1. 1 부터 N 까지의 합
2. 1 부터 N 까지 홀수의 합
3. 1 부터 N 까지 짝수의 합
4. 프로그램 종료
Select? (1~4) 1
N 값 입력? 100
1 부터 100  까지  합: 5050
End.
```

실행결과 2

```
1. 1 부터 N 까지의 합
2. 1 부터 N 까지 홀수의 합
3. 1 부터 N 까지 짝수의 합
4. 프로그램 종료
Select? (1~4) 2
N 값 입력? 100
1 부터 100  까지 홀수 합: 2500
End.
```

실행결과

```
1. 1 부터 N 까지의 합
2. 1 부터 N 까지 홀수의 합
3. 1 부터 N 까지 짝수의 합
4. 프로그램 종료
Select? (1~4) 3
N 값 입력? 100
1 부터 100  까지 짝수 합: 2550
End.
```

8. Level3_2.c

Level3_1.c의 프로그램을 반복하는 작업을 처리하려고 한다.

- 조건1.   menu에서 4를 선택하면 프로그램을 종료된다.
- 조건2.   menu가 1~3이면 해당하는 계산을 한 후 출력한다.
- 조건3.   menu가 1~4가 아닌 경우, 메뉴를 출력하여 입력을 다시 받도록 한다.

```c
#include <stdio.h>

int main()
{
    int choice, N, Sum=0, i, stop=1;

    while(_____)
    {
        printf("\n1. 1 부터 N 까지의 합 \n");
        printf("2. 1 부터 N 까지 홀수의 합 \n");
        printf("3. 1 부터 N 까지 짝수의 합 \n");
        printf("4. 프로그램 종료 \n");
        printf("Select? (1~4) ");
        scanf("%d",&choice);

        if(choice<1 || choice>4)
            _____;

        if(choice == 4)
            _____;


        printf("N 값 입력? ");
        scanf("%d", &N);
```

```
        switch(choice)
        {
        //각 메뉴에 해당되는 계산 루틴
        case 1: _____;
                _____;
                break;
        case 2: _____;
                _____;
                break;
        case 3: _____;
                _____;
                break;
        }


    printf("\n1 부터 %d  까지 %s 합: %d \n", _____);

    _____;   //새로운 누적을 위한 초기화
    }

    printf("End. \n");

    return 0;
}
```

실행결과

```
1. 1 부터 N 까지의 합
2. 1 부터 N 까지 홀수의 합
3. 1 부터 N 까지 짝수의 합
4. 프로그램 종료
Select? (1~4) 1
N 값 입력? 100

1 부터 100  까지  합: 5050

1. 1 부터 N 까지의 합
2. 1 부터 N 까지 홀수의 합
3. 1 부터 N 까지 짝수의 합
4. 프로그램 종료
Select? (1~4) 3
N 값 입력? 100

1 부터 100  까지 짝수 합: 2550

1. 1 부터 N 까지의 합
2. 1 부터 N 까지 홀수의 합
3. 1 부터 N 까지 짝수의 합
4. 프로그램 종료
Select? (1~4) 4
```

memo

CHAPTER

6

C 언어의 핵심!
함수

1. Level1_1.c

다음 프로그램의 실행결과를 기술하시오.

```c
#include <stdio.h>

double salCalc(int sal);

int main()
{
    int salary=2500000;
    double result;

    result=salCalc(salary);
    printf("월급: %d 의 5%% 성과급: %.2lf \n", salary,  result);


    return 0;
}

double salCalc(int sal)
{
    return sal*0.05;
}
```

실행결과

2. Level1_2.c

다음 프로그램의 실행결과를 기술하시오. 입력 값은 정수 8 이 입력된다고 가정하고 프로그램의 로직을 확인한다(입력값은 어떤 값이 입력되어도 무방 함) . binaryFunc() 함수는 재귀함수이다. 이 함수의 역할이 무엇인가.

```c
#include <stdio.h>

void binaryFunc(int bin);

int main()
{
    int num;

    printf("양의 정수 입력? ");
    scanf("%d", &num);   //8 입력

    binaryFunc(num);

    printf("\n");

    return 0;
}

void binaryFunc(int bin)
{

    if(bin)
    {
        binaryFunc(bin/2);
        printf("%d ", bin%2);
    }
}
```

실행결과

3. Level2_1.c

좌표평면 상의 두 점 사이의 거리를 구하는 프로그램 작성하려고 한다.

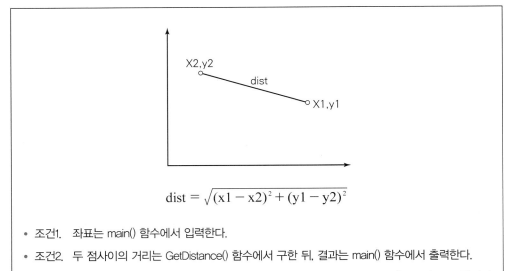

$$dist = \sqrt{(x1 - x2)^2 + (y1 - y2)^2}$$

- 조건1. 좌표는 main() 함수에서 입력한다.
- 조건2. 두 점사이의 거리는 GetDistance() 함수에서 구한 뒤, 결과는 main() 함수에서 출력한다.
- 조건3. 제곱근을 구하기 위해 sqrt() 라이브러리 함수를 사용한다. 헤더파일 〈math.h〉를 포함해야 한다.

```c
#include <stdio.h>
#include <math.h>

_____;  //함수선언

int main( )
{
    double distance ;
    int x1, x2, y1, y2;

    printf("첫 번째 좌표, x1,y1?  ");
    scanf("%d%d", &x1, &y1);

    printf("두 번째 좌표, x2,y2?  ");
    scanf("%d%d", &x2, &y2);

    //함수호출과 반환 값 저장
    _____ = GetDistance( _____ );
```

```
        printf("두 점 사이의 거리 : %lf \n", distance);

        return 0;
}



_____ GetDistance(_____)  //함수구현
{
    double dist;

    dist = sqrt( (double)((x1-x2)*(x1-x2) + (y1-y2)*(y1-y2)));

    return _____;
}
```

실행결과

```
첫 번째 좌표, x1,y1?  5 10
두 번째 좌표, x2,y2?  15 30
두 점 사이의 거리 : 22.360680
```

4. Level2_2.c

키보드로부터 두 수를 입력 받아 산술연산을 처리하는 작업을 메뉴를 사용하여 적절한 함수를 호출하여 수행하려고 한다.

- 조건1: 입력은 main() 함수에서 한다.
- 조건2: 입력된 값은 자식함수에서 전달하여 계산시 사용한다.
- 조건3: x는 y보다 작으면 두 값을 교환 한 후 함수를 호출한다.
- 조건4: 작업은 반복적으로 수행하며 선택메뉴가 5일 때 종료한다

```c
#include <stdio.h>

//함수 선언문


int main()
{
    int x, y, tmp, select, result;

    while(1)
    {
        printf("\n1. Add \n");
        printf("2. Subtract \n");
        printf("3. Multiplay \n");
        printf("4. Divide \n");
        printf("5. End \n");
        printf("Select? ");
        scanf("%d", &select);
        if(select==5)
        break;

        printf("\n두 정수를 입력하세요? ");
        scanf("%d%d", &x, &y);

        if(x<y)   //x 가 작으면 x,y를 교환
        {
            _____;
            _____;
```

```
                _____;
        }
    switch(select)
    {
      case 1 : _____;    //함수호출
                break;
      case 2 : _____;
                break;
      case 3 : _____;
                break;
      case 4 : _____;
                break;
    }
  }

    return 0;
}


//함수원형 작성
_____ Add(_____)
{
    printf("%d + %d = %d \n", n1, n2, n1+n2);
}


_____ Sub(_____)
{
    printf("%d - %d = %d \n", n1, n2, n1-n2);
}


_____ Mul(_____)
{
    printf("%d * %d = %d \n", n1, n2, n1*n2);
}


_____ Div(_____)
{
    printf("%d / %d = %d \n", n1, n2, n1/n2);
}
```

실행결과

```
1. Add
2. Subtract
3. Multiplay
4. Divide
5. End
Select? 1

두 정수를 입력하세요? 100 30
100 + 30 = 130

1. Add
2. Subtract
3. Multiplay
4. Divide
5. End
Select? 2

두 정수를 입력하세요? 5 100
100 - 5 = 95

1. Add
2. Subtract
3. Multiplay
4. Divide
5. End
Select? 5
```

5. Level3_1.c

표준입력으로 입력된 온도를 섭씨나 화씨온도로 변환하는 작업을 함수를 호출하여 처리하려고 한다.

섭씨온도(C)와 화씨온도(F)를 변환하는 식

- C = (F−32)/1.8   //화씨온도 −)섭씨온도

- F = (C*1.8)+32   //섭씨온도 −)화씨온도

- 조건1: main()에서 화씨(F)인지 섭씨(C)인지 입력한다. (입력은 F와 C만 입력된다) 입력된 문자를 toupper() 함수를 사용하여 대문자로 변환한다. 그리고 온도를 입력 받는다

- 조건2 : 입력된 화씨 또는 섭씨 구분 문자와 온도를 celsiusFunc() 함수에 전달하여 온도변환 수식을 처리한 후 결과를 main() 함수에 반환하여 출력하도록 한다. 구분 문자(Celsius)변수가 'F' 라면 섭씨온도를 계산하고, 'F'가 아니라면 화씨온도를 구한다.

- 조건3 : 출력은 celsius 변수가 'F' 이면 3항연산자를 이용하여 "화씨"를 출력하고, 'F'가 아니면 "섭씨" 문자열을 출력한다. 변환된 온도의 문자열과 온도를 출력하기 위해 3항연산자의 사용을 확인하자.

```c
#include <stdio.h>
#include <ctype.h>


_____;   //함수선언

int main()
{
    char celsius;
    int  tmp;
    double out;

    do {
        printf("화씨이면 F, 섭씨이면 C 입력?   ");
        scanf("%c%*c", &celsius);
        celsius=toupper(celsius);   //대문자로 변경하는 함수
    } while(_____);
                // Celsius 가 'F' 나 'C'가 아니면 다시 입력 받는다


    printf("%s 온도? ", celsius=='F'?"화씨":"섭씨");
    scanf("%d", &tmp);
```

```
        _____  =  celsiusFunc(_____);  //함수호출 및 반환

    printf("\n%s를 %s로 변환: %.2lf \n", celsius=='F'?"화씨":"섭씨",
                celsius=='F'? "섭씨":"화씨",  out );

    return 0;
}



//함수를 완성한다.
_____    celsiusFunc (_____, _____)
{




}
```

실행결과 1

화씨이면 F, 섭씨이면 C 입력? C
섭씨 온도? 30
섭씨를 화씨로 변환: 86.00

실행결과 2

화씨이면 F, 섭씨이면 C 입력? F
화씨 온도? 100
화씨를 섭씨로 변환: 37.78

6. Level3_2.c

비만도를 측정하는데 사용되는 카우프지수는 체중(kg)을 키(cm) 의 제곱으로 나타낸다. 체질량 지수 (body mass index, BMI)라고도 한다.

$$체질량\ 지수 = \frac{체중(kg)}{키(m^2)}$$

연령대에 따라 비만도 측정은 다음과 같이 기준으로 한다.

	저체중	표준체중	과체중	비만
20대	17.9이하	18~23	24~30	31이상
30대	18.5이하	18.6~25	26~32	33이상

위 표를 기준으로 체질량 지수와 비만도를 출력하는 프로그램을 완성하시오.

- 조건 1. main() 함수에서 키와 체중은 입력한다.
- 조건 2. 함수 BMI() 에 키와 체중을 전달하여 체질량 지수와 비만도를 구하여 출력한다.
- 조건 3. 비만도 메시지는 매크로 상수로 정의된 것을 사용하도록 한다.

```c
#include <stdio.h>

#define BMI1 "저체중"
#define BMI2 "표준체중"
#define BMI3 "과체중"
#define BMI4 "비만"

_____ ;   //함수선언

int main()
{
    float kg;
    float height;
    double result;
    int ageBase;
```

```
        printf( "키(신장)를 입력하세요(m) " );
        scanf( "%f", &height );
        printf( "체중을 입력하세요(kg) " );
        scanf( "%f", &kg );
    printf("연령대 선택? (1:20대, 2:30대 이상) ");
    scanf("%d", &ageBase);

    BMI(_____);                    //함수호출

    return 0;
    }


    void BMI(int ageBase, float height, float kg )
    {
        double bmi = _____;         //키가 m 로 입력될 때
        //double bmi = kg / ( (height/100)*(height/100) );  //키가 cm 로 입력될 때

        printf( "당신의 BIM 지수는 %.2lf,  비만기준: " , bmi );

        if(ageBase==1)
        {




        }
        else if(ageBase==2)
        {





        }
    }
```

실행결과 1

키(신장)를 입력하세요(m) 1.60
체중을 입력하세요(kg) 47
연령대 선택? (1:20대, 2:30대 이상) 1
당신의 BIM 지수는 18.36,   비만기준: 표준체중

실행결과 2

키(신장)를 입력하세요(m) 1.60
체중을 입력하세요(kg) 47
연령대 선택? (1:20대, 2:30대 이상) 2
당신의 BIM 지수는 18.36,   비만기준: 저체중

CHAPTER

7

기억 클래스

1. Level1_1.c

다음 프로그램의 결과는 무엇인가? 혹시 오류가 있다면 오류를 설명하시오.

```c
#include <stdio.h>
void game();

int main()
{
    int money=15000;

    game();
    printf("남은금액: %d \n", money);

    game();
    printf("남은금액: %d \n", money);

    return 0;
}

void game()
{
    printf("1시간 사용료 3000원 지출. \n");
    money -= 3000;
}
```

실행결과 또는 오류 설명

2. Level1_2.c

Level1_1.c 예제가 문제가 있다면 이를 해결하기 위해 어느 부분을 수정해야 하는가? 변수 money를
다음 밑줄 중 가장 적합한 곳에 선언하시오.

```c
#include <stdio.h>
void game();

_____;   //1

int main()
{

    _____;   //2

    game();
    printf("남은금액: %d \n", money);

    game();
    printf("남은금액: %d \n", money);

    return 0;
}

void game()
{
    _____; //3

    printf("1시간 사용료 3000원 지출. \n");
    money -= 3000;
}
```

3. Level2_1.c

다음 프로그램의 실행결과는 다음과 같다. 이렇게 출력되는 이유를 기술하시오.

```c
#include <stdio.h>

int main()
{
    int i, sum=0;

    for(i=0;i<=5;i++)
        sum+=i;
    printf("sum: %d \n", sum);

    {
        int i=6, j=10;

        for( ;i<=j;i++)
            sum+=i;
        printf("sum : %d \n", sum);
    }

    printf("i: %d, sum : %d \n", i, sum);

    return 0;
}
```

실행결과

```
sum: 15
sum : 55
i: 6, sum : 55
```

실행결과 이유

4. Level2_2.c

다음과 같이 직원들의 월급이 저장되어 있다. 실행결과를 참조하여 프로그램을 완성하시오.

- 조건 1. salaryFunc()함수에 직원들의 월급을 인자로 전달한다.
- 조건 2. salaryFunc() 함수는 호출될 때 마다 직원count, 직원월급, 직원들 월급평균을 출력한다.

```c
#include <stdio.h>

void salaryFunc(int salary);

int main()
{
int kimSalary=1000, leeSalary=1500, hanSalary=2000, parkSalary=2500, ukSalary=3000;

    salaryFunc(kimSalary);
    salaryFunc(leeSalary);
    salaryFunc(hanSalary);
    salaryFunc(parkSalary);
    salaryFunc(ukSalary);

    return 0;
}



void salaryFunc(int salary)
{
        _____;    //변수 선언


        _____;    //누적
        _____;

        printf("직원 Count: %d, 월급: %d, 월급 평균: %.2f \n",
                        _____);   //출력
}
```

실행결과

```
직원 Count: 1, 월급: 1000, 월급 평균: 1000.00
직원 Count: 2, 월급: 1500, 월급 평균: 1250.00
직원 Count: 3, 월급: 2000, 월급 평균: 1500.00
직원 Count: 4, 월급: 2500, 월급 평균: 1750.00
직원 Count: 5, 월급: 3000, 월급 평균: 2000.00
```

5. Level3_1.c

두 명이 주사위 게임을 하려고 한다. 각 5번의 주사위를 던진 합을 구하여 승자는 결정된다. 주사위 값은 1~6 이며, 이때 주사위는 난수를 구하는 rand() 함수를 이용할 것이다.

> **난수 구하기**
>
> srand(time(NULL)); //난수초기화 한다. 난수를 초기화 하지 않으면 항상 동일한 난수를 생성하므로 초기화 하여 프로그램이 실행될 때 마다 서로 다른 난수를 생성하게 한다.
>
> rand() //난수 발생기 이다. 1부터 6 사의 난수를 구하려면, 생성된 난수를 6으로 나눈 나머지(0~5)의 값에 1을 더한다.
>
> - 조건 1. main() 함수에서 주사위 게임을 5번 호출한다.
> - 조건 2. 게임은 DiceGame() 함수에서 한다. 이 함수에서 두 값의 난수를 발생하고 호출 할 때마다 누적한다.
> - 조건 3. 게임이 종료되면 주사위의 결과를 main() 함수에서 확인하여 승패를 출력한다. 이때 주사위를 던진 누적 값을 주사위 게임함수와 main() 함수 모두가 사용할 수 있어야 한다.

```
#include <stdio.h>
#include <stdlib.h>
#include <time.h>

void DiceGame();

_____;   //변수선언

int main()
{
    int xResult, yResult, i;

    srand(time(NULL));    //난수 초기화

    for(i=1;i<=5;i++)
    {
        _____;   //게임호출
    }

    printf("x 누적: %d, y 누적 : %d \n", _____);   //누적값 출력

    if(_____)
    printf("X 사용자 승. \n");
```

```
    else if(_____)
        printf("Y 사용자 승. \n");
    else
        printf("X , Y 사용자 동점. \n");

    printf("\n");

    return 0;
}

void DiceGame()   //함수 구현
{




}
```

실행결과 1

```
x: 4, y: 2
x: 6, y: 1
x: 1, y: 1
x: 3, y: 2
x: 3, y: 5
x 누적: 17, y 누적: 11
X 사용자 승.
```

실행결과 2

```
x: 4, y: 5
x: 6, y: 6
x: 2, y: 3
x: 2, y: 2
x: 2, y: 2
x 누적: 16, y 누적: 18
Y 사용자 승.
```

6. Level3_2.c

은행에서 입금, 출금, 잔액을 조회하는 기능을 함수로 작성하여 호출하고 있다. 각 기능은 여러 번 실행할 수 있기 때문에 main() 에서 메뉴를 구성하여 필요할 때마다 반복적으로 함수를 호출하기로 한다.

- main() 함수   입금, 출금, 잔고를 호출하기 위해 메뉴를 출력 후 해당 함수를 호출한다.
- void deposit ();   입금액을 입력 받아 새로운 잔고 계산한다.
- void whitdraw();   출금액을 입력 받아 새로운 잔고 계산한다.
- void balanceOutput();   잔고를 출력한다.

- 조건 1. 잔고를 저장하는 balance 변수는 main() 함수에서 지역변수로 다음과 같이 선언된다.
        int balance=0;
- 조건 2. 잔고를 출력하는 함수는 main() 의 balance를 가인수(매개변수)로 받아 출력한다.
- 조건 3. 입금, 출금 함수는 main() 의 balance를 가인수(매개변수)로 받아 입/출금을 반영하고 그 결과를 main() 의 balance 변수에게 반환해야 한다. 즉 main() 의 balance의 값은 함수를 호출될 때마다 사용할 수 있도록 한다.(전역변수 아님)
- 조건 4. 출금액이 잔금보다 큰 경우 출금하지 말아야 한다.

```
#include <stdio.h>
#include <stdlib.h>

_____;   //함수선언(원형)
_____;
_____;


int main()
{
int balance=0;   //잔고를 저장할 지역변수
    int choice;

    while(1)
    {
        printf("\n1) 입금 \n");
        printf("2) 출금 \n");
        printf("3) 잔고조회 \n");
        printf("4) 종료 \n");
```

```
        do{
            printf("    선택하세요?(1~4) ");
            scanf("%d", &choice);
        }while(choice<1 || choice>4);

        switch(choice)
        {
            case 1 : _____;    //함수호출 및 반환
            break;
            case 2 : _____;
            break;
            case 3 :
              balanceOutput(balance);
            break;
        case 4 : puts("프로그램을 종료합니다 ");
            exit(0);
        }
    }

    return 0;
}

_____ deposit(_____)    //함수 정의
{
    int money;

    printf("\n입금할 금액은? ");
    scanf("%d", &money);

    _____;  //입금

    return _____;
}

_____ whitdraw(_____)   //함수 정의
{
    int money;

    printf("\n출금할 금액은? ");
    scanf("%d", &money);
```

```
    if(_____)
        printf("잔고 부족 \n");
    else
        balance =_____ ;
return _____;
}


void balanceOutput(_____)    //함수 정의
{
    printf("현재 잔고는 : %d 입니다. \n", balance);
}
```

```
1) 입금
2) 출금
3) 잔고조회
4) 종료
    선택하세요?(1~4)  1

입금할 금액은? 20000

1) 입금
2) 출금
3) 잔고조회
4) 종료
    선택하세요?(1~4)  2

출금할 금액은? 3000

1) 입금
2) 출금
3) 잔고조회
4) 종료
    선택하세요?(1~4)  3

현재 잔고는 : 17000 입니다.
```

실행결과

```
1) 입금
2) 출금
3) 잔고조회
4) 종료
    선택하세요?(1~4)  2

출금할 금액은?  50000
잔고 부족

1) 입금
2) 출금
3) 잔고조회
4) 종료
    선택하세요?(1~4)  1

입금할 금액은?  50000

1) 입금
2) 출금
3) 잔고조회
4) 종료
    선택하세요?(1~4)  3
현재 잔고는 :  67000 입니다.

1) 입금
2) 출금
3) 잔고조회
4) 종료
    선택하세요?(1~4)  4
```

CHAPTER

8

배열과 문자열

1. Level1_1.c

정수형 배열 score 배열에 점수를 입력 받아 저장한 후, 입력된 점수와 점수평균을 출력하는 프로그램을 작성하려고 한다. 입력될 건수는 매크로상수로 다음과 같이 선언되어 있다.

#define ST_SIZE 5

- 조건 1. 점수가 저장될 배열은 매크로상수의 크기로 선언된다.
- 조건 2. 점수를 입력할 때 배열에 저장하고 누적한다.
- 조건 3. 입력이 끝나면 입력된 데이터와 평균을 출력한다.

```c
#include <stdio.h>

#define ST_SIZE 5

int main()
{
int _____;   //배열선언
    int  i, sum=0;

      for(i=0;i<ST_SIZE;i++)
    {                    //입력 및 누적
        _____;
        _____;

        _____;
    }

    printf("\n배열점수 : ");
    for(i=0;i<ST_SIZE;i++)
        printf("%d, ", _____);
    printf("\n성적평균: %.2f \n", _____);

    return 0;
}
```

실행결과

```
1, 점수? 90
2, 점수? 57
3, 점수? 85
4, 점수? 48
5, 점수? 35

배열점수 :   90,  57,  85,  48,  35,
성적평균: 63.00
```

2. Level1_2.c

문자배열에 문자열을 입력한 후 배열에 저장된 숫자, 알파벳, 그 외 문자들의 개수를 구하여 출력하려고 한다.

- 조건 1. str 배열에 입력된 문자열을 저장한다.
- 조건 2. 반복문에서 입력된 문자 하나 하나를 확인하여 숫자, 알파벳, 기타문자를 구분한다.

    숫자 : 아스키 값: 48~57 또는 '0'~'9'

    알파벳 : 아스키 값: 대문자 65~90 또는 'A'~'Z'

    소문자 97~122 또는 'a'~'z'

    기타 문자 : 숫자와 알파벳을 제외한 문자
- 조건 3. 누적한 개수를 출력한다.

```
#include <stdio.h>

int main()
{
    int numCn=0, spaCn=0, alphaCn=0, i;
    char str[100];

    printf("문자열 입력? ");
    _____;   //문자열 입력


    for(_____)   //문자열 끝까지 반복
    {
        if(_____)   //숫자?
            numCn++;
        else if(_____)   //알파벳?
            alphaCn++;
        else
            spaCn++;
    }

printf("숫자: %d, 알파벳: %d, 기타문자: %d \n", numCn,
alphaCn, spaCn);
```

```
    return 0;
}
```

문자열 입력? C program is Fun !!! book price:25000
숫자: 5, 알파벳: 22, 기타문자: 11

3. Level2_1.c

다음과 같이 X 배열의 언사이즈드 배열로 초기화되어 있다. X 배열의 값을 Y 배열에 순서 역순으로 저장하여 출력하는 프로그램을 작성하시오.

- 조건 1.   X배열을 다음과 같이 초기화한다.
- 조건 2. X배열의 원소의 수를 계산하여 size 변수에 저장한다.
- 조건 3. 반복문에서 size 수 만큼 X 배열을 Y 배열에 역순으로 저장시킨다.
- 조건 4.   X, Y 배열을 출력한다.

```c
#include <stdio.h>

int main()
{
    int x[]={10,20,30,40,50,60,70,80,90,100}, y[20], i, size;

    size= _____;   //X 배열 열수 계산

    for(i=0;i<size;i++)
    {
        _____;
//X 배열원소 Y 배열에 역순으로 대입
    }

    for(i=0;i<size;i++)
        printf("x:[%d]: %d,  y[%d]: %d \n", _____); //출력

    return 0;
}
```

실행결과

```
x:[0]: 10,   y[0]: 100
x:[1]: 20,   y[1]: 90
x:[2]: 30,   y[2]: 80
x:[3]: 40,   y[3]: 70
x:[4]: 50,   y[4]: 60
x:[5]: 60,   y[5]: 50
x:[6]: 70,   y[6]: 40
x:[7]: 80,   y[7]: 30
x:[8]: 90,   y[8]: 20
x:[9]: 100,  y[9]: 10
```

4. Level2_2.c

다음과 같이 score 배열에 학생점수가 저장되어 있다. 검색할 점수를 입력 받아 score 배열에서 검색하는 프로그램을 작성하시오.

- 조건 1. 성적배열은 다음과 같이 초기화 된다.

  int score[10]={67, 93, 100, 60, 57, 86, 19, 60, 79, 84};
- 조건 2. 검색할 점수를 입력받아 score배열에서 찾는다. 동일한 점수는 여러 개 있을 수 있다.

  같은 점수는 모두 출력된다.
- 조건 3. 만약 score 배열에서 검색할 점수를 찾지 못하면 Not found 메시지를 출력한다.

```c
#include <stdio.h>

int main()
{
    int score[10]={67, 93, 100, 60, 57, 86, 19, 60, 79, 84};
    int i, findScore, sw;

    printf("검색할 성적? ");
    scanf("%d", &findScore);

    sw=1;
    for(_____)   //반복
    {
        if(_____)   //검색
        {
            _____;   //검색되었을 때 실행문
            _____;
        }
    }

    if( _____)   //검색되지 않았을 때
        printf("%d, Not found!! \n", _____);

    return 0;
}
```

실행결과 1

검색할 성적? 60
검색된 첨자위치: 3, 60
검색된 첨자위치: 7, 60

실행결과 2

검색할 성적? 93
검색된 첨자위치: 1, 93

실행결과 3

검색할 성적? 55
55, Not found!!

5. Level2_3.c

실수 값을 입력 받아 배열에 저장한 후 실수배열을 내림차순으로 정렬하여 출력하는 프로그램을 작성하시오. 정렬알고리즘을 버블(Bubble) 정렬을 사용하기로 한다.

- 조건 1. 배열크기는 매크로 상수로 선언한다. 매크로상수는 다음과 같이 선언된다.

    #define dNumSZ 5
- 조건 2. 입력된 실수를 dNUm 배열에 저장한다.
- 조건 3. 버블정렬을 사용하여 dNum 배열을 역순으로 정렬한다.
- 조건 4. 정렬된 데이터를 출력한다.

```c
#include <stdio.h>

#define dNumSZ 5

int main()
{
            //배열선언
    double dNum[_____], tmp;
    int i, j;

    for(i=0;i<dNumSZ;i++)
    {
        printf("%d, 실수 입력? ", i+1);
        scanf(_____);  //배열에 데이터 입력
    }

    printf("\n입력된 dNum 배열 값 \n");
    for(i=0;i<dNumSZ;i++)
        printf("%.2lf, ", dNum[i]);
    printf("\n");

    for(i=0;i<dNumSZ-1;i++)
    {
//정렬알고리즘 구현
```

```
        }

        printf("\n내림차순으로 정렬된 dNum 배열 값 \n");
        for(i=0;i<dNumSZ;i++)
            printf("%.2lf,  ", dNum[i]);
        printf("\n");

        return 0;
}
```

실행결과

```
1, 실수 입력? 45.1
2, 실수 입력? 55.2
3, 실수 입력? 789.12
4, 실수 입력? 3.7
5, 실수 입력? 100.6

입력된 dNum 배열 값
45.10,  55.20,  789.12,  3.70,  100.60,

내림차순으로 정렬된 dNum 배열 값
789.12,   100.60,   55.20,   45.10,   3.70,
```

6. Level3_1.c

정수형 배열 Num에 저장된 최대값이 저장된 첨자위치와, 최소값이 저장된 첨자위치를 찾아 출력하는 프로그램을 작성하시오.

- 조건 1. 배열크기는 매크로 상수로 선언한다. 매크로상수는 다음과 같이 선언된다.

  #define NUM_SZ 10

- 조건 2. 배열 Num 은 다음과 같이 초기화된다.

  int Num[NUM_SZ]={56, 900, −4, 120, 7, 90, −64, 209, 711, 10};

- 조건 3. Num 배열 요소를 검색하여 최대값, 최소값 이 저장된 첨자위치를 변수에 저장한다..

- 조건 4. 비교가 끝나면 최대값의 저장위치와 값, 최소값의 저장위치와 값을 출력한다.

```c
#include <stdio.h>

#define NUM_SZ 10

int main()
{
    int Num[NUM_SZ]={56, 900, −4, 120, 7, 90, −64, 209, 711, 10};
    int i, j, maxIndex, minIndex;

    maxIndex=minIndex=0;

    for(i=1;i<NUM_SZ;i++)
    {
        if(_____ )   //최대값을 비교할 if
            _____;;

        if(_____)   //최소값을 비교할 if
            _____;
    }

    printf("Num 배열 데이터 \n");
    for(i=0;i<NUM_SZ;i++)
        printf("%d, ", Num[i]);
    printf("\n\n");
    printf("큰 값이 저장된 위치 : %d , max : %d \n",
```

```
                                              );   //출력
    printf("작은 값이 저장된 위치 : %d , min : %d \n",
                                              );   //출력

    return 0;
}
```

실행결과

```
Num 배열 데이터
56, 900, -4, 120, 7, 90, -64, 209, 711, 10,

큰 값이 저장된 위치 : 1 , max : 900
작은 값이 저장된 위치 : 6 , min : -64
```

7. Level3_2.c

난수를 50개 발생하여 실행결과와 같이 문자 막대그래프를 작성해 보려고 한다. 이때 난수는 0,1,2 값이 발생하도록 하며, 난수의 값에 따라 문자배열에 특정문자를 저장하려고 한다.

- 힌트 1. 배열은 다음과 같이 선언한다.

        char star[50]="";   //난수 0 일때 '*'문자 추가

        char percent[50]=""; //난수 1 일때 '%'문자 추가

        char sharp[50]="";   //난수 2 일때 '#'문자 추가

- 힌트 2. 난수는 rand() 를 사용하며, 3으로 나눈 나머지가 0~2를 반환한다.

- 힌트 3. 각 배열에 저장된 문자와 개수를 출력하라.

```c
#include <stdio.h>
#include <stdlib.h>
#include <time.h>

int main()
{
    char star[50]="", percent[50]="", sharp[50]="";
    int s1=0, p=0, s2=0, i, randNum;
    srand(time(NULL));

    for(i=1;i<=50;i++)
    {
        randNum = _____;   //난수 발생

        switch(randNum)
        {
                    //난수값에 의해 배열에 문자 저장

        case 0 :

        case 1 :

        case 2 :

        }
    }
```

```
    printf("star    : %s, count: %d, \n", _____);  //출력
    printf("percent: %s, count: %d, \n", _____);
    printf("sharp   : %s, count: %d, \n", _____);

    return 0;
}
```

실행결과

```
star    : *****************, count: 17,
percent: %%%%%%%%%%%%%%%%%%%, count: 19,
sharp   : ##############, count: 14,
```

9

문자열 처리함수와
다차원 배열

1. Level1_1.c

다음 프로그램의 실행결과를 기술하시오.

```c
#include <stdio.h>
#include <string.h>

int main()
{
    char names[5][20]={"kim","lee","han","park","uk"};
    char tmp[100]="";
    int i;

    for(i=0;i<5;i++)
    {
        strcat(tmp, names[i]);
        strcat(tmp, ",");

    }

    printf("tmp : %s \n", tmp);

    return 0;
}
```

실행결과

2. Level1_2.c

다음과같이 성적을 저장한 score 배열에 점수가 초기화되어 있다. 각 행에 있는 점수의 평균을 구하여 점수와 함께 평균을 출력하는 프로그램을 작성하시오.

- 조건 1. 성적배열 초기화

      int score[4][5]={ {78, 90,34, 46,80},

                  {98, 74,84, 76,72},

                  {76, 48,34, 72,89},

                  {61, 91,67, 88,83} };

- 조건 2. 행 크기, 열 크기를 계산하여 반복문에 활용한다.

- 조건 3. 각 점수 데이터와 행의 점수 평균을 출력한다.

```c
#include <stdio.h>

int main()
{
    int score[4][5]={ {78, 90,34, 46,80},
             {98, 74,84, 76,72},
          {76, 48,34, 72,89},
               {61, 91,67, 88,83} };

    int i, j, sum=0, row,col;

    row = _____;  //행 크기
    col = _____;  //열 크기

    for(i=0;i<row;i++)
    {
        for(j=0;j<col;j++)
        {
            //데이터 출력과 누적




        }
```

```
        //평균점수 계산 및 출력



    }

    return 0;
}
```

실행결과

```
78,   90,   34,   46,   80,   => 65.60
98,   74,   84,   76,   72,   => 80.80
76,   48,   34,   72,   89,   => 63.80
61,   91,   67,   88,   83,   => 78.00
```

3. Level1_3.c

키보드로부터 성명을 입력 받아 문자배열에 저장한 후 출력하는 프로그램을 작성하시오.

- 조건 1. 성명을 저장할 배열은 다음과 같이 선언된다. (20바이트 이내로 저장)

      char names[10][20];

- 조건 2. 최대한 10명의 이름을 입력할 수 있지만 중간에 입력을 종료하기 위해 "end" 이면 입력은
  종료된다.

- 조건 3. 입력된 데이터만 출력하여야 한다.

```
#include <stdio.h>
#include <string.h>

int main()
{
    char names[10][20];
    int i, Cn;

    for(i=0;i<10;i++)
    {
        printf("%d, 성명? (입력종료:end) ", i+1);
        _____;    //입력
        _____    //종료조건
                _____;
    }
    _____; //입력된 인원수 저장

    printf("\n입력된 성명 ⇒  \n");
    for( _____)    //출력한 반복문
        printf("%-10s,",  _____ );
    printf("\n");

    return 0;
}
```

실행결과

```
1, 성명? (입력종료:end) 길동이
2, 성명? (입력종료:end) 춘향이
3, 성명? (입력종료:end) 까꿍이
4, 성명? (입력종료:end) 몽룡이
5, 성명? (입력종료:end) end

입력된 성명 ⇒
길동이     , 춘향이     ,까꿍이      ,몽룡이      ,
```

4. Level2_1.c

학생들의 점수가 2차원 정수형 배열에 초기화 되어있다. 정답인 answer 배열과 비교하여 학생들의 점수를 출력하는 프로그램을 작성하시오.

- 조건 1. 학생 수는 다음과 같이 매크로 상수로 정의된다.

  #define stuSZ 5
- 조건 2. 정답인 answer 배열과 학생배열은 초기화 된다.
- 조건 3. 정답과 학생점수를 비교하여 정답인 경우 점수를 증가시킨다. 문항수는 20 이다.
- 조건 4. 출력결과를 참조한다.

```c
#include <stdio.h>

#define stuSZ 5

int main()
{
    int answer[20]={1,2,3,4,1,2,3,4,1,2,3,4,1,2,3,4,1,2,3,4};

    int student[stuSZ][20]={ {1,2,3,4,1,2,3,4,1,2,3,4,1,2,3,4,1,2,3,1},
                             {1,1,3,1,1,3,3,4,3,2,3,4,1,2,3,4,3,2,3,1},
                             {4,3,1,1,1,2,3,4,1,2,2,4,2,2,3,4,4,2,3,2},
                             {1,2,4,4,1,2,3,4,1,2,3,4,1,2,3,4,1,2,3,4},
                             {4,2,3,4,1,4,3,4,1,1,3,4,1,2,3,1,1,2,3,4}  };
    int i, j, sum=0;

    for(i=0;i<stuSZ;i++)
    {

    //정답 비교하여 점수 출력



    }

    return 0;
}
```

실행결과

```
1번  점수:  95
2번  점수:  70
3번  점수:  60
4번  점수:  95
5번  점수:  80
```

5. Level2_2.c

학생들의 성명과 점수가 초기화 된다. 학생들이 총점 평균을 구하여 실행결과를 출력하시오.

- 조건 1. 학생수과 과목수는 다음과 같이 매크로 상수로 정의된다.

  #define STUDENT 4

  #define SUBJECT 5

- 조건2. 성명과 학생점수는 선언과 함께 초기화 된다. 단 점수가 저장될 score배열의 열은 SUBJECT+2를 선언하여 합,평균을 저장하도록 선언된다.

- 조건3. 행마다 점수의 합과 평균을 구하여 저장한다.

- 조건4. 출력결과를 참조하여 헤딩을 출력한다.

```c
#include <stdio.h>

#define STUDENT 4
#define SUBJECT 5

void heading();

int main()
{
char names[STUDENT+1][20] = {"홍길동","성춘향","진달래","개나리","한송이"};
    int score[STUDENT][SUBJECT+2]={ {78, 90,34, 46,80},
                                    {98, 74,84, 76,72},
                                {76, 48,34, 72,89},
                                    {61, 91,67, 88,83} };


    int i, j, sum=0, row,col;


    row=_____;   //행수
    col=_____;   //열수


    for(i=0;i<row;i++)
    {
        for(j=0;j<col-2;j++)
        {
            _____;   //점수의 합
        }
```

```
                    _____);   //점수의 평균
    }

            _____;   //타이틀 출력
    for(i=0;i<row;i++)
    {
        printf("%5s, ", names[i]);
        for(j=0;j<col;j++)
        {
            printf("%3d, ", score[i][j]);
        }
        printf("\n");
    }

    return 0;
}

void heading()
{
    printf("==============================\n");
    printf("성명   국어  영어  수학 과학 사회 총점 평균 \n");
    printf("==============================\n");
}
```

실행결과

```
==================================
성명   국어  영어  수학 과학 사회 총점 평균
==================================

홍길동,  78,  90,   34,   46,   80,  328,  65,
성춘향,  98,  74,   84,   76,   72,  404,  80,
진달래,  76,  48,   34,   72,   89,  319,  63,
개나리,  61,  91,   67,   88,   83,  390,  78,
```

6. Level3_1.c

3×4 행렬과 4×3 행렬을 곱해서 3×3행렬을 구하는 프로그램을 작성하시오.

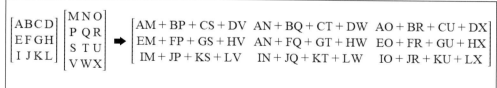

3x4 행렬

1	2	3	4
5	6	7	8
9	10	11	12

4x3 행렬

13	14	15
16	17	18
19	20	21
22	23	24

위 두 행렬의 곱한 3x3 행렬

1*13+2*16+3*19+4*22	1*14+2*17+3*20+4*23	1*15+2*18+3*21+4*24
5*13+6*16+7*19+8*22	5*13+6*16+7*19+8*22	5*13+6*16+7*19+8*22
9*13+10*16+11*19+12*22	9*13+10*16+11*19+12*22	9*13+10*16+11*19+12*22

```c
#include <stdio.h>

int main()
{
    int mat1[3][4] = {1,2,3,4,5,6,7,8,9,10,11,12};
    int mat2[4][3] = {13,14,15,16,17,18,19,20,21,22,23,24};
    int matrix[3][3]={0};
    int i, j, sum1=0, sum2=0, sum3=0;


    for(i=0;i<3;i++)
    {
        for(j=0;j<4;j++)
```

```
        {
            //행렬 계산



        }

        //matrix 배열에 합 대입




        //printf("sum : %d, %d, %d \n", sum1, sum2, sum3);
        sum1=0,sum2=0,sum3=0;
    }

    printf("3*4 mat1 행렬 \n");
    for(i=0;i<3;i++)
    {
        for(j=0;j<4;j++)
        {
            printf("%3d, ", mat1[i][j]);
        }
        printf("\n");
    }

    printf("\n4*3  mat2 행렬 \n");
    for(i=0;i<4;i++)
    {
        for(j=0;j<3;j++)
        {
            printf("%3d, ", mat2[i][j]);
        }
        printf("\n");
    }
```

```
    printf("\nmat1 * mat2을 곱하여 3*3을 구한 matrix 행렬 \n");
    for(i=0;i<3;i++)
    {
        for(j=0;j<3;j++)
        {
            printf("%3d, ", matrix[i][j]);
        }
        printf("\n");
    }

    return 0;
}
```

실행결과

```
3*4 mat1 행렬
   1,    2,    3,    4,
   5,    6,    7,    8,
   9,   10,   11,   12,

4*3  mat2 행렬
  13,   14,   15,
  16,   17,   18,
  19,   20,   21,
  22,   23,   24,

mat1 * mat2을 곱하여 3*3을 구한 matrix 행렬
190, 200, 210,
470, 496, 522,
750, 792, 834,
```

7. Level3_2.c

키보드로부터 입력된 날짜의 요일을 구하여 출력하는 프로그램을 작성하시오. 입력된 날짜는 년, 월, 일 로 구분하여 입력된 날짜의 총 일수를 구하여 리턴하는 dayStartFunc() 함수를 작성한다.

- 조건 1. 날짜는 yyyymmdd 형식으로 입력한다.

- 조건 2. 년,월,일 을 구하는 식은 다음과 같다.

    년 : 입력된 날짜를 10000으로 나누면 년도이다.

    월 : 입력된 날짜를 10000으로 나눈 나머지 값에 100을 나누면 월이다.

    일 : 입력된 날짜를 10000으로 나눈 나머지 값에 100을 나눈 나머지는 일이다.

- 조건 3. dayStartFunc() 함수에 년, 월, 일 을 전달하여 총 일자를 구한다.

    윤년 조건 (윤년은 2월이 29일 이다)

    1. 연도를 4로 나눈 나머지가 0 이면서 연도를 100으로 나눈 나머지가 0이 아니면 윤년이다.(연도를 100으로 나눈 나머지가 0이면 평년)

    2. 연도를 400으로 나눈 나머지가 0이면 윤년이다.

- 조건 4. 총 일수가 구해지면 요일을 출력한다.

    요일 구하는 조건

    1. 1년 1월 1일은 일요일이다(기준일).

    2. 기준일부터 입력일까지의 날짜수를 구한 후 7로 나눈 나머지가 0 이면 일요일이고, 0이 아니면 (기준일+1일) 의 요일

    3. 요일 출력은 days 이차원 배열의 문자열을 사용하여 출력한다.

```c
//입력된 날짜의 요일 구하기
#include <stdio.h>

int dayStartFunc(int year,int mon, int day);

int main()
{
    int inputDate, year, month, day;
    int dayStart;//달의 날짜가 시작되는 요일

    char  days[7] [10]= {"일","월","화","수","목","금","토"};

    printf("날짜(yyyymmdd) : ");
    scanf("%d",&inputDate);   //20170305 입력
```

```
        year = _____;        // 2020
        month _____;     // 6
        day = _____;      // 9


    //printf("year: %d, month:%d, day:%d \n", year, month, day);


    dayStart = dayStartFunc(_____);
    //입력된 날짜의 일수 계산함수 호출



    printf("\n%d년 %d월 %d 일은, %s요일\n", year, month, day,
                            _____);
                            //요일출력
}


            //2020,  6,  9
int dayStartFunc(int year,int mon, int day)
{
    //윤년아닐 때 월별 일자
    int yearMomth[] = {0,31,28,31,30,31,30,31,31,30,31,30,31};
    int i, t_day;


    t_day = _____;     //2019 년까지 일자

    for (i = 1; i < year; i++)              //1 ~ 2019 까지 윤년 확인
        if ((_____)
            t_day++;                        //윤년은 366일이므로 하루더 함


    for (_____)                 //입력받은 전 달까지의 날짜 더함
    {
        if(_____)
            t_day += 29 ;
        else
            t_day += _____ ;
    }


    return t_day + day;
    //년,전 월까지의 합과 현재달의 일자 더하여 반환
}
```

실행결과

날짜(yyyymmdd) : 20200609
year: 2020, month:6, day:9

2020년 6월 9 일은, 화요일

실행결과

날짜(yyyymmdd) : 20200705
year: 2020, month:7, day:5

2020년 7월 5 일은, 일요일

CHAPTER

10

포인터

1. Level1_1.c

다음 프로그램의 실행결과를 기술하시오.

```c
#include <stdio.h>

int main()
{
    double dnum, *dp;

    dp=&dnum;

    *dp=1.5;
    dnum += 1.5;

    printf("dnum: %lf, *dp: %lf \n", dnum, *dp);

    return 0;
}
```

실행결과

2. Level1_2.c

문자배열에 저장된 문자열을 포인터를 사용하여 한 문자씩 출력하는 프로그램을 작성하시오.

- 조건 1. 문자배열은 다음과 같이 초기화되어 잇다.

      char msg[100] = "Hello World !!!" ;

- 조건 2. 포인터 변수 ptr 을 선언하고 msg 배열의 주소를 저장하여 문자를 차례대로 출력한다.
      문자열의 마지막은 '₩0' 가 저장된다.

```c
#include <stdio.h>

int main()
{
    char msg[100]="Hello World !!!" ;
    _____;      //포인터 변수 선언


    printf("msg : %s \n", msg);

    _____;      //포인터 변수에 msg 배열주소 저장
    while (_____) //문자열 반복 조건(참이면 반복)
    {
        _____;
        _____;
    }
    printf("\n");


    return 0;
}
```

실행결과

```
msg : Hello World !!!
H e l l o   W o r l d   ! ! !
```

3. Level2_1.c

str 문자배열의 문자열을 tmp 문자배열에 복사하는 프로그램을 작성하시오. 이때 라이브러리 함수 strcpy() 는 사용할 수 없다. 문자열 복사 시 포인터변수를 활용한다.

- 조건 1. 문자배열은 다음과 같이 선언되어 있다.

    char str[50]="Multi Campus.", tmp[50];
- 조건 2. 포인터 변수는 다음으로 한다.

    char *from, *to;

    to는 복사 받을 포인터 저장, from 복사할 포인터 저장
- 조건 3. from이 가리키는 값이 '₩0'가 아닐 때 까지 to가 가리키는 메모리에 저장한다.

```c
#include <stdio.h>

int main()
{
        char str[50]="Multi Campus.", tmp[50];
    char *from, *to;

    _____;  //str 주소 저장
    _____;   //tmp 주소 저장

    While(_____)  //반복할 조건
    {
            _____;
            _____;
    }
    *to =  \0';  //null 문자 추가

    printf("str: %s, tmp: %s \n", str, tmp);

    return 0;
}
```

실행결과

```
str: Multi Campus., tmp: Multi Campus.
```

4. Level2_2.c

str 배열에 저장된 문자열을 역순으로 출력하는 프로그램을 작성하시오.

- 조건 1. 문자배열 str 은 다음과 같이 선언되어 있다.

      char str[50]="Multi Campus.";

- 조건 2. 포인터 변수 ptr은 출력할 str 배열의 마지막 문자의 주소를 저장해야 한다.
      즉 '₩0' (null문자) 문자가 저장된 1 바이트 이전 주소를 저장한다.

- 조건 3. ptr은 문자출력 후 주소는 한 바이트 씩 이전주소를 저장해야 한다.

- 조건 4. ptr은 str 배열의 시작문자의 주소까지 출력하고 반복은 탈출해야 한다.

```c
#include <stdio.h>
#include <string.h>

int main()
{
    char str[50]="Multi Campus.";
    char *ptr;

    printf("str : %s \n", str);

    printf("str 역순 : ");
    ptr = _____;   //출력한 시작주소 저장
    while(_____)     //반복할 조건
    {
        _____;
        _____;
    }
    printf("\n");

    return 0;
}
```

실행결과

```
str : Multi Campus.
str 역순 : .  s u p m a C    i t l u M
```

5. Level3_1.c

실수형 배열에 데이터를 입력하고, 입력된 데이터의 합을 구하여 출력하는 프로그램을 작성하시오.
이때 데이터 입력과 합은 포인터 변수를 사용하여 적용한다.

> * 조건 1. 실수형 데이터를 저장할 배열은 다음과 같이 선언되어 있다.
>
>   double dNum[5],
> * 조건 2. ptr은 dNum 배열을 참조할 포인터 변수이다.
> * 조건 3. 반복문에서 실수를 입력하고 합을 구한다. 이때 포인터 ptr을 사용해야 한다.
> * 조건 4. 배열 dNum 을 출력한다.

```c
#include <stdio.h>

int main()
{
    double dNum[5], dSum=0.0;
    _____; //포인터 변수 ptr 선언
    int i, size;

    size = _____; //배열크기 계산


    _____;    //ptr에 참조할 주소 저장

    for(i=0;i<size;i++)
    {
        printf("%d, 실수 입력? ", i+1);
        _____; //입력(포인터 변수 ptr 사용)
        _____;      //누적(ptr 사용)
    }
    printf("\n입력된 dNum 배열 데이터 \n");
    for(i=0;i<size;i++)
        printf("%.2lf, ", dNum[i]);
        printf("\n");
        printf("dNum 배열의 합: %.2lf \n", dSum);

    return 0;
}
```

실행결과

1, 실수 입력? 5.1
2, 실수 입력? 6.1
3, 실수 입력? 7.1
4, 실수 입력? 8.1
5, 실수 입력? 9.1

입력된 dNum 배열 데이터
5.10, 6.10, 7.10, 8.10, 9.10,
dNum 배열의 합: 35.50

6. Level3_2.c

함수안에 선언된 모든 변수,배열은 지역데이터 이다. 따라서 다른 함수에서 참조할 수 없다. 따라서 실인수를 전달하여 자식함수는 매개변수로 받아서 사용하게 된다. 첨자가 없는 배열변수는 그 배열이 할당된 메모리의 시작주소이다.

다음 프로그램의 실행결과를 기술하시오.

```c
#include <stdio.h>

void func1(char *tmp);

int main()
{
    char msg[30] = "C Programming.";   //지역배열

    func1(msg);
    printf("msg : %s \n", msg);

    return 0;
}

void func1(char *tmp)
{
    while(*tmp)
    {
        if(*tmp>=65 && *tmp<=90)
            *tmp += 32;
        tmp++;
    }
}
```

실행결과

7. Level3_3.c

다음 프로그램의 실행결과를 기술하시오.

```c
#include <stdio.h>

int Func1(int tmp[]);

int main()
{        //지역배열
    int num[5]={100,200,300,400,500}, i;

    Func1(num);

    return 0;
}

//int numInput(int *tmp)
int Func1(int tmp[])
{
    int i;

    printf("tmp sizeof : %d \n", sizeof(tmp));
    for(i=0;i<5;i++)
        printf("%d, ", *(tmp+i) );
    printf("\n");
}
```

실행결과

memo

11

구조체란?

1. Level1_1.c

학생정보를 저장하는 STUDENT 구조체 변수를 선언하여 , 점수의 합,평균을 계산한 후 출력하는 프로그램을 작성하시오.

- 조건 1. STUDENT 구조체 변수는 다음과 같이 초기화 된다.

  struct STUDENT std1 = {"홍길동", 68,89,80};
- 조건 2. 구조체 변수의 멤버를 사용하여 합, 평균을 계산한다. 멤버명은 바로 사용할 수 없고 구조체 변수를 통해서만 접근된다.

```
#include <stdio.h>

int main()
{
    struct STUDENT { char name[20]; //학생이름
                     int score[3];    //과목점수
              int sum;          //합
              float avg;        //평균
    };

    struct STUDENT std1 = {"홍길동", 68,89,80};
    int i;

    for(i=0;i<3;i++)
        _____;  //합
    _____;  //평균

    printf("%s, %d, %d, %d, %d, %.2f \n",



                                        ); //출력

    return 0;
}
```

실행결과

홍길동, 68, 89, 80, 237, 79.00

2. Level1_2.c

Level1_1 예제의 학생정보를 저장하는 STUDENT 구조체 변수에 할당된 내용을 구조체 포인터 변수를 이용하여 점수의 합,평균을 계산한 후 출력하는 프로그램을 작성하시오.

- 조건 1. STUDENT 구조체 변수는 다음과 같이 초기화 된다.

    struct STUDENT std1 = {"홍길동", 68,89,80};
- 조건 2. 구조체 포인터 변수 ptr 을 선언하여 구조체 변수의 시작주소를 할당한다.
- 조건 3. 구조체 포인터변수를 사용하여 합, 평균을 계산한다. 구조체 포인터 변수가 멤버를 접근할 때 구조체 포인터연산자가 사용된다.

```
#include <stdio.h>

int main()
{
    struct STUDENT { char name[20]; //학생이름
                  int score[3];      //과목점수
              int sum;           //합
              float avg;         //평균
    };

    struct STUDENT std1 = {"홍길동", 68,89,80};
    _____; //구조체 포인터 변수 ptr 선언
    int i;

    _____; //구조체 포인터 변수에  참조할 주소 저장

    for(i=0;i<3;i++)
        _____; //합
            _____; //평균

//출력
    printf("%s, %d, %d, %d, %d, %.2f \n",
    _____    );

    return 0;
}
```

실행결과

홍길동, 68, 89, 80, 237, 79.00

3. Level2_1.c

좌표평면 상의 두 점 사이의 거리를 구하는 프로그램 작성하려고 한다. 이때 두 점의 좌표를 저장하는 구조체 POINT를 정의하여 사용하는 프로그램을 작성하시오.

- 두 점 사이의 거리 식

$$\text{dist} = \sqrt{(x1 - x2)^2 + (y1 - y2)^2}$$

- 조건 1. 구조체 POINT 는 다음과 같이 정의된다.

```
typedef struct point {
                int x;
                int y;
} POINT;
```

- 조건 2. 두 점을 저장할 POINT 구조체 변수를 선언하여 시작점과 끝점을 저장한다.

- 조건 3. 두 점을 저장하고 있는 구조체 변수를 사용하여 거리를 계산한다. 제곱근을 구하기 위해 sqrt() 라이브러리 함수를 사용한다.

```c
#include <stdio.h>
#include <math.h>

typedef struct point {
                int x;
            int y;
} POINT;

int main()
{
    double distance ;
    _____;  //구조체 변수 start 선언
    _____;  //구조체 변수 end 선언

    printf("시작점의 좌표  좌표, x1, y1?  ");
    scanf("%d%d", _____);  //시작점 저장

    printf("끝점 좌표, x2, y2?  ");
    scanf("%d%d", _____); //끝 점 저장
```

```
                    //거리구하는 식
_____= sqrt(double)((end.x-start.x)*(end.x-start.x)
                       + (end.y-start.y)*(end.y-start.y)));


    printf("두 점 사이의 거리 : %lf \n", distance);

    return 0;
}
```

실행결과

```
시작점의 좌표  좌표, x1,y1?  3 5
끝점 좌표, x2,y2?  6 9
두 점 사이의 거리 : 5.000000
```

4. Level2_2.c

고객의 정보를 저장하는 프로그램을 작성하려 한다. 고객의 성명, 나이, 성별, 등급, 휴대폰번호, 고객 주소를 구조체에 저장하고 출력하는 프로그램을 작성하시오.

- 조건 1. 고객정보를 저장할 구조체는 다음과 같다.

```
struct A_MEMBER { char name[20];        //성명
                  int age;              //나이
                  char gender;          //성별
                  char grade;           //등급
                  char mobTel[15];      //휴대폰 번호
                  char custAddr[100];   //고객주소
};
```

- 조건 2. 고객정보는 키보드로부터 입력 받은 데이터를 구조체 변수에 저장한다.
- 조건 3. 입력시 성별은 다음 중에 하나가 입력되어야 하며, 다른 문자는 재입력을 받아야 한다.
    (남:m,여:w) → 대소문자 구분 없이 입력 함.(저장은 대문자로 함)
- 조건 4. 등급은 다음주에 하나가 입력되어야 하며, 다른 문자는 재입력을 받아야 한다.
    회원등급 (A, B, C) → 대소문자 구분 없이 입력 함. (저장은 대문자로 함)
- 조건 5. 데이터가 입력된 구조체 변수를 출력한다.

```c
#include <stdio.h>
#include <ctype.h>


struct A_MEMBER { char name[20];
                  int  age;
                  char gender;
                  char grade;
                  char mobTel[15];
                  char custAddr[100];
};


void heading();


int main()
{
    struct A_MEMBER cust;
```

```
        printf("성명?   ");
        gets(_____);
        printf("나이?   ");
        scanf(_____);

        do{
            printf("성별?   (남:m,여:w) ");
            scanf(_____);
            cust.gender = toupper(cust.gender);
        } while(_____);

        do{
            printf("회원등급?   (A, B, C) ");
            scanf(_____);
            cust.grade = toupper(cust.grade);
        } while(_____);

        printf("휴대폰 번호?   ");
        gets(_____);

        printf("근무지역 주소?   ");
        gets(_____);

        heading();

        printf("%s, %d, %c, %4c, %s, %s \n", _____ );
);

        return 0 ;
}

void heading()
{
    printf("==================================\n");
    printf("성명    나이 성별 등급 휴대폰번호    고객주소 \n");
    printf("==================================\n");
}
```

실행결과

성명? 홍길동
나이? 27
성별? (남:m,여:w) t ┐
성별? (남:m,여:w) y ┤──→ 재입력
성별? (남:m,여:w) m
회원등급? (A, B, C) p ┐
회원등급? (A, B, C) x ┤──→ 재입력
회원등급? (A, B, C) b
휴대폰 번호? 010-001-0001
근무지역 주소? 서울시 강남구 역삼동

==
성명   나이 성별 등급 휴대폰번호   고객주소
==
홍길동,   27,   M,   B,   010-001-0001, 서울시 강남구 역삼동

5. Level3_1.c

학생의 학점을 구하는 프로그램을 작성하려고 한다. 학생의 과목별 이수단위와 평점이 주어진다. 이 데이터를 사용하여 총 평점을 구하는 프로그램을 작성하시오.

- 조건 1. 학생정보를 저장할 구조체는 다음과 같다.

```
struct STUDENT { char name[20];          //성명
                 char subject[5][30];    //과목명
                 char hakjum_unit [5];   //이수단위 시간
                 double jumsu[5];;       //과목별 평점
                 double greade;          //총 평점
};
```

- 조건 2. 학생정보는 다음과 같이 초기화 된다.

```
struct STUDENT stu = {  "까꿍이",
                        "C/C++","JAVA","Oracle","전산개론","교양1",
                        3, 3, 2, 4, 3, 4.5,
                        3.0, 3.5, 4.0, 3.5,  0.0 };
```

- 조건 3. 평점은 4.5 만점이며, 과목별 평점이 주어지므로 총평점을 구하여 구조체 멤버에 저장한다. 총 평점을 구하는 식은 다음과 같이 한다.

총평점 = ((이수단위 * 평점) + (이수단위 * 평점) + ⋯ (과목수만큼)) / 총이수시간

- 조건 4. 실행결과를 참조하여 출력형식을 작성하라.

```c
#include <stdio.h>

#define STU_SZ 5

struct STUDENT { char name[20];
                 char subject[5][30];
                 int hakjum_unit[5];
                 double jumsu[5];
                 double greade;
};

void heading();
```

```
int main()
{
    struct STUDENT stu = { "까꿍이",
                           "C/C++","JAVA","Oracle","전산개론","교양1",
                           3,  3,  2,  4,  3,  4.5,
                           3.0,  3.5,  4.0,  3.5,   0.0 };
    int i, h_unit_tot=0;
    double tmp=0;


    for(i=0;i<5;i++)  //총 이수시간과 학점계산 식
    {



    }

    stu.greade = _____;  //총평점 저장

    heading();
                    //학생데이터 출력
    printf("%5s, ", stu.name );
    for(i=0;i<5;i++)
        printf("%6s:%d:%.1lf, , _____);
    printf (_____);


    return 0;
}

void heading()
{
    printf("=================================================\n");
    printf("성명 과목 학점 과목 학점 과목 학점  과목 학점 과목 학점 총평점 \n");
    printf("=================================================\n");
}
```

실행결과

```
=================================================================
성명      과목 학점    과목 학점     과목 학점    과목 학점     과목 학점    총평점
=================================================================
까꿍이,   C/C++:3:4.5,   JAVA:3:3.0,    Oracle:2:3.5,   전산개론:4:4.0,  교양1:3:3.5,   ⇒ 3.73
                          ↑   ↑
                        이수시간 평점
```

6. Level3_2.c

Level3_1에서 작성한 학생의 학점을 구하는 프로그램을 작성하려고 한다. 이때 학생데이터는 여러명으로 초기화 된다. 학생마다 stu_Calc() 함수에서 총 평점을 구하여 반환한다.

- 조건 1. 학생수는 다음과 같이 선언된다.

        #define STU_SZ 3

- 조건 2. 학생정보는 배열로 선언되며 다음과 같이 초기화 된다.

```
struct STUDENT stu[STU_SZ] =
{
    { "까꿍이",  "C/C++","JAVA","Oracle","전산개론","교양1",
        3, 4, 3, 2, 2, 4.5, 4.0, 3.5, 4.0, 3.5, 0.0 },
    { "몽룡이",  "C#","전자공학","Oracle","VB.Net","교양2",
        4, 3, 2, 4, 2, 2.5, 3.5, 3.0, 4.0, 2.5, 0.0 },
    { "춘향이",  "C/C++","Python","전신실무","교양1","교양3",
        3, 4, 3, 2, 2, 4.0, 2.0, 1.5, 4.5, 3.0, 0.0 }
};
```

- 조건 3. 학생데이터가 바뀔 때 마다 stu_Calc() 함수에서 총 평점을 구하여 반환한다. 즉 함수는 학생수 만큼 호출된다. 이때 학생정보는 지역변수이므로 자식함수를 호출할 때 실인수로 전달한다.

- 조건 4. stu_Calc() 함수에서 총 평점을 반환하면 학생데이터를 출력한다.

```c
#include <stdio.h>

#define STU_SZ 3

struct STUDENT { char name[20];
                char subject[5][30];
                int hakjum_unit[5];
                double jumsu[5];
                double greade;
};

double stu_Calc(struct STUDENT stu);   //함수선언
void heading();

int main()
{
```

```
struct STUDENT stu[STU_SZ] =
{
    { "까꿍이",  "C/C++","JAVA","Oracle","전산개론","교양1",
        3, 4, 3, 2, 2, 4.5, 4.0, 3.5, 4.0, 3.5, 0.0 },
    { "몽룡이",  "C#","전자공학","Oracle","VB.Net","교양2",
        4, 3, 2, 4, 2, 2.5, 3.5, 3.0, 4.0, 2.5, 0.0 },
    { "춘향이",  "C/C++","Python","전신실무","교양1","교양3",
        3, 4, 3, 2, 2, 4.0, 2.0, 1.5, 4.5, 3.0, 0.0 }
    };
    int i, j;

        heading();

        for(i=0;i<STU_SZ;i++)
        {
            _____; //함수호출 및 반환

            printf("%5s, ", stu[i].name );  //출력
            for(j=0;j<5;j++)
                printf("%6s:%d:%.1lf, ",
                    stu[i].subject[j], stu[i].hakjum_unit[j], stu[i].jumsu[j]);
            printf("=> %.2lf \n", stu[i].greade);
        }

    return 0;
}

double stu_Calc(_____)  //함수정의
{
    int i, h_unit_tot=0;
    double tmp=0;


    for(i=0;i<5;i++)  //평점계산
    {



    }
```

```
    return  tmp / h_unit_tot;    //총평점 반환
}



void heading()
{
    printf("=============================================================\n");
    printf("성명 과목 학점  과목  학점  과목  학점 과목 학점  과목  학점   총평점 \n");
    printf("=============================================================\n");
}
```

실행결과

```
=======================================================================
성명   과목   학점    과목   학점   과목   학점   과목   학점    과목   학점    총평점
=======================================================================
까꿍이,   C/C++:3:4.5,    JAVA:4:4.0, Oracle:3:3.5, 전산개론:2:4.0,   교양1:2:3.5, => 3.93
몽룡이,     C#:4:2.5, 전자공학:3:3.5, Oracle:2:3.0, VB.Net:4:4.0,   교양2:2:2.5, => 3.17
춘향이,   C/C++:3:4.0, Python:4:2.0, 전신실무:3:1.5,   교양1:2:4.5,   교양3:2:3.0, => 2.82
```

CHAPTER

12

파일입출력

1. Level1_1.c

다음 프로그램에서 실행한 텍스트 파일의 결과를 기술하시오.

```c
#include <stdio.h>
#include <stdlib.h>

int main()
{
    char asc=48;
    FILE *fp;

    fp=fopen("Level1_1.txt", "wt");
    if(fp==NULL)
    {
        printf("Open Error. \n");
        exit(1);
    }

    while(asc<=57)
    {
        fputc(asc, fp);
        asc++;
    }
    fclose(fp);

    printf("Level1_1.txt 파일저장. \n");

    return 0;
}
```

실행결과

2. Level1_2.c

파일을 열어 한 문자씩 읽어 표준출력(터미널)에 출력하는 프로그램을 작성하시오. (실행결과 참고)

- Level1_2.txt

  ABCDEFGHIJKLMNOPQRSTUVWXYZ

- 조건 1. 파일의 마지막에 파일 종료인 EOF 문자가 저장된다. 따라서 EOF를 만날 때까지 반복적으로 한 문자씩 읽는다.

```c
#include <stdio.h>
#include <stdlib.h>

int main()
{
    char inputChar;
    FILE *fp;

    fp=fopen("Level1_2.txt", "rt");
    if(fp==NULL)
    {
        printf("Open Error. \n");
        exit(1);
    }

    while((_____)
    {
        _____;
    }
    printf("\n");

    fclose(fp);

    return 0;
}
```

실행결과

```
A B C D E F G H I J K L M N O P Q R S T U V W X Y Z
```

3. Level2_1.c

다음과 같이 학생정보는 구조체 배열에 데이터가 저장되어 있다.

```
struct STUDENT stu[ STU_SZ] = { {"까꿍이", 89,96,94},
                                {"한송이", 53,73,84},
                                {"두송이", 39,90,69} };
```

학생데이터를 텍스트파일로 저장하려고 한다. 함수는 fprintf()를 사용하여 저장하는 코드를 작성하시오.

• 조건 1. 다양한 자료형 데이터를 파일로 출력하기 위해 fprintf() 를 사용하여 저장한다.

```
#include <stdio.h>
#include <stdlib.h>

#define STU_SZ 3

struct STUDENT { char name[20];
                 int kor;
             int eng;
                 int mat;
                 float avg;
};

void heading();

int main()
{
    struct STUDENT stu[ STU_SZ] = { {"까꿍이", 89,96,94},
                        {"한송이", 53,73,84},
                        {"두송이", 39,90,69} };
    int i;
    FILE *fp;

    for(i=0;i<STU_SZ;i++)
        stu[i].avg = (float) (stu[i].kor+stu[i].eng+stu[i].mat) / 3;

    heading();

    for(i=0;i<STU_SZ;i++)
```

```
printf("%s, %3d, %3d, %3d, %7.2f \n", stu[i].name , stu[i].kor, stu[i].eng , stu[i].mat
, stu[i].avg);


    fp=_____;  //스트림 연결
    if(fp==NULL)
    {
        printf("Open Error. \n");
        exit(1);
    }



//파일 저장(코드작성)






    _____;  //스트림 닫기

    printf("Level2_1.txt 파일저장. \n");

    return 0;
}

void heading()
{
    printf("==============================\n");
    printf("성명   국어  영어  수학  평균 \n");
    printf("==============================\n");
}
```

```
========================
성명   국어  영어  수학  평균
========================
까꿍이,  89,  96,  94,   93.00
한송이,  53,  73,  84,   70.00
두송이,  39,  90,  69,   66.00
Level2_1.txt 파일저장.
```

프로그램을 실행 하면 텍스트파일 "Level2_1.txt" 파일에 다음과 같은 파일이 생성되어야 한다.

- 생성된 Level2_1.txt 파일내용

까꿍이 89 96 94 93.000000 한송이 53 73 84 70.000000 두송이 39 90 69 66.000000

4. Level2_2.c

Level2_1.txt에서 작성한 학생데이터를 읽어 들이려 한다. 구조체 변수 stu 를 사용하여 성적데이터를 읽어 출력하는 프로그램을 작성하시오.

- 조건 1. 다양한 데이터 자료형을 읽기 위해 fscanf() 를 사용한다.
- 조건 2. 데이터파일에 저장된 데이터 건수는 알지 못한다. 마지막 데이터를 제어하기 위해 EOF 를 사용할 수 없다. 이유는 한 문자씩 읽어 들이지 않기 때문이다. 따라서 데이터의 마지막은 fscanf() 로 제어한다. fscanf()는 성공하면 읽어 들인 자료형 지정자의 수, 실패한 경우 읽어 들인 자료형 지정자의 수가 아니다. 이 함수가 실패하는 경우는 데이터를 더 이상 읽을 수 없는 경우이다.

```c
#include <stdio.h>
#include <stdlib.h>

struct STUDENT {   char name[20];
                   int kor;
            int eng;
            int mat;
            float avg;
};

void heading();

int main()
{
    struct STUDENT stu;
    int i, result;
    FILE *fp;

    fp=fopen(_____); //스트림 연결
    if(fp==NULL)
    {
        printf("Open Error. \n");
        exit(1);
    }

    heading();
```

```
    while(1)
    {
        //파일 읽기 코드 작성




    }

    return 0;
}

void heading()
{
    printf("==============================\n");
    printf("성명   국어  영어  수학  평균 \n");
    printf("==============================\n");
}
```

실행결과

```
==============================
성명    국어   영어   수학   평균
==============================
까꿍이,  89,  96,  94,   93.00
한송이,  53,  73,  84,   70.00
두송이,  39,  90,  69,   66.00
```

5. Level3_1.c

Level2_1.txt의 성적데이터를 이진데이터로 저장하는 프로그램을 작성하시오. 파일명은 "Level3_1.dat"로 한다. 이진파일은 파일생성시 그 내용을 바로 열람할 수 없다. 텍스트파일이 아니기 때문이다. 따라서 프로그램에서 읽어 확인하는 작업은 다음 문제에서 할 것이다.

> • 조건 1. 이진파일로 저장하므로 fwrite() 함수를 사용한다.

```c
#include <stdio.h>
#include <stdlib.h>

#define STU_SZ 3

struct STUDENT { char name[20];
                 int kor;
             int eng;
             int mat;
             float avg;
};

void heading();

int main()
{
    struct STUDENT stu[ STU_SZ] = {    {"까꿍이", 89,96,94},
                                       {"한송이", 53,73,84},
                                       {"두송이", 39,90,69} };

    int i;
    FILE *fp;

    for(i=0;i<STU_SZ;i++)
        stu[i].avg = (float) (stu[i].kor+stu[i].eng+stu[i].mat) / 3;

    heading();

    for(i=0;i<STU_SZ;i++)
        printf("%s, %3d, %3d, %3d, %7.2f \n", stu[i].name , stu[i].kor, stu[i].eng ,
                                      stu[i].mat , stu[i].avg);
```

```
    fp=_____ ; //파일 열기
    if(fp==NULL)
    {
        printf("Open Error. \n");
        exit(1);
    }

        //파일저장(코드작성)




    fclose(fp);

    printf("Level3_1.dat 파일저장. \n");

    return 0;
}

void heading()
{
    printf("==============================\n");
    printf("성명   국어  영어  수학  평균 \n");
    printf("==============================\n");
}
```

실행결과

```
==============================
성명   국어  영어  수학  평균
==============================
까꿍이,  89,  96,  94,   93.00
한송이,  53,  73,  84,   70.00
두송이,  39,  90,  69,   66.00
```

- Level3_1.dat 파일저장.

  이진파일은 텍스트 파일이 아니므로 메모장에서 확인할 수 없다. 파일 생성여부만 확인한다.

6. Level3_2.c

Level3_1.dat에서 작성한 학생데이터를 읽어 들이려 한다. 구조체 변수 stu 를 사용하여 성적데이터를 읽어 출력하는 프로그램을 작성하시오.

- 조건 1. 이진 파일을 읽기 위해 fread() 함수를 사용한다.

- 조건 2. 데이터파일에 저장된 데이터 건수는 알지 못한다. 마지막 데이터를 제어하기 위해 EOF 를 사용할 수 없다. 이유는 한 문자씩 읽어 들이지 않기 때문이다. 따라서 데이터의 마지막은 fread() 로 제어한다. fread()는 성공하면 세 번째 인수인 읽어 들인 건수를 반환한다. 실패한 경우 읽어 들인 세 번째 인자의 수가 아니다. 이 함수가 실패하는 경우는 데이터를 더 이상 읽을 수 없는 경우이다.

```c
#include <stdio.h>
#include <stdlib.h>

struct STUDENT { char name[20];
                 int kor;
             int eng;
             int mat;
             float avg;
};

void heading();

int main()
{
    struct STUDENT stu;
    int i, result;
    FILE *fp;

    fp=fopen("_____");   //스트림 연결
    if(fp==NULL)
    {
        printf("Open Error. \n");
        exit(1);
    }

    heading();
```

```
    while(1)
    {
//파일 이진파이로 읽어 출력하기




    }


    return 0;
}

void heading()
{
    printf("===============================\n");
    printf("성명   국어  영어  수학  평균 \n");
    printf("===============================\n");
}
```

실행결과

```
===============================
성명   국어  영어  수학  평균
===============================
까꿍이,  89,  96,  94,   93.00
한송이,  53,  73,  84,   70.00
두송이,  39,  90,  69,   66.00
```

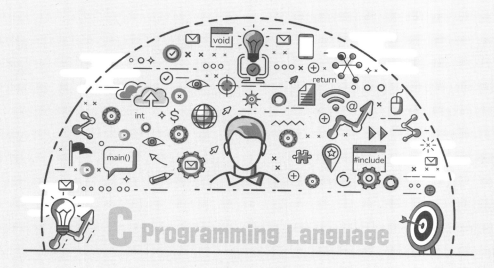

INDEX